# 生物化学与分子生物学实验


主　编　　袁向华　勾　洵

副主编　　谢　洁　付长坤　李　琪　何欣怡　王　滢



电子科技大学出版社

University of Electronic Science and Technology of China Press

·成都·

**图书在版编目(CIP)数据**

生物化学与分子生物学实验 / 袁向华，勾洵主编
. —成都：电子科技大学出版社，2024.10

ISBN 978-7-5770-0101-2

Ⅰ. ①生… Ⅱ. ①袁 …②勾 … Ⅲ. ①生物化学-实验②分子生物学-实验 Ⅳ. ①Q5-33②Q7-33

中国国家版本馆 CIP 数据核字(2023)第 015382 号

**生物化学与分子生物学实验**
**袁向华　勾　洵　主编**

策划编辑　张　鹏
责任编辑　张　鹏
责任校对　汤云辉
责任印制　段晓静

出版发行　电子科技大学出版社
成都市一环路东一段 159 号电子信息产业大厦九楼　邮编 610051
主　　页　www. uestcp. com. cn
服务电话　028-83203399
邮购电话　028-83201495

印　　刷　成都新恒川印务有限公司
成品尺寸　185mm×260mm
印　　张　15. 375
字　　数　372 千字
版　　次　2024 年 10 月第 1 版
印　　次　2024 年 10 月第 1 次印刷
书　　号　ISBN 978-7-5770-0101-2
定　　价　68. 00 元

# 前 言

自 20 世纪 70 年代基因工程技术诞生以来,生物化学和分子生物学已发生深刻变化,成为当今生命科学研究领域中最活跃的学科之一,生物化学和分子生物学实验技术不仅是重要内容和理论基础,而且已成为该领域非常重要的研究手段,并广泛应用于农业、医药、食品等各个方面。因此,学习这些实验技术,掌握其基本原理与方法,不仅可以加深学生对生物化学和分子生物学基本理论的理解,而且能为以后的其他专业课学习及科研工作打下坚实的基础。

虽然生物化学和分子生物学实验教学用书众多,但从地方性普通高等院校的实际教学角度来看,寻找一本合适的教材并不容易。考虑到不同学校的设备条件、师资力量和学生情况各不相同,教学要求也有所差异,我们在参考多年使用的实验讲义以及其他院校的实验教材的基础上,结合多年的教学经验和教学改革的要求,编写了这本教材。

本教材着重于训练学生的基本实验技能,并帮助他们了解并掌握生物化学和分子生物学的基本实验方法。在编写过程中,我们力求内容简明扼要、实用性强。全书分为三部分,共精选了 37 个实验,涵盖基础性实验和综合性实验,内容涉及糖、蛋白质、氨基酸、酶的分离提取、定性鉴定及定量分析,以及分光光度法、层析、电泳、离心等技术。

由于我们的经验和水平有限,在编写过程中难免有仓促之处,可能存在缺点和错误。我们真诚希望广大读者在使用中不断提出宝贵建议,使本书日益完善。

编　者

2022 年 12 月

# 目　　录

## 第一篇　生物化学与分子生物学实验基本要求



## 第二篇　生物化学与分子生物学实验原理



## 第三篇　实 验 部 分

# 第一篇

## 生物化学与分子生物学实验基本要求

# 第一章 基本要求

## 一、实验室规则

1. 每位同学应自觉遵守课堂纪律，维护课堂秩序。不旷课，不迟到，不早退，不在实验室内大声喧哗。按实验分组指定座位就座。

2. 实验前必须认真预习，熟悉实验目的、原理、操作步骤及注意事项，理解每一项操作步骤的意义，并了解所用仪器的使用方法，否则不能开始实验。未经许可不能随意拆卸实验装置、仪器设备等。

3. 实验过程中要听从教师指导，认真地按照规程进行实验，按要求完成实验报告并在教师指定的时间内上交。

4. 保持实验台面、地面、水槽及试剂药品架整洁。切勿将试剂、药品洒在实验台面和地上。实验完毕，须将药品试剂摆放整齐，玻璃器皿要洗净放置稳妥，按规定处理好废物、废液，做好清洁工作，经指导教师验收后方可离开实验室。

5. 使用仪器、药品、试剂盒和物品时必须注意节约。取用试剂和标准溶液后，须立即将瓶塞盖严，放回原处。取出的试剂和标准溶液，如未用尽，切勿倒回瓶内，以免带入杂质。严禁用口吸取或用皮肤直接接触有毒药品与试剂。

6. 使用仪器前，应熟知使用方法，严格遵守操作规程，若有问题，及时请教指导教师。发现仪器故障应立即关闭仪器并报告指导教师，不得擅自拆修。洗涤和使用仪器时，更应小心谨慎，防止损坏仪器。使用贵重精密仪器时，更应加倍爱护。如果有仪器损坏，应如实向指导教师报告，填写损坏仪器登记表，然后补领，并按学校规定适当赔偿。

7. 实验室内严禁吸烟。乙醇、丙酮、乙醚等易燃品不能直接加热，并且要远离火源操作和放置。实验完毕，应关好水龙头并拉下电闸。

8. 无毒、无腐蚀性的和对环境无严重污染的废液可倒入水槽内，同时放水冲走。强酸、强碱溶液必须用水稀释。废纸屑及其他固体废物和带渣滓的废弃物应倒入废品缸内，不可倒入水槽或到处乱扔。对环境有严重污染的和有毒的废弃物应统一放置并进行特殊处理。

9. 实验室内一切物品，未经负责老师批准，严禁带出。借还物品必须办理登记手续。

10. 食品和饮料不得带入实验室，禁止在实验室内吃零食。

11. 每次实验课由课代表负责安排值日生。值日生的职责是负责当天实验室的卫生、安全,组织同学填写实验室登记本等。离开实验室前,务必检查水、电、门、窗是否关好。

12. 对实验室内容和安排不合理之处,可以提出改进意见。对实验中出现的反常现象应进行讨论,大胆提出个人看法,做到主动学习。

## 二、实验记录及实验报告

### (一)实验记录

每次实验课前要认真预习,将实验名称、目的要求、内容与原理、操作方法和步骤等写在记录本中。

从实验课开始,就要培养严谨的科学作风,养成良好的习惯。

实验过程中,观察到的现象应仔细地记录下来。实验中观测的每个结果和数据都应及时如实地写在记录本上。记录时必须使用钢笔或圆珠笔,并做到原始记录准确、简练、详细、清楚。如果是称量试验样品的质量、滴定管的读数、分光光度计的读数等,应该设计一定的表格记下正确的读数,并根据仪器的精确度准确记录有效数字。例如,光密度值为0.050,不应写成0.05。每一个结果至少要重复观测两次,当符合实验要求并确知仪器工作正常后再写在记录本上。

另外,实验中使用仪器的类型、编号以及试剂的规格、化学式、分子量、准确的浓度等,都应记录清楚,以便后续总结实验、完成报告时进行核对,并作为查找该实验成败原因的参考依据。多人一组的实验,必须每人都做记录。如果发现记录的结果有疑点、遗漏或丢失,都必须重做实验。

### (二)实验报告

实验结束后,应及时整理和总结实验结果,写出实验报告。实验报告是实验的总结和汇报,通过实验报告的写作可以分析总结存在的问题和实验的经验,学会处理各种实验数据的方法,加深对有关理论和技术的理解与掌握,同时也是学习撰写科学研究论文的过程。实验报告必须独立完成,严禁抄袭。写实验报告要用实验报告专用纸(本),以便教师批阅。

1. 实验报告的格式

实验编号、实验名称、年级、专业、姓名、日期

(1)实验目的与要求

(2)实验原理

(3)实验所需仪器、试剂和材料

(4)实验操作方法

(5)实验结果与分析

2. 实验报告的内容

(1)实验报告使用的语言要简明清楚,抓住关键。

明确实验的目的与要求,简明扼要地概括出实验的原理、涉及的化学反应,最好用化学反应式表示。列出实验所需的试剂和主要仪器,实验中用到的特殊试剂要说明配制方法,特殊的仪器要画出简图并有合适的图解。实验方法步骤的描述不要照抄实验指导书,但要写得明晰,以便他人能够理解。

(2)如实记录实验观察到的实验现象和实验数据。

对于定量实验,应根据实验课的要求,将一定实验条件下获得的实验结果和数据进行整理归纳、分析和对比,并尽量总结成各种图表,使实验报告内容一目了然。实验作图应严格要求,一般要使用坐标纸,也可以利用计算机处理实验数据成图表,打印粘贴在实验报告上。每个图都要有明确的标题,坐标轴的名称要清晰完整,注明合适的单位,坐标轴的分度数字要与有效数字相符,并尽可能简明,若数字太大,可以化简,并在坐标轴的单位上乘以 10 的相应次方。有时也可用两端带有小横线的垂直线段来表示实验点,其线段长度与实验误差相符。通常横轴代表自变量,为已知数据;纵轴代表因变量,是测量的数据。曲线要用曲线板或曲线尺画成光滑连续的曲线,各实验点均匀分布在曲线上和曲线两边,且曲线不应超出最后一个实验点。两条以上曲线和符号应有说明。

对于定性实验,在分析实验结果基础上应有一段简短而中肯的结论。实验结果的分析讨论要充分,尽可能多查阅一些有关的文献和教科书,充分运用已学知识和生物化学原理,对观察到的现象、实验课遇到的问题等进行深入的探讨,勇于提出自己独到的分析和见解,并对实验提出改进意见。

## 三、生物化学与分子生物学实验课程评分与标准

1. 生物化学与分子生物学实验课期末总成绩按百分制计算,实验课平时成绩占 60 分,实验课技能测试占 40 分。

实验课平时成绩由任课教师评定,为每次实验课成绩的平均值。

2. 每次实验课成绩评定包括 4 个部分

(1)学习态度端正,不迟到,不早退(迟到或早退一次扣 2 分)。实验兴趣浓厚,课前预习实验讲义。(10 分)

(2)实验中团结协作,积极主动,规范使用仪器,准确熟练,无器材损坏,善于观察分析,实验现象及数据记录完善,按时完成实验内容。(30 分)

(3)独立完成实验报告,报告书写规范,对实验结果分析有理有据,不抄袭他人报告,按时提交实验报告。(20 分)

无故缺席实验课一次扣平时实验成绩 10 分,缺席实验课三次者该门课重修。

3. 实验课技能测试成绩由实验课考核小组评定，一般由 3~5 名生物化学实验课教师组成考核小组。实验课结束后，组织学生进行实验技能测试，包括现场操作和口头回答教师的提问两个部分，教师进行综合评定。

## 四、实验的准确度

准确度是指实验中的分析测定值与真实值的相接近程度。在生物化学实验中，经常需要对组成生物机体的主要几类化学物质（比如糖类、脂类、蛋白质、核酸、酶等）进行定量测定。测定值与真实值之间会有误差，误差越小，测定值越准确，即准确度越高。分析过程中产生的误差是客观存在的，分析时应尽量减少误差，使所得的结果尽可能准确地反映试样中待测组分的真实含量。

### （一）实验误差

根据误差的性质和来源，可以将其分为系统误差（可测误差）和偶然误差（随机误差）两类。

系统误差是指在测定过程中，由操作方法、仪器精密度、试剂纯度以及个人操作习惯等原因造成的，对测定结果的影响比较稳定。在同一条件下重复测定中重复出现，使得测定结果要么偏高，要么偏低，它的大小有一定规律，其大小与正负至少从理论上来说是可以测定的，故又称可测误差。

偶然误差来源于某些难以预料的偶然因素，可能由于取样不随机，或是在测定过程中受到某些不易控制的外界因素（比如测定时环境、温度、湿度和气压的微小波动）的影响。在生物测定中，由于影响因素众多（例如动物的健康状况条件、生物材料的新鲜程度、微生物的菌种和培养基的条件等），可能会造成较大的偶然误差。这种误差是由某些偶然因素造成的，其数值时大、时小，时正、时负，因此偶然误差又称随机误差。

### （二）提高实验准确度的方法

1. 减少系统误差

（1）标准物对照

在任何测试中，甚至在使用标定仪器和基准试剂时，都应使用待测物质相同的标准溶液。这种做法能为实验的准确度提供一种有用的参考，因为测量所得的数据必须落在真实值范围之内。标准溶液应与待测溶液用完全相同的方法处理，此时可以画出一条能够指示浓度测量物质量变的标准曲线，对待测溶液得到的测定值应该落在标准曲线范围之内。或者取标准物某一确定浓度的溶液与待测液，在相同条件下以同样的方式平行测定（标准物的组成最好与待测液相似，含量也相近），取平均值。

(2)设置空白试验

在测量实验中，都应设置空白溶液作为对照，以消除由于试剂中含有干扰杂质或溶液对器皿的侵蚀等所产生的系统误差。用等体积的蒸馏水代替待测液，并严格按照待测液和标准液相同的方法以及条件同时进行测定，所得结果称为空白值。通过这种方法，可以得到比较准确的结果。注意，空白值一般不应过大，特别是在微量分析测定时，如果空白值过大，应将试剂加以纯化或改用其他适当的器皿。

(3)校正仪器

仪器不准确引起的系统误差可以通过校正仪器来减小。为此，应该经常对测量仪器（比如砝码、天平、容器等）进行预先校正，以降低误差，并在计算实验结果时应用校正值。

总之，在分析测定工作中，应该合理安排实验，以尽量减少系统误差或使系统误差在测定中不占主要作用。

2. 减少偶然误差

(1)平均取样

根据实验要求并考虑生物材料的特殊性（如动物的种属、年龄、性别、生长状态及饲养条件），选取动物、植物某一新鲜组织制成匀浆后取样。细菌通常制成悬浮液，经玻璃珠打散摇匀后，再量取一定体积的菌体样品。固体样品先进行粉碎，混匀后取样。

(2)多次取样

根据偶然误差出现的规律进行多次平行测定，并计算其平均值，可以有效地减少偶然误差。除以上两项误差外，还有因实验操作人员实验过程的误操作引起的“过失误差”（如读错刻度读数、溶液溅出、加错试剂等）。这时可能出现一个很大的“误差值”，在计算算术平均值时，应舍去这样的数值。

# 第二章　基本操作

## 一、配制试剂

在进行生物化学实验时，配制各种试剂是关键步骤，配制时应特别注意以下几个方面。

1. 称量要精确，特别是在配制标准溶液、缓冲溶液时，更应严格称量。有特殊要求的，要按规定进行干燥、提纯等操作。

2. 除特殊要求外，一般溶液都应用蒸馏水或去离子水配制。

3. 配制溶液时，应根据实验要求选择适当规格的试剂。

4. 应根据需求量配制试剂，一般不宜过多，以免积压浪费和过期失效。

5. 试剂（特别是液体）一经取出，不得放回原瓶，以免因量器或药勺不清洁而污染整瓶试剂。取固体试剂时，必须使用洁净干燥的药勺，试剂不能与手接触。试剂取出后应立即用原瓶塞塞紧，瓶塞不得沾染其他污物或污染桌面。用完后应将试剂瓶放回原处。

6. 从试剂瓶中取液体试剂，应采用倾注法。取下瓶盖仰放在桌面上，手握试剂瓶上贴标签的一面，倾斜瓶子，让试剂慢慢流出，沿着洁净的试管壁流入试管或沿洁净的玻璃棒注入烧杯中，然后将试剂瓶口在容器壁上靠一下，再加盖放回原处。

7. 从滴瓶中取用液体试剂，要用滴瓶中的滴管。使用时，先提起滴管，使管口离开液面，用手指紧捏滴管上部的橡皮头，赶出空气，然后伸入滴瓶中，放开手指，吸入试剂。当用滴管从试剂瓶中取少量试剂时，需用附置于试剂瓶旁的专用滴管取用。将试剂滴入试管中时，必须将它悬空地放在靠近试管口的上方，然后挤捏橡皮头，使试剂滴入管中。不得将滴管伸入试管中。定量取用液体试剂时，应使用量筒或移液管。

8. 配制溶液时，必须充分搅拌或振荡以混匀。

9. 确保配制试剂所用的玻璃器皿清洁干净，确保存放试剂的试剂瓶清洁干燥。试剂瓶上应贴上标签，写明试剂名称、浓度、配制日期及配制人。

10. 某些化学试剂极易变质，变质后不得继续使用。

## 二、仪器的清洁与干燥

在生物化学实验中，若用不干净的玻璃仪器进行实验，可能会因污物和杂质导致实验误差,甚至失败。必须注意玻璃仪器的清洗。玻璃仪器洗净的标志是水沿内壁能自然流下,器壁均匀湿润且无水条纹,不挂水珠。若重洗后仍挂有水珠,则需选用不同的清洗液重新清洗。

### (一)初用玻璃仪器的清洗

新购买的玻璃仪器表面常附着有游离的碱性物质,清洗步骤如下:首先用洗涤剂稀释液、肥皂水或去污粉洗刷;其次用自来水洗净后浸泡在1%~2%的盐酸溶液中过夜(不可少于4 h);再用自来水充分冲洗,并用蒸馏水冲洗2~3次;最后,可以将仪器放入烘箱内烘干或倒置晾干备用。

### (二)使用过的玻璃仪器的清洗

实验结束后,应立即把用过的玻璃仪器洗刷干净。通常情况下先用自来水冲洗至无污物附着,再用去垢剂洗涤或浸泡于0.5%的去垢剂溶液中,将器皿内外(特别是内壁)仔细刷洗干净后,再用自来水充分洗净,最后用蒸馏水漂洗数次。或浸泡在0.5%的清洗剂中超声清洗(注意:比色皿不可超声),然后用自来水彻底洗净去垢剂,再用蒸馏水水洗两次。

对于进行高灵敏度的分析及检测实验所用的器皿,除用上述方法清洗外,还需采用其他特殊洗涤方法彻底清除污染物,使器皿十分干净。一般是把玻璃器皿浸泡于铬酸洗液中4~6 h或过夜,再分别用自来水冲洗和蒸馏水漂洗,最后烘干或晒干备用。如有必要,还可用浓$HNO_3$洗涤玻璃器皿,最后用双蒸馏水充分漂洗,就可以清除器壁上污染的金属离子。

具有传染性样品的容器(如被病毒、传染病患者血清等污染的容器),应先消毒处理,再进行清洗。盛过毒物的容器,尤其是剧毒药品和放射性同位素物质的容器,必须经过专门处理,确保没有残余毒物或放射性物质残留后方可进行清洗。

光度法中所用的比色皿使用后应立即用蒸馏水充分冲洗,不能用毛刷刷洗,可用0.5%的去垢剂溶液洗涤,用脱脂棉小心地清洗,再用大量蒸馏水充分漂洗干净。如果染有带色的有机物,通常用HCL-乙醇(体积比1∶2)混合液洗涤后,用自来水冲洗,再用蒸馏水润洗。比色皿的四壁由特殊胶水黏合,受热会散架,故不能烘干。同时也不能用含有氢氧化钾的乙醇溶液及其他强碱洗涤液清洗比色皿,以免腐朽比色皿。

聚乙烯、聚丙烯等制成的塑料器皿,在生物化学实验中已用得越来越多。首次使用时,需用8 mol/L尿素(用浓盐酸调至pH=1)清洗,再用蒸馏水、1 mol/L KOH和蒸馏水清洗,然后用1~3 mol/L EDTA除去金属离子的污染,最后用蒸馏水彻底清洗,以后每次使用时,可只用0.5%的去污剂清洗,再用自来水或蒸馏水洗净即可。

### (三)干燥

生物化学实验中,玻璃和塑料器皿常需干燥。通常使用电烘箱(温度约105 ℃)或红外灯干燥器烘干。定量玻璃仪器不宜用加热烘干的方法干燥,应控干或用少量酒精、乙醚刷洗后,用温热气流吹干。硝酸纤维素塑料离心管加热可能爆炸,故禁用烘箱干燥,只能用冷风吹干。不急用的仪器,洗净后放通风处自然晾干。

## 三、玻璃量器的使用

### (一)量筒、量杯

量筒呈圆柱形,分为有嘴和无嘴具塞两种类型。量杯呈圆锥形,带倾液嘴。量筒和量杯为粗量具,常用于量取体积要求不太精确的液体,其允许误差与量器的最小分度值相当。量筒的精确度高于量杯,其规格有 5 mL、10 mL、25 mL、50 mL、100 mL、250 mL、500 mL、1 000 mL、2 000 mL 等数种。用量筒或量杯量取溶液体积时,应根据所量溶液的多少来选择,不可使用过大量筒量取较小体积的液体。读数时,视线必须和溶液的凹液面的最低点保持水平,不可过高或过低。

### (二)容量瓶

容量瓶为细颈梨形的平底瓶,带有磨口玻塞,瓶颈上的刻度表示 20 ℃时瓶颈以下所盛溶液的体积,即容量瓶所标明的体积。容量瓶的容积有 2 000 mL、1 000 mL、500 mL、250 mL、100 mL、50 mL、25 mL、10 mL、5 mL 等。

容量瓶用于配制标准溶液或稀释溶液,是一种量入式仪器。使用容量瓶配制溶液时,一般是先将固(液)体物质在洁净的小烧杯中用少量溶剂溶解,再将溶液沿玻棒转移到容量瓶中。烧杯用少量溶剂冲洗 2~3 次后一并倒入容量瓶中,一边加溶剂时另一边摇动容量瓶,使溶液均匀。当稀释至液面接近标线时,应等待 30~60 s,待附着在容量瓶颈内壁的液体流下,液面气泡消失后,再小心逐滴地加入溶剂,直至溶液的凹液面的最低点恰好与标线相切。将容量瓶反复倒转摇动,至溶液充分混匀。

注意:容量瓶与其磨口玻塞是密闭配套的,在使用前还应检查瓶塞是否严密,防止在配制溶液过程中漏水;同时玻塞不能混用,以防容量瓶倒转混匀时液体流出。玻璃容量瓶不能用来贮存强碱溶液。洁净后的容量瓶不能用高温烘烤,否则玻璃受高温会导致其容积发生改变。

### (三)移液管

移液管是用来准确移取一定体积的溶液的一种量出式仪器,是生物化学实验中最常用的量器,常用的规格有 50 mL、25 mL、10 mL、5 mL、1 mL。移液管分为两种:一种是无分度的,称为大肚移液管。其精确度较高,相对误差 A 级为 0.7%~0.8%,B 级为 1.5%~0.16%;液体自标线流至口端(留有残液),A 级等待 15 s,B 级等待 3 s。另一种为分度移液管。管身为一粗细均匀的玻璃管，上面均匀刻有表示容积的分度线，其准确度低于大肚移液管，相对误差 A 级为 0.8% ~0.2%，B 级为 1.6% ~0.4%；A 级、B 级在吸管身上有 A、B 字样，有“快”字则为快流式，有“吹”字则为吹出式；无“吹”字的移液管，不可将管尖的残留液吹出。

用移液管移取溶液时，若移液管不干燥，应预先用所吸取的溶液将移液管冲洗 2~3 次，以确保所吸取的溶液浓度不变。一般用右手的中指和拇指拿住管颈到刻度线上方，左手拿吸耳球。开始把管尖插入溶液内大约 1 cm 处，不得过深或过浅。用吸耳球吸液体至所需刻度上，立即用右手食指按住管口，提升吸管离开液面，使吸管末端靠在盛溶液器皿的内壁上，略微放松食指，使液面平稳下降，直至溶液的弯月面与刻度标线相切（注意：此时溶液凹液面、刻度和视线应在同一水平面上），立即用右手食指压紧移液管口，取出移液管，插入接受容器中，移液管垂直，管尖靠在接受器内壁，与接受器约呈 15°夹角，松开食指，使液体自然流出。标有“吹”字的移液管以及奥氏移液管，应吹出尖端残留液体，其他移液管则不必吸出尖端残留液体。吸、放溶液前要用吸水纸擦拭管尖。

移液管使用前应洗至内壁不挂水珠。1 mL 以上的移液管用移液管专用刷刷洗，0.1 mL、0.2 mL 和 0.5 mL 的移液管可用洗涤剂浸泡，必要时可以用超声清洗器清洗。由于铬酸洗液毒性较大，应尽量避免使用。若有大量成批的移液管需冲洗，可使用冲洗桶，将移液管尖端向上置于桶内，用自来水多次冲洗后再用蒸馏水或无离子水冲洗。

### （四）滴定管

滴定管是用来测量所加滴定剂的体积的容量仪器。它是细长、均匀并有精细刻度的玻璃管，下端呈尖嘴状，并有截门用以控制滴加溶液的速率。按截门构造的不同，可分为酸式和碱式两种。酸式滴定管用玻璃活塞作截门，为防止漏水和便于控制，要在活塞表面涂一薄层凡士林。碱式滴定管采用一段橡胶管作截门，管中置一璃球。碱式溶液会腐蚀玻璃活塞，最终使活塞无法转动，因此碱性溶液必须放在碱式滴定管中。具有氧化性的溶液（如高锰酸钾溶液）会侵蚀橡胶，因此必须放在酸式滴定管中。

常量滴定管的体积多为 50 mL 或 25 mL，最小刻度为 0.1 mL，可读到 0.01 mL。半微量滴定管的容积有 10 mL、5 mL、2 mL、1 mL 三种，最小刻度为 0.01 mL。

滴定管是一种量出式仪器，用来测量放出的溶液的体积。为使测量准确，必须注意以下几个方面：①使用前应将滴定管洗净至管壁不挂水珠，为此要先用铬酸洗液浸泡，再用自来水冲洗，然后用蒸馏水或去离子水洗。在灌入标准溶液之前，还要用少量标准溶液荡洗 2~3 次，以防止溶液变稀；②为使读数准确，视线应与溶液凹液面下缘最低处保持水平，深色溶液的凹液面不容易看清，可读液面的最上沿；③滴加溶液不宜过快，否则管壁上附着的溶液过多，会使体积测量不准。

### (五)微量进样器

微量进样器常用作气相和液相色谱仪的进样器,在生物化学实验中主要是用作电泳实验的加样器,通常可分为无存液和有存液两种。

1. 10 μL 以下的无存液极微量液体进样器

进样器的不锈钢芯子直接通到针尖端处,不会出现存液。

2. 10~100 μL 有存液微量进样器

不锈钢的针尖管部分是空管,进样器的柱塞不能到达,因而针内会存有空气或液体。其使用注意事项:不可吸取浓碱溶液,以免腐蚀玻璃和不锈钢零件;因为有存液,吸液时要来回多拉几次,将针尖管内的气泡全部排尽;针尖管内孔极小,使用后尤其是吸取过蛋白质溶液后,必须立即清洗针尖管,防止堵塞。若遇针尖管堵塞,不可用火烧,只能用直径 0.1 mm 的不锈钢丝耐心串通;进样器未润湿时不可来回干拉芯子,以免磨损而漏气;若进样器内发黑,有不锈钢氧化物,可用芯子蘸少量肥皂水,来回拉几次即可。

### (六)移液器

移液器(又称移液枪)的构造如图 1-1 所示,在生物化学实验中被广泛使用。它们主要用于多次重复的快速定量移液,可以单手操作,十分方便。移液的准确度(即容量误差)为±(0.5%~1.5%),移液的精密度(即重复性误差)更小些,为≤0.5%。

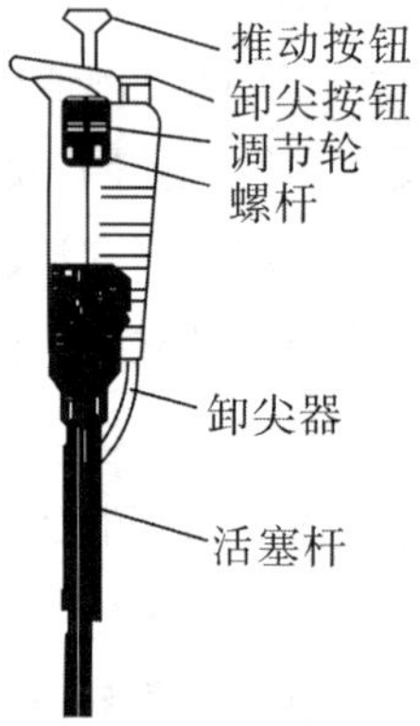

图 1-1 移液器的构造

移液器由连续可调的机械装置和可替换的吸头组成,不同型号的移液器配有不同的吸头。实验室常用的移液器,根据最大吸液量,有 2 μL、10 μL、20 μL、100 μL、200 μL、1000 μL、5 mL 等规格。每种移液器都配有专用的聚丙烯塑料吸头,吸头通常是一次性使用,但也可以用超声清洗后重复使用,而且此吸头还可以进行 120 ℃高压灭菌。

移液器的操作方法是:首先用拇指和食指旋转移液器上部的旋钮,使数字窗口显示出所需容量体积的数字,在移液器下端插上一个塑料吸头,必要时可用手辅助套紧,但要注意防止污染,并旋紧以保证气密;然后四指并拢握住移液器上部,用拇指按住柱塞杆顶端的按钮,向下按到第一停点,将移液器的吸头插入待取溶液中,缓慢松开按钮,吸上液体,并停留 1~2 s (黏性大的溶液可加长停留时间),将吸头沿器壁滑出容器,用吸水纸擦去吸头表面可能附着的液体。排液时吸头接触倾斜的器壁,先将按钮按到第一停点,停留一秒钟(黏性大的液体要加长停留时间),再按压到第二停点,吹出吸头尖部的剩余溶液。如果不便于用手取下吸头,可按下除吸头推杆,将吸头推入废物缸。如图 1-2 所示为移液器的使用方法。

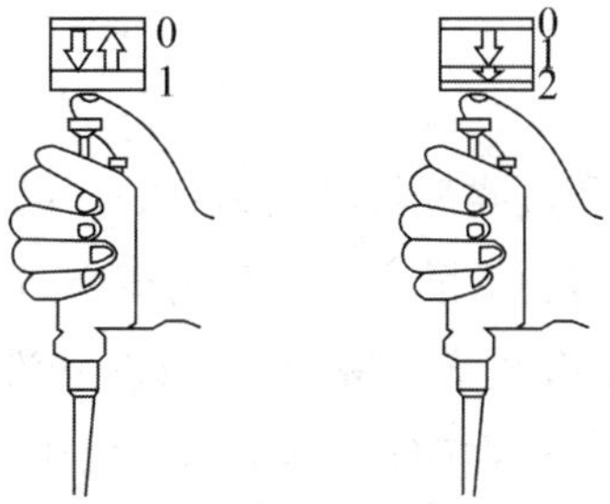


图 1-2 移液器的使用方法

移液器的使用注意事项如下:

①移液器属于精密仪器,取液前应先调好调节轮,调节时要轻缓,严禁超过最大或最小量程。吸取少量液体时最好不要使用大规格的移液器。

②吸取液体时一定要缓慢平稳地松开拇指,绝不允许突然松开,以防溶液吸入过快而冲入移液器内,腐蚀柱塞而造成漏气。

③为获得较高的精度,吸头需预先吸取一次样品溶液。然后再正式移液,因为吸取血清蛋白质溶液或有机溶剂时,吸头内壁会残留一层"液膜",造成排液量偏小,从而产生误差。

④对于浓度和黏度大的液体,可能会产生误差。为消除这类误差,可禁止通过试验确定补偿量,该补偿量可通过调节旋钮改变读数窗的读数来进行设定。

⑤当移液器吸头中有溶剂时,移液器禁止放倒,以防残留液体倒流。

⑥可用分析天平称量所取纯水的重量并进行计算的方法,来校正移液器。1 mL 蒸馏水,20 ℃时质量为 0.998 2 g。

## 四、混匀

在生物化学实验中,为确保生化反应能充分进行,必须使反应体系内各种物质迅速相互接触。因此除特殊要求外,一般需要将反应物彻底混匀。根据所使用的器皿形状和液体容量的不同,可以选用不同的混匀方法。

比如:试管、三角瓶和离心管等小口器皿可以用旋转混匀法,手持容器做离心旋转,也可以借助旋涡混合器进行混匀。

搅拌适用于烧杯内溶液的混匀:①搅拌使用的玻璃棒必须两头都烧得圆滑;②搅拌棒的

粗细长短，必须与容器的大小和所配制的溶液的多少呈适当比例关系；③对固体进行搅拌时，应尽量使搅拌棒沿着器壁运动，避免搅入空气，使溶液飞溅；④倾倒液体时，必须沿器壁慢慢倒入，以免有大量空气混入。倾倒表面张力低的液体（如蛋白质溶液）时，需更缓慢仔细；⑤研磨配制胶体溶液时，应使杵棒沿着研钵的一个方向进行，不要来回研磨。

振荡溶液时，手握住容器后以手腕、肘或肩为轴旋转，容器不应上下振荡。

## 五、离心和过滤

要使沉淀与母液分开，离心和过滤都可以达到目的。但当沉淀物黏稠、颗粒过小或者与滤纸发生反应而无法过滤时，则需要借助离心机利用离心力分离。在生物化学实验中，过滤一般使用滤纸。过滤的作用主要有收集滤液、收集沉淀和洗涤沉淀三个方面。收集滤液应选用干滤纸，以免影响滤液的浓度。在酵母 RNA 的提取中用有机溶剂洗涤收集沉淀时，也不能用水将滤纸湿润。较粗的过滤有时可以用脱脂棉或纱布代替滤纸，有时采用减压抽滤法以加快过滤速率。

## 六、溶液 pH 值的测定

测定溶液 pH 值通常有两种方法，其中最简便的方法是选用 pH 试纸。pH 试纸分为广泛试纸和精密 pH 试纸两种。根据待测溶液的酸性选用合适范围的试纸。测定时，将试纸纸条剪成小块，用镊子夹取一小块试纸（不可用手拿，以免污染试纸），再用玻璃棒蘸取少许溶液与试纸接触。试纸变色后与色阶板对照，估计出所测溶液的 pH 值。注意：切不可将试纸直接放入溶液中，以免污染样品溶液。若需精密测定溶液的 pH 值，则应使用 pH 计。

# 第二篇

## 生物化学与分子生物学实验原理

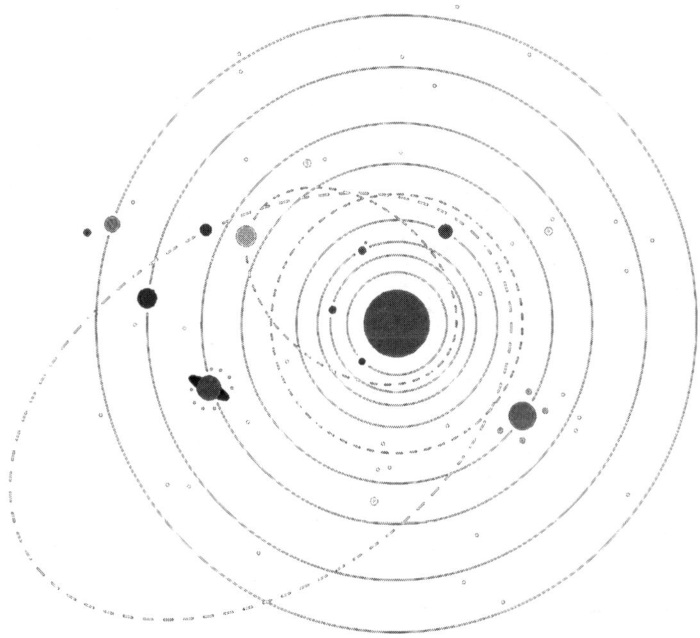

# 第一章 离心技术

离心技术(centrifugal technique)是根据颗粒在做匀速圆周运动时受到一个外向的离心力的原理而发展起来的一种分离技术。就其原理来说,离心技术属于一种物理的技术手段,广泛应用于各种生物样品的分离和制备。生物样品悬浮液在高速旋转下,由于巨大的离心力作用,使悬浮的微小颗粒(如细胞器、生物大分子的沉淀等)以一定的速度沉降,从而实现溶液的分离。沉降速度取决于颗粒的质量、大小和密度。

一般情况下,低速离心时以转速 rpm(转/分钟)来表示,高速离心时则以 g(重力加速度)来表示。计算颗粒的相对离心力时,应注意离心管与旋转轴中心的距离 r 的不同,即沉降颗粒在离心管中所处位置不同,则所受的离心力也会不同。因此在报告超速离心条件时,通常使用地心引力的倍数×g 代替每分钟转数 rpm,以更真实地反映颗粒在离心管内不同的位置所受的离心力及其动态变化。科技文献中提到的离心力数据通常是指其平均值(RCF av),即离心管中点的离心力。

离心技术在生物化学、细胞生物学、分子生物学等生命科学领域以及农业、医学、食品等多个领域都得到了广泛的应用。离心机,尤其是超速离心机,已成为现代生物化学实验室中不可或缺的设备。为了满足生产、科研和教学的需求,不同类型、规格和用途的离心机应运而生,并随着科学技术的发展而不断改进、提高和更新。

## 一、离心技术原理

### (一)离心的作用力

将处于悬浮状态的细胞、细胞器、病毒和生物大分子等称为颗粒。每种颗粒都有一定的大小、形状、密度和质量。当离心机转子高速旋转时,这些颗粒在介质中发生沉降或漂浮,其沉降速度与作用在颗粒上的力的大小和方向有关。颗粒除受到离心力($F_c$)外,还受到颗粒在介质中移动时的摩擦阻力($F_f$)、与离心力方向相反的浮力($F_B$)、颗粒处于重力场之下的重力($F_g$)及与重力方向相反的浮力($F_b$)。各力的作用方向如图 2-1 所示。此外,颗粒还受到周围介质小分子的作用力,当颗粒很小时,介质分子对颗粒的作用力十分明显,要使这种小颗粒沉降,需要更大的离心力。下面将对各个力进行详细的分析。

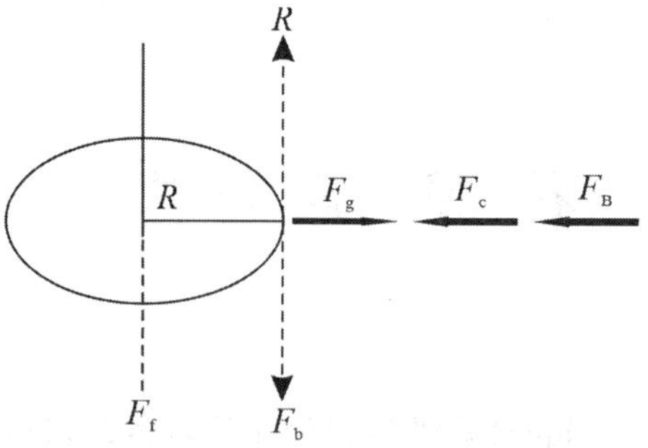


图 2-1 离心各力作用方向

1. 离心力

离心力($F_c$)的大小等于离心加速度 $\omega^2R$ 与颗粒质量 $m$ 的乘积,即:$F_c=m\omega^2R$。其中:$\omega$ 是旋转角速度(弧度/秒),$R$ 是颗粒离旋转中心的距离(cm),$m$ 是质量(克)。

2. 重力

重力($F_g$)是颗粒质量与重力加速度的乘积,用下式表示:$F_g=mg$。重力的方向与离心力的方向互相垂直,同离心力相比,重力显得很小,可以忽略不计。例如:距离旋转中心 12 cm 的颗粒,在 $N$=1 000 转/分时离心,产生的离心力比重力大 134 倍。即:$F_c/F_g=m\omega^2R/mg=\omega^2R/g=(2\pi N/60)^2R/980=(2\times3.141\ 6\times1\ 000/60)^2\times12/980\approx134$(倍)。如在超速离心机中进行离心分离,其离心力更大,重力更可以忽略不计。同时,颗粒由重力而产生的浮力($F_b$)也可以忽略不计。

3. 介质的摩擦阻力

介质对颗粒的摩擦阻力($F_f$)用 Stockes 阻力方程表示:$F_f=6\pi\eta r_p d_R/d_t$。其中:$\eta$ 是介质的黏滞系数(厘泊,cP);$r_p$ 是颗粒的半径(cm);$d_R/d_t$ 是颗粒在介质中的移动速度(cm/s)又称为沉降速度,即单位时间内颗粒沉降的距离。上述方程只适用于球形颗粒,但不少生物颗粒并非球形,有椭球形、扁球形、棒形或线形等,这使得情况更为复杂。对于椭球形颗粒的 Stockes 阻力方程应该改写,即 $F_f=6\pi\eta r_p(d_R/d_t)f/f_0$。其中:$f_0$ 为球形摩擦系数,$f$ 为同球形等体积的扁球形或椭球形的摩擦系数。从 $f/f_0$ 可以得出,颗粒偏离球形程度越大,$f$ 越大,则阻力 $F_f$ 值也越大。

4. 浮力

在重力场中,浮力的定义是指物体排开的周围介质的重量。但在离心场的情况下,颗粒所受的浮力与离心力方向相反,其大小为颗粒排开介质的质量与离心加速度的乘积。用下式表示:$F_B=P_m(m/P_p)\omega^2R=P_m/P_pm\omega^2R$。其中:$P_p$ 为颗粒密度(g/cm$^3$),$P_m$ 为介质密度(g/cm$^3$),m/$P_p$ 为介质的体积,$P_m(m/P_p)$ 为颗粒排开介质的质量。

综上所述,在离心场中,作用于颗粒上的力主要有离心力 $F_c$、浮力 $F_B$ 和摩擦阻力 $F_f$。当离心转子从静止状态加速旋转时,原来处于悬浮状态的颗粒如果密度大于周围介质的密度,则颗粒离开轴心方向移动,即发生沉降;如果颗粒密度低于周围介质的密度,则颗粒朝轴心方向移动，即发生漂浮。无论沉降或漂浮，离心力的方向与摩擦阻力和浮力方向相反；当离心力增大时，反向的两个力也增大，最终离心力与摩擦阻力和浮力达到平衡，颗粒的沉降（或漂浮）速度达到某一极限速度，这时颗粒运动的加速度等于零，速度 $d_x/d_t$ 变成恒速运动。

### （二）沉降系数

1924 年，Svedberg 定义沉降系数为颗粒在单位离心力场作用下的沉降速度，即 $S=(d_R/d_t)/\omega^2R$。沉降系数的物理意义是颗粒在离心力作用下从静止状态到达极限速度所经过的时间。沉降系数的单位用 Svedberg 表示，量纲为秒，1 Svedberg $=10^{-13}$ 秒，简称 S。

### （三）相对离心力和离心时间

1. 相对离心力（RCF）

相对离心力（RCF）是指在离心场中，作用于颗粒的离心力相当于地球引力的倍数。一般情况下，低速离心时常以 rpm 来表示，超速离心则以 g 表示。计算颗粒的相对离心力时，应注意离心管与旋转中心的距离 $R$。由于转子的形状及设计差异，离心管的口部和底部到旋转轴中心的距离差异很大。为便于进行转速和相对离心力之间的换算，Dole 和 Cotzias 利用 RCF 的计算公式，制作了转速 rpm、相对离心力 RCF 和旋转半径 $r$ 三者关系的列线图，如图 2-2 所示。换算时，先在 $r$ 标尺上取已知的半径和在 rpm 标尺上取已知的离心机转数，然后将这两点间划一条直线，与图中 RCF 标尺上的交叉点即为相应的相对离心力数值。若已知的转数值处于 rpm 标尺的右边，则应读取 RCF 标尺右边的数值；若已知的转数值处于 rpm 标尺左边，则应读取 RCF 标尺左边的数值。已知离心转子的半径、转速和相对离心力中的任意两个数值，可以求得第三个数值。在列线计算图中找到两数值对应的点位置，过两点作直线，直线与第三条列线相交，交点的数值即为所求第三者的值。

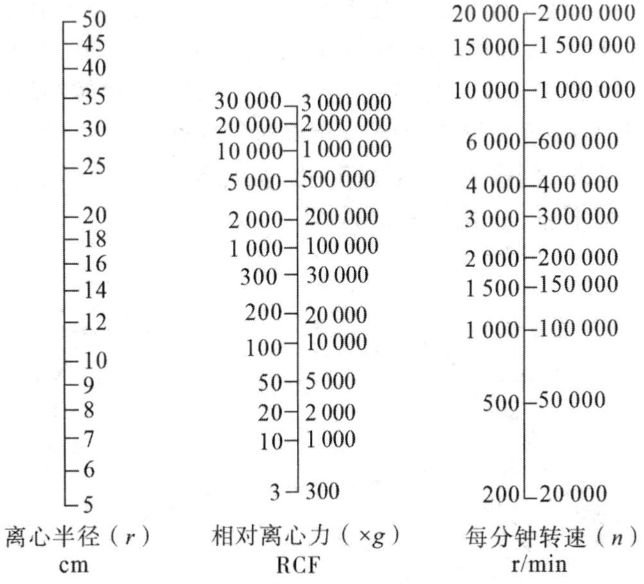


图 2-2 离心机转数与离心力的列线

2. 沉降时间(t)

沉降时间是指在某一介质中,使一种球形颗粒从液体的弯月面沉降到离心管底部所需要的离心时间。沉降时间与沉降速度成反比。$t=18\eta/[\omega^2 d^2(P_p-P_m)]\ln(R_{max}/R_{min})$,其中$R_{max}$和$R_{min}$分别代表转轴中心至离心管底部和液面的距离(如图2-3所示)。如果已知某种颗粒的沉降系数(S),则可估计其沉降时间(t),即$t=1/S[(\ln R_{max}-\ln R_{min})/\omega^2]$。离心时间由实验要求决定,为了避免不稳定颗粒的凝聚、挤压损伤或变性失活,并减弱扩散所导致的区带加宽现象,在保证分离效果的前提下,应尽可能缩短离心时间。相反,在分离某些沉降较快的大颗粒时,为了达到预期的分离效果,使用黏度较大的梯度,以阻止颗粒的过度沉降,并相应延长离心时间。

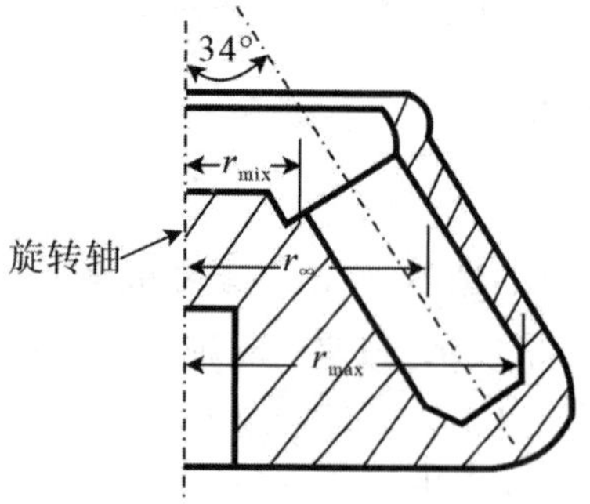


图 2-3　离心机转头半径

## 二、离心机的主要构造

### (一)转头

1. 角式转头

角式转头是指离心管腔与转轴成一定倾角的转头(如图2-4所示)。它由一块完整的金属制成,其上有4~12个放置离心管的机制孔穴,即离心管腔。孔穴的中心轴与旋转轴之间的角度为20~40°,角度越大沉降越结实,分离效果越好。这种转头的优点是具有较大的容量,且重心低、运转平衡、寿命较长;颗粒在沉降时先沿离心力方向撞向离心管,然后再沿管壁滑向管底,因此管的一侧就会出现颗粒沉积。此现象称为壁效应,壁效应容易使沉降颗粒因突然变速产生对流扰乱,从而影响分离效果。

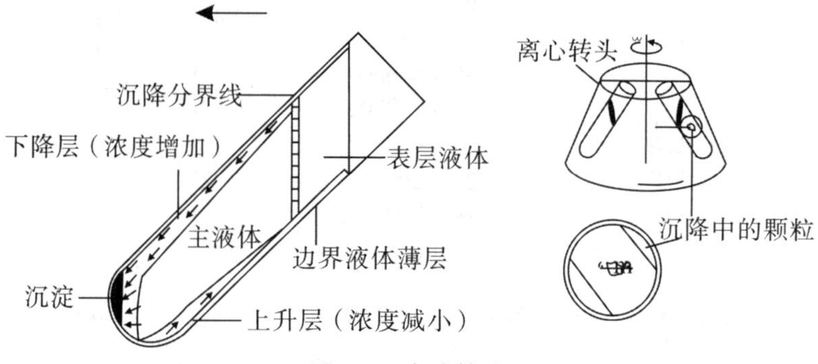


图 2-4　角式转头

2. 水平转头

水平转头由吊着的 4 个或 6 个自由活动的吊桶(离心套管)构成,如图 2-5 所示。这种转头最适合做密度梯度区带离心,其优点是梯度物质可以放在保持垂直的离心管中,离心时被分离的样品带垂直于离心管纵轴,不像角式转头中样品沉淀物的界面一样与离心管呈一定角度,因而有利于离心结束后从管内分层取出已分离的各样品带。其缺点是颗粒沉降距离长,所需离心时间也相应较长。

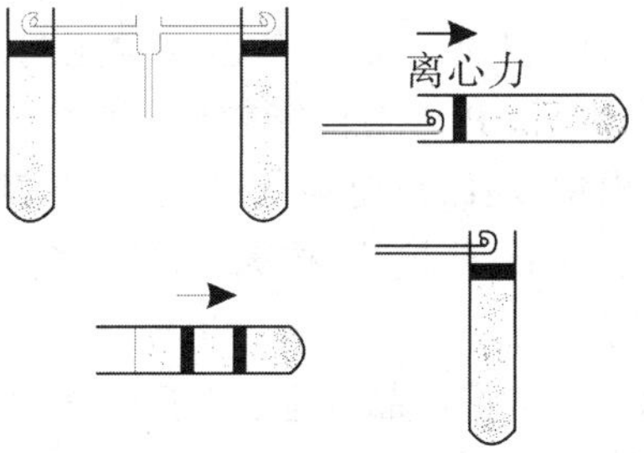


图 2-5 水平转头

3. 区带转头

区带转头无离心管,主要由一个转子桶和可以旋开的顶盖组成。转子桶中装有十字形隔板装置,将桶内分隔成 4 个或多个扇形小室。隔板内设有导管,梯度液或样品液从转头中央的进液管泵入,通过这些导管分布至转子四周。转头内的隔板可以保持样品带和梯度介质的稳定。沉降的样品颗粒在区带转头中的沉降情况不同于角式和外摆式转头,在径向的散射离心力作用下,颗粒的沉降距离不变。因此区带转头的“壁效应”极小,可以避免区带和沉降颗粒的紊乱,分离效果好。而且还有高转速、大容量、易于回收梯度且不影响分辨率的优点,使得超速离心用于制备和工业生产成为可能。区带转头的缺点是样品和介质直接与转头接触,耐腐蚀要求高,且操作复杂。

4. 垂直转头

垂直转头的离心管是垂直放置(如图 2-6 所示),样品颗粒的沉降距离最短,因此离心所需时间也较短,适合用于密度梯度区带离心。离心结束后液面和样品区带要作 90°转向,因而降速需缓慢进行。

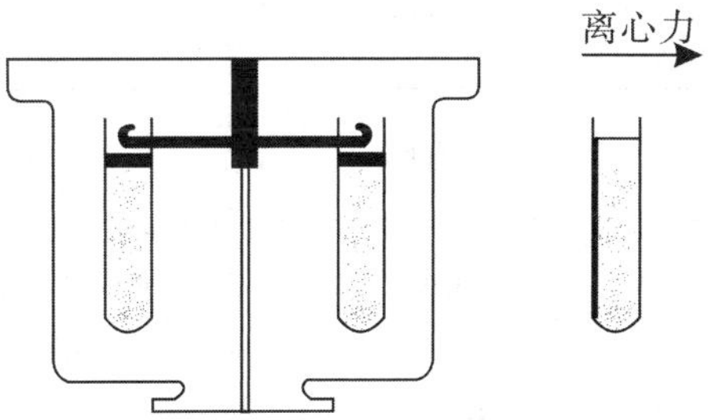


图 2-6 垂直转头

5. 连续流动转头

连续流动转头可用于大量培养液或提取液的浓缩与分离。其结构与区带转头相似,由转子桶和带有入口、出口的转头盖及附属装置组成。离心时样品液由入口连续流入转头,在离心力作用下,悬浮颗粒沉降于转子桶壁,上清液由出口流出(如图 2-7 所示)。

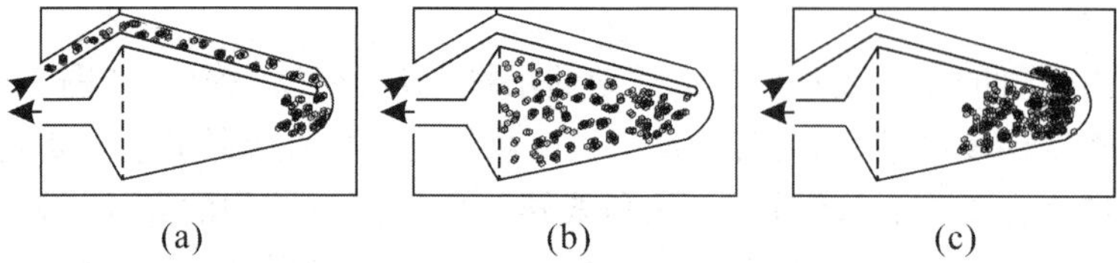

图 2-7 连续流动转头

6. 离心管

离心管主要由塑料和不锈钢制成。塑料离心管常用材料有聚乙烯(PE),聚碳酸酯(PC),聚丙烯(PP)等,其中聚丙烯(PP)管性能较好。塑料离心管的优点是透明(或半透明)、硬度小、可以用穿刺法取出梯度;缺点是易变形,抗有机溶剂腐蚀性差,使用寿命短。不锈钢离心管的特点是强度大,不变形,能抗热、抗冻、抗化学腐蚀。使用时应该避免接触强腐蚀性的化学药品,如强酸和强碱等。塑料离心管都有管盖,离心前管盖必须盖严,以防倒置时发生漏液。管盖有三种作用:①防止样品外泄,对于有放射性或强腐蚀性样品尤其重要;②防止样品挥发;③支撑离心管,防止离心管变形。

## 三、离心机的类型

目前常用的离心机种类繁多,按其离心转子的最高转速分为以下三类:低速离心机(6 000 rpm 以下)、高速离心机(25 000 rpm 以下)和超速离心机(30 000 rpm 以上),其参数和功能如表 2-1 所示。目前的大型超高速离心机最高转速可达 100 000 rpm,相对离心力 803 000×g。在超速离心机中,根据用途不同,又可分为制备型超速离心机、分析型超速离心机和制备分析两用型超速离心机三类。近年来,制备型与分析型界限在逐步消失,出现制备分析两用机,通过更换转子和装上光学附件进行分析工作。制备型的区带转子或水平转子运用密度技术可以测定颗粒沉降系数、病毒或核酸的浮力密度,部分代替了分析型超速离心机功能。

表 2-1 三种不同级别的制备离心机的比较

| 类型 | 普通离心机 | 高速离心机 | 超速离心机 |
|---|---|---|---|
| 最大转速(rpm) | 6 000 | 25 000 | 30 000 以上 |
| 最大 RCF(g) | 6 000 | 89 000 | 510 000 以上 |
| 分离形式 | 差速离心 | 差速离心 | 密度梯度区带分离或差速沉降分离 |
| 离心管平衡允许误差 | 0. 25 g | 0. 1 g | 0. 1 g |
| 转子 | 角式转子、外摆式转子 | 角式转子、外摆式转子等 | 角式转子、外摆式转子、区带转子等 |

续表

| 类型 | 普通离心机 | 高速离心机 | 超速离心机 |
|---|---|---|---|
| 仪器结构、性能和特点 | 速度控制不严格,多数在室温下操作 | 有制冷装置,有比较准确的速度和温度控制系统 | 有真空和冷却系统,精确的温度和速度控制系统、监测系统,保证转子正常运转的传动和制动装置 |
| 应用 | 收集易沉降的大颗粒(比如RBC、酵母细胞等) | 收集微生物、细胞碎片、大细胞、硫酸铵沉淀物和免疫沉淀物等,但不能有效沉淀病毒、小细胞器(比如核糖体)、蛋白质等大分子 | 主要用于分离细胞器、病毒、核酸蛋白质和多糖等,甚至能分开分子量相近的同位素标记物$^{15}$N-DNA和未标记的DNA |

### (一)制备型离心机

1. 普通离心机

普通离心机最大转速6 000 rpm左右,最大相对离心力近6 000 kg,容量为几十毫升至几升,分离形式是固液沉降分离,转子有角式和外摆式。其转速不能严格控制,通常不带冷冻系统,在室温下操作,用于收集易沉降的大颗粒物质,如红细胞、酵母细胞等。这种离心机使用时需精确地平衡离心管及内容物,否则会损坏离心机。

2. 高速冷冻离心机

高速冷冻离心机最大转速为20 000~25 000 rpm,最大相对离心力为89 000 kg,最大容量可达3 L,分离形式是固液沉降分离,转头配有各种角式转头、荡平式转头、区带转头、垂直转头和大容量连续流动式转头,一般都有制冷系统,以消除高速旋转转头与空气之间摩擦而产生的热量。离心室的温度可以调节并维持在0~40 ℃。转速、温度和时间都可以严格准确地控制,并有指针或数字显示。通常用于微生物菌体、细胞碎片、大细胞器、硫铵沉淀和免疫沉淀物等的分离纯化工作,但不能有效地沉降病毒、小细胞器,如核蛋白体或单个分子。

3. 超速冷冻离心机

超速冷冻离心机超速离心机转速可达50 000~80 000 rpm,相对离心力最大可达510 000 kg。离心容量为几十毫升至2 L,分离的形式是差速沉降分离和密度梯度区带分离,离心管平衡允许的误差要小于0.1 g。超速离心机的出现,使生物科学的研究领域有了新的扩展。它能使过去仅仅在电子显微镜观察到的亚细胞器得到分级分离,还可以分离病毒、核酸、蛋白质和多糖等。

超速离心机主要由驱动和速度控制、温度控制、真空系统和转头四部分组成。超速离心机的驱动装置是由水冷或风冷电动机通过精密齿轮箱或皮带变速,或直接用变频感应电机驱动,并由微机进行控制。由于驱动轴的直径较细,在旋转时此细轴可有一定的弹性弯曲,以适应转头轻度的不平衡,而不至于引起震动或转轴损伤。除速度控制系统外,还有一个过速保护系统,以防止转速超过转头最大规定转速而引起转头的撕裂或爆炸。为此,离心腔用能承受此种爆炸的装甲钢板密闭。温度控制是由安装在转头下面的红外线射量感受器直接并连续监测离心腔的温度，以保证更准确更灵敏的温度调控。这种红外线温控比高速离心机的热电偶控制装置更敏感、更准确。超速离心机装有真空系统，这是它与高速离心机的主要区别。离心机的速度在 2 000 rpm 以下时，空气与旋转转头之间的摩擦只产生少量的热；当速度超过 20 000 rpm 时，由摩擦产生的热量显著增大；当速度在 40 000 rpm 以上时，由摩擦产生的热量就成为严重问题。为此，将离心腔密封，并由机械泵和扩散泵串联工作的真空泵系统抽成真空。温度的变化容易控制，摩擦力很小，这样才能达到所需的超高转速。

### （二）分析型离心机

分析型离心机使用了特殊设计的转头和光学检测系统，以便连续地监视物质在一个离心场中的沉降过程，从而确定物质的物理性质。分析型超速离心机的转头呈椭圆形，以避免应力集中于孔处。离心机中装有一个光学系统，能在整个离心期间都能通过紫外吸收或折射率的变化来监测离心杯中沉降的物质。在预定的时间可以拍摄沉降物质的照片。在分析离心杯中物质沉降情况时，重颗粒和轻颗粒之间形成的界面就像一个折射的透镜，从而在检测系统的照相底板上产生了一个“峰”。由于沉降不断进行，界面向前推进，因此“峰”也移动。从“峰”移动的速度可以计算出样品颗粒的沉降速度。分析型超速离心机的主要特点在于它能在短时间内通过少量样品得到一些重要信息，如确定生物大分子是否存在、其大致的含量，计算生物大分子的沉降系数，结合界面扩散估计分子的大小，检测分子的不均一性及混合物中各组分的比例，测定生物大分子的分子量，还可以检测生物大分子的构象变化等。

## 四、离心方法

根据离心原理的不同，现有的离心方法种类繁多，归纳起来主要有两大类。

### （一）差速沉降离心法

差速沉降离心法是最常用的离心法。它是指采用逐渐增加离心速度或低速和高速交替进行离心，使沉降速度不同的颗粒在不同的分离速度及不同的离心时间下分批分离的方法，如图 2-8 所示。此法一般用于分离沉降系数相差较大的颗粒。

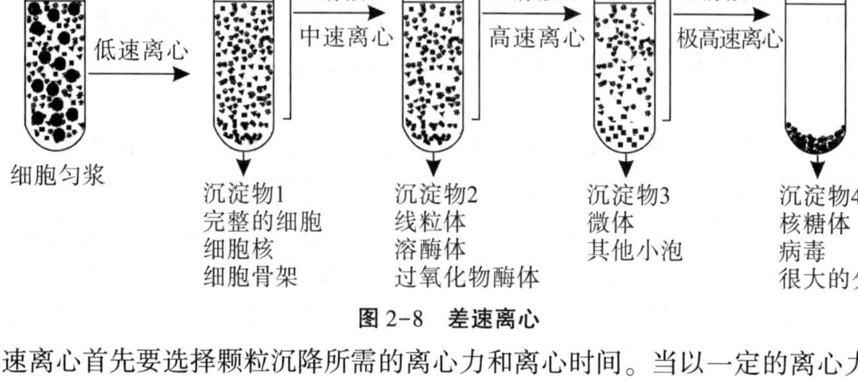


**图 2-8 差速离心**

差速离心首先要选择颗粒沉降所需的离心力和离心时间。当以一定的离心力在一定的离心时间内进行离心时，在离心管底部就会得到最大和最重颗粒的沉淀。分出的上清液在加大转速下再进行离心，又会得到第二部分较大较重颗粒的沉淀以及含有较小和较轻颗粒的上清液。按此方法多次进行离心处理，就能较好地分离液体中的不同颗粒。此法所得的沉淀是不均一的，仍可能含有其他成分的杂质，需要经过 2~3 次的再悬浮和再离心，才能得到较纯的颗粒。

差速离心法主要用于组织匀浆液中分离细胞器和病毒，其优点是操作简易，离心后用倾倒法即可将上清液与沉淀分开，并可使用容量较大的角式转子；缺点是需多次离心，沉淀中有夹带，分离效果差，不能一次得到纯颗粒，且沉淀于管底的颗粒受挤压容易变性失活。

### （二）密度梯度区带离心法（简称区带离心法）

区带离心法是将样品加在惰性梯度介质中进行离心沉降或沉降平衡，在一定的离心力下把颗粒分配到梯度中某些特定位置上，形成不同区带的分离方法。区带离心法的优点有：①分离效果好，可一次获得较纯颗粒；②适应范围广，既能分离具有沉降系数差的颗粒（同差速离心法），又能分离有一定浮力密度差的颗粒；③颗粒不会挤压变形，可保持颗粒活性，并防止已经形成的区带由于对流而引起混合。区带离心法的缺点有：①离心时间较长；②需要制备惰性梯度介质溶液；③操作要求严格，不易掌握。

密度梯度区带离心法又可以分为差速区带离心法和等密度区带离心法两种。

1. 差速区带离心法

该法适用于待测样品中不同颗粒间存在沉降速度差的情况。这个差异不像差速沉降离心法要求的那么大。在一定的离心力作用下，颗粒各自以一定速度沉降，在密度梯度介质的不同区域上形成区带。此法仅用于分离有一定沉降系数差的颗粒（20%的沉降系数差或更少）或分子量相差 3 倍的蛋白质，与颗粒的密度无关。大小相同、密度不同的颗粒（比如线粒体、溶酶体等）不能用此法分离。离心管先装好密度梯度介质溶液，样品液加在梯度介质液面上，离心时，由于离心力的作用，颗粒离开原样品层，按不同沉降速度向管底沉降。离心一定时间后，沉降的颗粒逐渐分开，最后形成一系列界面清楚的不连续区带。沉降系数越大，往下沉降越快，所呈现的区带也越低。离心必须在沉降最快的大颗粒到达管底前结束，样品颗粒的密度要大于梯度介质的密度。梯度介质通常用蔗糖溶液，其最大密度和浓度可达 1.28 $kg/cm^3$ 和 60%。此离心法的关键是选择合适的离心转速和时间。

2. 等密度区带离心法

等密度区带离心产生梯度有两种方式：①离心管中预先放置好梯度介质，样品加在梯度液面上；②样品预先与梯度介质溶液混合后装入离心管，通过离心形成梯度。

离心时，样品的不同颗粒向上浮起，一直移动到与它们密度相等的等密度点的特定梯度位置上，形成几条不同的区带，这就是等密度离心法。体系到达平衡状态后，处于等密度点上的样品颗粒的区带形状和位置均不再受离心时间影响。提高转速可以缩短达到平衡的时间，离心所需时间以最小颗粒到达等密度点（即平衡点）的时间为基准，有时长达数日。等密度离心法的分离效率取决于样品颗粒的浮力密度差。密度差越大，分离效果越好，与颗粒大小和形状无关，但大小和形状决定着达到平衡的速度、时间和区带宽度。等密度区带离心法所用的梯度介质通常为氯化铯（CsCl），其密度可达 1.7 g/cm³，如图 2-9 所示。此法可分离核酸、亚细胞器等，也可以分离复合蛋白质，但简单蛋白质不适用。

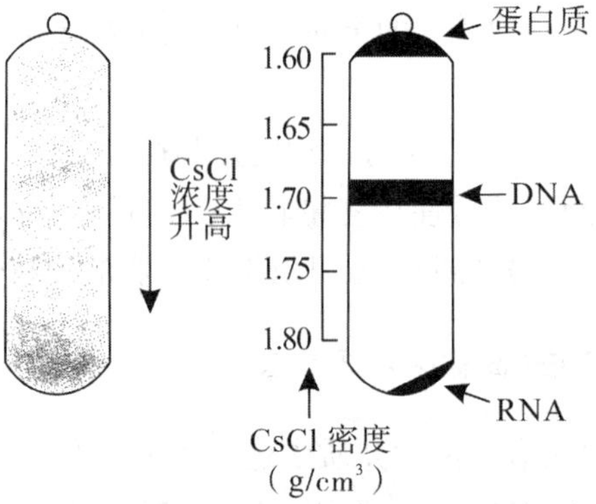


图 2-9　CsCl 密度梯度离心

收集区带的方法有许多种。例如：①用注射器和滴管由离心管上部吸出；②用针刺穿离心管底部滴出；③用针刺穿离心管区带部分的管壁，把样品区带抽出；④用一根细管插入离心管底，泵入超过梯度介质最大密度的取代液，将样品和梯度介质压出，用自动部分收集器收集。

以上离心方法的比较如表 2-2 所示。

表 2-2　两种离心方法的比较

| 离心方法 | 差速离心 | 密度梯度区带离心 | |
|---|---|---|---|
| | | 差速区带离心 | 等密度区带离心 |
| 颗粒沉降系数 | 相差大（1-$n$ 个数量级） | 相差较少（20% 或更少）或分子量相差 3 倍的蛋白质 | — |
| 离心特点 | 短时间、多次采用不同的分离速度和不同的离心时间进行分段离心 | ①沉降速度主要依赖于颗粒的形状和大小；②离心时间较短，颗粒沉降速度不可能为零，若时间过长，分离开的区带有可能在管底重新靠拢；③颗粒密度不等于周围介质密度 | ①沉降平衡主要依赖于颗粒的密度；②离心时间较长，一般大于 15 h，平衡时沉降速度为零，形成稳定的区带；③沉降平衡时，颗粒密度一定等于周围介质的密度 |
| 适用范围 | 分子量（或大小）相差大、不稳定、易变性、易受梯度介质损伤的颗粒。常用于从组织匀浆中分离细胞器及分离病毒 | 大小不同而密度相似、受差速离心挤压变形、受低浓度梯度介质损伤较少的颗粒。一次分离量较少，宜作分析分离。可分离核酸、蛋白质、核糖体亚基及其他成分（比如整细胞、脂蛋白） | 大小相同而密度不同、稳定、不受高浓度介质损伤的颗粒。一次分离样品量大，用于制备及分析分离。可分离核酸、亚细胞器、整细胞，也可分离复合蛋白质，但简单蛋白质不适用 |

## 五、离心操作的注意事项

高速与超速离心机是生命科学领域教学和科研中的重要精密设备。其转速高,产生的离心力大,使用不当或缺乏定期的检修和保养,都有可能发生严重事故。因此使用离心机时必须严格遵守操作规程。

1. 使用各种离心机时,必须事先在天平上精密地平衡离心管和其内容物,平衡时重量之差不得超过各个离心机说明书上规定的范围。每个离心机的不同转头有各自的允许差值,转头中绝对不能装载单数的管子。当转头只是部分装载时,管子必须互相对称地放在转头中,以方便其负载均匀地分布在转头的周围。

2. 装载溶液时,要根据各种离心机的具体操作说明进行。根据待离心液体的性质及体积选用适合的离心管。有的离心管无盖,液体就不能装得过多,以防离心时液体甩出,造成转头不平衡、生锈或被腐蚀现象。制备型超速离心机的离心管则常常要求必须将液体装满,以免离心时塑料离心管的上部凹陷变形。每次使用后,必须仔细检查转头,及时清洗、擦干。转头是离心机中重点保护的部件,搬动时不能碰撞。转头长时间不用时,要在表面涂上一层上光蜡保护起来。严禁使用明显变形、损伤或老化的离心管。

3. 若要在低于室温的温度下离心,转头在使用前应放置在冰箱或置于离心机的转头室内预冷。

4. 离心过程中不得随意离开,随时观察离心机上的仪表是否正常工作,如有异常声音应立即停机检查,及时排除故障。

5. 每个转头各有其最高允许转速和使用累积限时。使用转头时要查阅说明书,不得过速使用。每一转头都要有一份使用档案,记录累积的使用时间,如果超过了该转头的最高使用限时,则必须按规定降速使用。

# 第二章 盐析、透析和超滤技术

## 第一节 盐 析 技 术

盐析沉淀法简称盐析法，是根据不同蛋白质在相同浓度盐溶液中的溶解度不同的特性，通过向蛋白质混合液中加入一定浓度的中性盐溶液，使目的蛋白从混合液中沉淀析出，从而将目的蛋白质与杂质进行分离的方法。

### 一、盐析技术的原理

蛋白质溶液是一种亲水胶体。在水溶液中，由于蛋白质分子具有一些亲水基团，如$-NH_2$，-COOH，-OH 以及-CO-NH-等，可以使蛋白质分子表面形成一个水化层(hydration shell)；蛋白质分子表面上的可解离基团，在一定的 pH 条件下，都带有相同的净电荷，与其周围的带有相反电荷的离子构成稳定的双电层(electric double layer)。蛋白质溶液具有水化层与双电层两方面的稳定因素，所以是较为稳定的胶体系统。当这两个因素受到破坏时，其溶解度就会降低，从而沉淀析出。盐析沉淀法就是通过改变蛋白质的溶解度来分离蛋白质的方法之一。

蛋白质在水溶液中的溶解度受到溶液中盐浓度的影响。一般在盐浓度较低的情况下，蛋白质的溶解度随着盐浓度的升高而增加，这种现象称为盐溶(salting in)。这是因为：当蛋白质沉淀时，部分分子间以离子键相互结合在一起；加入盐离子后，盐离子会把蛋白质分子间的离子键隔离开来，破坏了分子间的吸引力，增加了蛋白质的溶解度。在盐浓度升高到一定程度后，蛋白质的溶解度又随着盐浓度的升高而降低，结果使蛋白质沉淀析出，这种现象称为盐析(salting out)。这是因为：首先，向蛋白质溶液中加入大量中性盐后，盐离子与蛋白质分子争夺水分子，降低了用于溶解蛋白质的有效水量，减弱了蛋白质的水合程度，破坏了蛋白质表面的水化膜，导致蛋白质溶解度降低；其次，盐离子中和了蛋白质分子表面的部分电荷，使蛋白质溶解度下降；再次，盐离子引起原本在蛋白质分子周围有序排列的水分子极化，使水活度降低。以上因素综合作用，使得蛋白质溶解度降低而析出。盐析沉淀一般不会引起蛋白质变性，当盐浓度又降低后，蛋白质可以重新溶解。在同一浓度的盐溶液中，不同蛋白质的溶解度各不相同，由此可以达到彼此分离的目的。

## 二、盐析试剂

在蛋白质的盐析中，经常采用的中性盐包含硫酸铵、硫酸钠、硫酸钾、硫酸镁、氯化钠和磷酸钠等，其中以硫酸铵最为常用。这是因为，硫酸铵在水中的溶解度大，温度系数小（比如：在 25 ℃时，其溶解度为 767 g/L；在 0 ℃时，其溶解度为 697 g/L）。浓度高时也不会引起蛋白质和酶生物活性的丧失，分离效果好，价格低廉，来源广泛。其不足是：缓冲能力差，且铵根离子的存在会干扰蛋白质的测定，所以有时也会用其他中性盐进行盐析。

## 三、饱和溶液配制方法

在盐析时，溶液中硫酸铵的浓度通常以饱和度表示。饱和度是指溶液中加入的饱和硫酸铵的体积与混合溶液总体积之比。比如：向 70 mL 酶液中加入 30 mL 饱和硫酸铵溶液，混合溶液中硫酸铵的饱和度为 30/(30+70)=0.3。

饱和硫酸铵溶液的配制方法：首先，在水中加入过量的固体硫酸铵，加热至 50~60 ℃；其次，保温数分钟后，趁热滤去过量未溶解的硫酸铵；第三，滤液在 0 ℃或 25 ℃时平衡 1~2 d 后有固体析出；最后，析出的溶液即为饱和硫酸铵溶液，其饱和度为 1。在盐析过程中，需要加入的饱和硫酸铵溶液的体积，可以从有关文献中直接查找所需数据。如表 2-3 所示为硫酸铵饱和度常用表。

**表 2-3　硫酸铵饱和度常用表**

（一）调整硫酸铵溶液饱和度计算表（25 ℃）

| | | | | | | | | | | | | | | | | | | |
|---|---|---|---|---|---|---|---|---|---|---|---|---|---|---|---|---|---|---|
| 硫酸铵终浓度，饱和度／% | | | | | | | | | | | | | | | | | | |
| | 10 | 20 | 25 | 30 | 33 | 35 | 40 | 45 | 50 | 55 | 60 | 65 | 70 | 75 | 80 | 90 | 100 | |
| 每 1 L 溶液加固体硫酸铵的克数* | | | | | | | | | | | | | | | | | | |
| | 0 | 56 | 114 | 114 | 176 | 196 | 209 | 243 | 277 | 313 | 351 | 390 | 430 | 472 | 516 | 561 | 662 | 707 |
| | 10 | | 57 | 86 | 118 | 137 | 150 | 183 | 216 | 251 | 288 | 326 | 365 | 406 | 449 | 494 | 592 | 694 |
| | 20 | | | 29 | 59 | 78 | 81 | 123 | 155 | 189 | 225 | 262 | 300 | 340 | 382 | 424 | 520 | 619 |
| | 25 | | | | 30 | 49 | 61 | 93 | 125 | 158 | 193 | 230 | 267 | 307 | 348 | 390 | 485 | 583 |
| | 30 | | | | | 19 | 30 | 62 | 94 | 127 | 162 | 198 | 235 | 273 | 314 | 356 | 449 | 546 |
| | 33 | | | | | | 12 | 43 | 74 | 107 | 142 | 177 | 214 | 252 | 292 | 333 | 426 | 522 |
| | 35 | | | | | | | 31 | 63 | 94 | 129 | 164 | 200 | 238 | 278 | 319 | 411 | 506 |
| 硫酸铵初浓度，饱和度/% | 45 | | | | | | | | | 32 | 65 | 99 | 134 | 171 | 210 | 250 | 339 | 431 |
| | 50 | | | | | | | | | | 33 | 66 | 101 | 137 | 176 | 214 | 302 | 392 |
| | 55 | | | | | | | | | | | 33 | 67 | 103 | 141 | 179 | 264 | 353 |
| | 60 | | | | | | | | | | | | 34 | 69 | 105 | 143 | 227 | 314 |
| | 65 | | | | | | | | | | | | | 34 | 70 | 107 | 190 | 275 |
| | 70 | | | | | | | | | | | | | | 35 | 72 | 153 | 237 |
| | 75 | | | | | | | | | | | | | | | 36 | 115 | 198 |
| | 80 | | | | | | | | | | | | | | | | 77 | 157 |
| | 90 | | | | | | | | | | | | | | | | | 79 |

* 在 25 ℃下，硫酸铵溶液由初浓度调到终浓度时，每 1 L 溶液所加固体硫酸铵的克数。

（二）调整硫酸铵溶液饱和度计算表（0 ℃）

| | | 硫酸铵终浓度，饱和度／% | | | | | | | | | | | | | | | | |
|---|---|---|---|---|---|---|---|---|---|---|---|---|---|---|---|---|---|---|
| | | 20 | 25 | 30 | 35 | 40 | 45 | 50 | 55 | 60 | 65 | 70 | 75 | 80 | 85 | 90 | 95 | 100 |
| | | 每 100 mL 溶液加固体硫酸铵的克数* | | | | | | | | | | | | | | | | |
| 硫酸铵初浓度，饱和度% | 0 | 10.6 | 13.4 | 16.4 | 19.4 | 22.6 | 25.8 | 29.1 | 32.6 | 36.1 | 39.8 | 43.6 | 47.6 | 51.6 | 55.9 | 60.3 | 65.0 | 69.7 |
| | 5 | 7.9 | 10.8 | 13.7 | 16.6 | 19.7 | 22.9 | 26.2 | 29.6 | 33.1 | 36.8 | 40.5 | 44.4 | 48.4 | 52.6 | 57.0 | 61.5 | 66.2 |
| | 10 | 5.3 | 8.1 | 10.9 | 13.9 | 16.9 | 20.0 | 23.3 | 26.6 | 30.1 | 33.7 | 37.4 | 41.2 | 45.2 | 49.3 | 53.6 | 58.1 | 62.7 |
| | 15 | 2.6 | 5.4 | 8.2 | 11.1 | 14.1 | 17.2 | 20.4 | 23.7 | 27.1 | 30.6 | 34.3 | 38.1 | 42.0 | 46.0 | 50.3 | 54.7 | 59.2 |
| | 20 | 0 | 2.7 | 5.5 | 8.3 | 11.3 | 14.3 | 17.5 | 20.7 | 24.1 | 27.6 | 31.2 | 34.9 | 38.7 | 42.7 | 46.9 | 51.2 | 55.7 |
| | 25 | | 0 | 2.7 | 5.6 | 8.4 | 11.5 | 14.6 | 17.9 | 21.1 | 24.5 | 28.0 | 31.7 | 35.5 | 39.5 | 43.6 | 47.8 | 52.2 |
| | 30 | | | 0 | 2.8 | 5.6 | 8.6 | 11.7 | 14.8 | 18.1 | 21.4 | 24.9 | 28.5 | 32.3 | 36.2 | 40.2 | 44.5 | 48.8 |
| | 35 | | | | 0 | 2.8 | 5.7 | 8.7 | 11.8 | 15.1 | 18.4 | 21.8 | 25.4 | 29.1 | 32.9 | 36.9 | 41.0 | 45.3 |
| | 40 | | | | | 0 | 2.9 | 5.8 | 8.9 | 12.0 | 15.3 | 18.7 | 22.2 | 25.8 | 29.6 | 33.5 | 37.6 | 41.8 |
| | 45 | | | | | | 0 | 2.9 | 5.9 | 9.0 | 12.3 | 15.6 | 19.0 | 22.6 | 26.3 | 30.2 | 34.2 | 38.3 |
| | 50 | | | | | | | 0 | 3.0 | 6.0 | 9.2 | 12.5 | 15.9 | 19.4 | 23.0 | 26.8 | 30.8 | 34.8 |
| | 55 | | | | | | | | 0 | 3.0 | 6.1 | 9.3 | 12.7 | 16.1 | 19.7 | 23.5 | 27.3 | 31.3 |
| | 60 | | | | | | | | | 0 | 3.1 | 6.2 | 9.5 | 12.9 | 16.4 | 20.1 | 23.1 | 27.9 |
| | 65 | | | | | | | | | | 0 | 3.1 | 6.3 | 9.7 | 13.2 | 16.8 | 20.5 | 24.4 |
| | 70 | | | | | | | | | | | 0 | 3.2 | 6.5 | 9.9 | 13.4 | 17.1 | 20.9 |
| | 75 | | | | | | | | | | | | 0 | 3.2 | 6.6 | 10.1 | 13.7 | 17.4 |
| | 80 | | | | | | | | | | | | | 0 | 3.3 | 6.7 | 10.3 | 13.9 |
| | 85 | | | | | | | | | | | | | | 0 | 3.4 | 6.8 | 10.5 |
| | 90 | | | | | | | | | | | | | | | 0 | 3.4 | 7.0 |
| | 95 | | | | | | | | | | | | | | | | 0 | 3.5 |
| | 100 | | | | | | | | | | | | | | | | | 0 |

* 在 0 ℃ 下，硫酸铵溶液由初浓度调到终浓度时，每 100 mL 溶液所加固体硫酸铵的克数。

盐析过程中，也可通过直接加入固体硫酸铵粉末来达到一定的硫酸铵浓度。根据硫酸铵饱和度常用表，查得一定温度（25 ℃或 0 ℃）下，配制单位体积特定硫酸铵饱和度溶液所需的固体硫酸铵的质量，然后根据溶液体积，计算出所需的固体硫酸铵的量，再称取经过烘干的硫酸铵粉末，边搅拌边缓慢加入蛋白质混合液，从而获得相应饱和度的硫酸铵溶液，以进行盐析操作。比如：在 25 ℃下，如果用 0.3 饱和度（即 30%）的硫酸铵溶液来进行盐析，以除去 200 mL 某粗酶液中的杂蛋白，需要加入的固体硫酸铵的量为 176 g/L × 0.2 L = 35.2 g 。

由于不同的蛋白质结构不同，盐析时所需的浓度也相应存在差异。另外，蛋白质的来源、浓度以及溶液中杂质等因素也会对盐析浓度造成影响,因此盐析操作前需通过实验来确定其适宜的浓度。

## 四、盐析方法示例

由于不同蛋白质盐析时所需的中性盐浓度不同,因而可以据此将不同蛋白质加以分离。举例:假设有三种蛋白质 A、B、C,盐析时所需的硫酸铵饱和度如表 2-4 所示。

表 2-4 硫酸铵饱和度示例

| 蛋白质种类 | 盐析所需的硫酸铵饱和度 / % |
|---|---|
| A | 10 |
| B | 30 |
| C | 60 |

如果要应用盐析法从中分离出以上三种蛋白质,则可进行如下操作:首先,向溶液中加入一定量硫酸铵,使溶液中硫酸铵的饱和度达到 20%,静置后离心分离,得到的上清液中含有蛋白质 B 和蛋白质 C,沉淀中含有蛋白质 A;其次,向上清液中加入一定量硫酸铵,使其饱和度达到 40%,静置后离心分离,得到的上清液中含蛋白质 C,沉淀中含蛋白质 B。三种蛋白质因此得以分离。在操作过程中需要注意的是:当溶液中硫酸铵浓度过高时,析出的蛋白质可能悬浮在液体表面而没有形成沉淀,此时不宜再用离心的方法进行分离。

## 五、影响盐析效果的因素

盐析效果受无机盐的种类、浓度、溶液温度及 pH 值等的影响。盐析操作中,溶液的 pH 值调节至目的蛋白的等电点附近,更有利于目的蛋白质的沉淀析出。经过盐析得到的蛋白质沉淀含有大量无机盐,需通过透析、超滤或层析等方法将其除去。

# 第二节 透析技术

透析(dialysis)是指小分子物质通过半透膜,扩散进入低浓度溶液的过程。

## 一、透析技术的原理

透析技术属于扩散膜分离技术。这类技术是指利用小分子物质的扩散作用,使小分子不断透过半透膜扩散到膜外,而大分子被截留,从而实现分离的技术过程(如图 2-10 所示)。透析用到的半透膜,是指受膜孔大小影响,仅允许膜孔小的物质能够透过,比膜孔大的物质则无法透过。透析膜可以由动物膜(比如膀胱膜、肠衣、蛋壳膜等)火棉胶、玻璃纸等制成,目前应用最广泛的是由纤维素制成的膜。透析过程中,一般将半透膜制成透析袋、透析管、透析槽等形式。

透析时,将要分离的混合液装在透析膜内,膜外则是水或缓冲液。在一定的温度下,透析一段时间,小分子物质会从膜的内侧扩散到膜的外侧。透析后,保留在透析袋内未透析出的样品溶液被称为保留液,袋(膜)外的溶液称为渗出液或透析液。扩散的最终结果是膜内外小分子物质的浓度达到平衡。为了尽可能降低膜内小分子的含量,需要多次更换膜外侧的水或缓冲液。

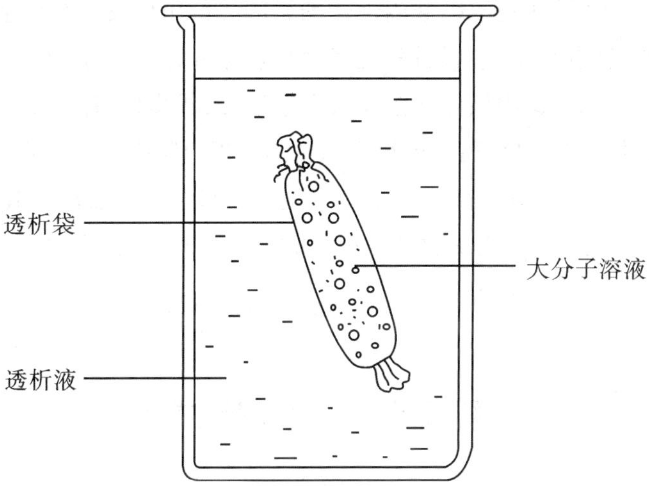


**图 2-10 大分子溶液透析装置示意图**

透析的动力是扩散压。该压力取决于半透膜两侧物质的浓度梯度。物质总是从高浓度一侧向低浓度一侧扩散,直到达到平衡状态。透析的速度受物质在膜两侧的浓度差、溶液温度、半透膜厚度等因素影响。透析速度与膜两侧浓度差及透析温度等成正比,而与膜厚度等成反比。蛋白质等有生物活性的物质透析时,温度一般控制在 4 ℃ ,以避免高温导致失活。

## 二、透析技术的种类

根据透析的目的不同,可以将透析分为脱盐透析、平衡透析、反透析三种。

### (一)脱盐透析

这是一种以脱去混合溶液中盐离子为目的的透析方法。具体操作是:将含盐的生物大分子溶液装入透析袋内,置于盛有蒸馏水的大容器中,放置一段时间。为了加快透析的速度,可以使用搅拌的方法加速蒸馏水的流动,促进物质的扩散。多次更换蒸馏水,直至盐离子含量达到需要的浓度为止。

### (二)平衡透析

平衡透析是指通过透析,使大分子溶液达到特定盐浓度或 pH 值的方法。具体操作是:将装有生物大分子的透析袋放入盛有一定浓度盐溶液或缓冲液的大容器中,放置一段时间,直至袋内外的盐浓度(或缓冲液 pH 值)达到一致。同样可以采用搅拌等方法加快透析进程。

### (三)反透析

反透析是指将透析袋放入高浓度、吸水性强的多聚物溶液中,透析袋内溶液中的水便迅速被袋外多聚物吸收,从而达到浓缩袋内液体的目的。可用作反透析的多聚物有聚乙二醇(PEG)、聚乙烯吡咯烷酮(PVP)、右旋糖(葡萄糖)、蔗糖等,常用浓度为 30% ~ 40%。吸水剂经过干燥后,可重复使用。运用该方法浓缩大分子溶液,成本低、操作简便、条件温和、无杂质进入,能很好地保持大分子物质的活性,所以常用于蛋白质等物质的分离纯化。

透析袋使用前需要经过预处理。为防止干裂,透析袋在出厂前曾用 10% 甘油处理,并且含有极微量的硫化物(0.1%)、重金属和一些具有紫外吸收的杂质,它们对蛋白质和其他生物活性物质有害,使用前必须除去。

# 第三节　超 滤 技 术

## 一、超滤技术的原理

超滤(ultra filtration)属于加压膜分离技术,也称为错流过滤(cross filtration)或超过滤,是借助于超滤膜将不同大小的物质颗粒或分子进行分离的技术。其基本原理如图 2-11 所示:在常温下,使混合溶液以一定的压力和流量流过超滤膜表面,利用超滤膜的不对称微孔结构和半透膜介质,膜两侧的压力差作为推动力,使混合溶液以错流方式进行过滤。在膜的机械筛分作用、膜孔阻塞、阻滞作用和膜表面及膜孔对杂质的吸附作用下,混合溶液中溶剂及小分子物质通过超滤膜,形成滤液排出;大分子物质和微粒如蛋白质、水溶性高聚物、细菌等被滤膜所阻留,以浓缩液形式排出。由此达到对混合溶液进行分离、分级、纯化和浓缩的目的。

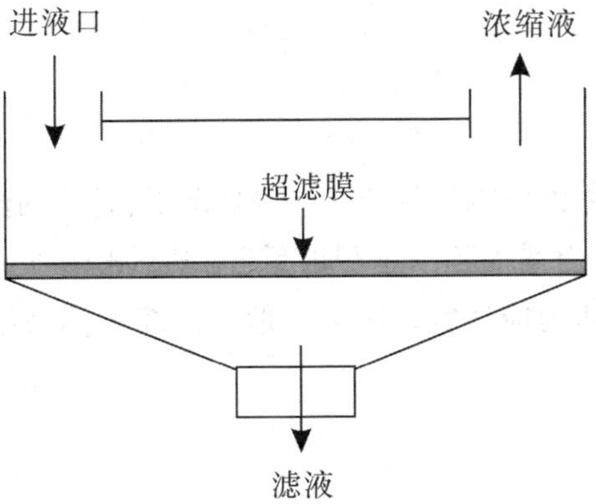


图 2-11 超滤过程示意图

## 二、超滤膜

超滤膜的结构有对称和不对称之分。前者质地均匀、空隙均一,主要用于深层过滤。工业使用的超滤膜一般为非对称膜,进行的是表层过滤。非对称膜由较致密的起超滤作用的表层和起支撑作用的相对疏松的基层组成。表层厚度在 0.1~5 μm,孔径有多种规格,从 20~2 000 Å 组成系列产品,使用时可根据需要进行选择。基层厚度为 200~250 μm,具有较高的强度。使用时需将表层面向待超滤的物料溶液,若方向错误,将会破坏超滤膜。

超滤膜可由聚砜(PS)、聚醚砜(PES)、聚乙烯(PE)、聚丙烯(PP)、聚氯乙烯(PVC)、醋酸纤维素等合成高分子材料制成。

超滤膜截留的颗粒直径为 20~2 000 Å,相当于相对分子质量为 $1\times10^3$~$5\times10^5$ Da,主要用于分离病毒和各种生物大分子。

## 三、影响流率的因素

超滤时,小于孔径的物质与溶剂(一般是水)分子一同透过膜孔流出。不同孔径的膜有不同的透过性,一般用流率来表示,即每平方厘米的膜每分钟透过的流体量。超滤时的流率一般为 0.01~5.0 mL/($cm^2$/min)。

### (一) 孔径大小

影响流率的主要因素是孔径大小。条件相同时,孔径越大,物质的通透性越大,流率也越大。

### (二) 颗粒的形状与大小

一般来说,相对密度小的颗粒透过性较好,球状分子较其他形状分子更容易通过,小分子比大分子容易通过。

### (三)操作压力

超滤的操作压力对流率的影响较复杂。一般情况下,超滤的流率随压力的增大而增加;但对某些胶体溶液而言,压力增加到一定程度后,流率不再增加。而且压力过大,可能对膜造成破坏。故超滤操作的压力应适宜。压力一般由压缩气体来维持,操作压力一般控制在0.1~0.7 MPa。

### (四)溶液浓度

溶液浓度越高,流率越小。此外,溶液温度和搅拌等对超滤流率也有影响。

## 四、超滤技术的优点与缺点

超滤技术适用面广,既可用于生物大分子中的分离纯化及浓缩,也可用于水处理等工业领域。与传统分离方法相比,超滤技术的优点是:①条件温和,不破坏生物活性物质;②能耗低,节能环保;③ 分离效率高,可回收溶液中的微量成分并对低浓度溶液进行浓缩;④装置简单、操作简便,易于控制和维护。超滤技术在除去溶液中小分子物质的同时,也对溶液起到了浓缩作用。

超滤技术的局限性在于,不适用于有小分子辅酶的酶或蛋白质的生产,因为超滤会导致其小分子辅酶流失,影响其活性。

# 第三章 光谱技术

光谱分析技术(spectral analysis technology)是利用光谱学的原理和实验方法以确定物质结构和化学成分的分析方法。每种结构的物质都具有自己的特征光谱,光谱分析法就是利用这些特征光谱来研究物质结构或测定化学成分。光谱分析的种类很多,通常按光谱产生的方式加以分类。发射光谱法是根据物质受到热能、电能或光能等激发后发射出的特征光谱线来进行定性及定量分析的一种方法,包括原子发射光谱法、荧光光谱法等。吸收光谱分析法是根据溶液能吸收由光源发出的某些波长的光进而形成光谱,利用这种光谱鉴定物质的性质和含量的一种方法,包括紫外及可见分光光度法、原子吸收分光光度法和红外光谱法等。散射光谱分析法是测定光线通过溶液混悬颗粒后的光吸收或光散射程度的一种定性或定量分析法,包括瑞利散射光谱法、拉曼散射光谱法等。

## 一、分子吸收光谱产生的原理

当分子中的电子受到光、热、电等的刺激时,分子中的总动能就会发生变化,电子从一个能级转到另一个能级,即从低能级转到高能级,这种现象称为电子跃迁。当电子吸收了外来的辐射能以后,自身的能量会比原来的能量高,此时低能级的电子就会跃迁到较高能级上,分子能级的状态由基态转变成激发态,在吸能的过程中产生了相应的吸收光谱。分子对不同波长的光能具有不同的吸收能力,它们会选择性地吸收那些能量,这些能量相当于该分子的电子运动能量、振动能量及转动能量变化的总和。由于各种分子内部结构的不同,能级变化千差万别,能级之间的间隔也相对不同,这就决定了分子对不同波长的光能吸收强度的差异,这也是分子吸收光谱进行定性分析和定量分析的依据。

## 二、紫外及可见分光光度法

通过测定被测物质在特定波长处或一定波长范围内光的吸光度或发光强度,对该物质进行定性分析和定量分析的方法称为分光光度法。用紫外光源测定无色物质的方法,称为紫外分光光度法(ultraviolet spectrophotometry);用可见光光源测定有色物质的方法,称为可见光光度法(visible spectrophotometry)。使用的仪器称为分光光度计。分光光度法具有灵敏度高、测定速度快、应用范围广等特点,其中的紫外及可见分光光度法是生物化学研究工作中必不可少的基本手段之一。

### (一)朗伯-比尔定律

紫外及可见分光光度法常被用来测定溶液中存在的光吸收物质的浓度,其理论依据是朗伯-比尔光吸收定律。朗伯-比尔定律是描述溶液中溶质对单色光吸收、溶质浓度与液层厚度的数学关系的公式。一束平行单色光通过一定液层厚度的有色溶液时,溶质吸收了光能,光的强度就会减弱。溶液浓度越大,通过的液层厚度越大,则光被吸收得越多,光强度的减弱也越显著。描述这种定量关系的正是朗伯-比尔定律,即溶液的吸光度与溶液的浓度和液层厚度的乘积成正比,用下式表示为:

$$A=\varepsilon\times L\times C$$

式中:$A$ 为吸光度;

$\varepsilon$ 是各种物质在一定波长下的特征常数,可以衡量物质对光吸收的灵敏程度,$\varepsilon$ 值越大,表示该物质对此波长的光吸收能力越强;

$L$ 为液层的厚度,指光在溶液中所经历的途径,该途径越长,溶液对单色光的吸收越大;

$C$ 为溶液的摩尔浓度,浓度越大,溶液对单色光的吸收越大。

朗伯-比尔定律不仅适用于有色溶液,也适用于其他均匀、非散射的吸光物质(包括液体、气体和固体),是各类分光光度法的定量依据。

当光线通过溶液介质时,会被分成如图 2-12 所示三部分。即在介质表面分散或反射的光(称为反射光,用 $I_1$ 表示)、被介质吸收的光(称为吸收光,用 $I_2$ 表示)和可以通过介质的光(称为透射光,用 $I_3$ 表示)。于是,入射光($I$)= 反射光($I_1$)+吸收光($I_2$)+透射光($I_3$)。如果用蒸馏水作为空白来校正反射光,则 $I_1$ 被抵消,于是 $I=I_2+I_3$。一般将经过空白校正后的入射光强度用 $I_0$ 表示,透射光强度用 $I$ 表示。

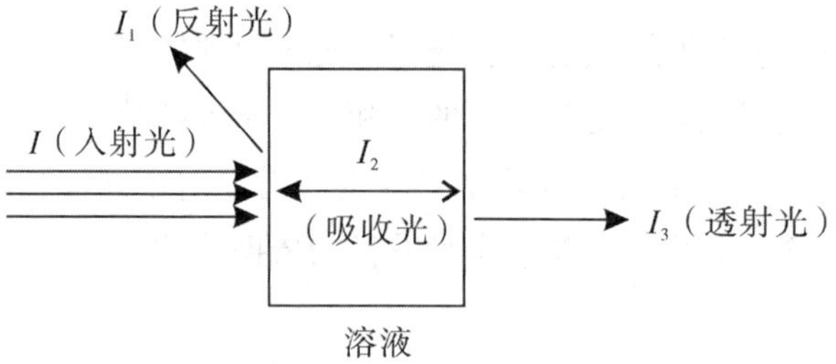


图 2-12　入射光的组成

在对溶液浓度进行测定时,常用 $A$(吸光度)和 $T$(透光度)两个指标。$T$ 是指透射光强度和入射光强度的比值,即透光度。透光度随着液层厚度的增加而减少,但是实践证明,透光度与液层厚度不是简单的线性关系,只有透光度的负对数($-\lg T$)才随着液层厚度的增加而成正比例增加。即:

$$-\lg T=-\lg\frac{I_3}{I}=\lg\frac{I}{I_3}\propto L$$

将上式整理：

$$\lg \frac{I}{I_3} = KL$$

式中：lg 称为吸光度 $A$（absorbance），也称为消光度 $E$（extinction）或光密度 $D$（optical density）。所以，

$$A = K_1 L$$

式中：$K_1$ 为比例系数，其值由入射光的波长，溶液的性质和浓度以及溶液的温度等决定。由此表明，当溶液的浓度不变时，吸光度与溶液液层厚度成正比，这就是朗伯定律。

当一束单色光通过有色溶液，溶液液层厚度不变而浓度不同时，溶液的浓度越大，则透射光的强度越弱。其定量关系为：

$$\lg \frac{I}{I_3} = K_2 C$$

$$A = K_2 C$$

式中：$K_2$ 为比例系数，其值由入射光的波长、溶液的性质、溶液液层厚度以及溶液的温度等决定。由此表明，当溶液液层厚度不变时，吸光度与溶液浓度成正比，这就是比尔定律。

如果同时考虑溶液液层厚度和溶液浓度对光吸收的影响，就得到朗伯-比尔定律。

### （二）紫外及可见分光光度计的组成部件

紫外及可见分光光度计是用于测量和记录待测物质对紫外光、可见光的吸收度及紫外可见吸收光谱，进行定性、定量以及结构分析的仪器。从紫外及可见分光光度计基本结构来看，是由光源、单色器（单色仪）、吸收池、检测器和信号指示系统五个部分组成的。

1. 光源

对光源的基本要求是：在仪器操作所需的光谱区域内能够发射连续辐射；有足够的辐射强度和良好的稳定性，而且辐射强度随波长的变化应尽可能小。紫外及可见分光光度计中常用的光源有热辐射光源和气体放电光源两类。热辐射光源用于可见光区，如钨丝灯和卤钨灯；气体放电光源用于紫外光区，如氢灯和氘灯。普通的可见分光光度计采用稳压调控的钨灯，适用范围在 340~2 500 nm；紫外分光光度计采用稳压调控的氘灯，适用范围在 190~360 nm。

2. 单色器

单色器是能从光源辐射的复合光中分出单色光的光学装置，其主要功能是能够产生光谱纯度高且波长在紫外可见区域内任意可调的单色光。单色器一般由入射狭缝、准直镜（透镜或凹面反射镜使入射光成平行光）、色散元件、聚焦元件和出射狭缝等组成，其核心部分是色散元件（棱镜和光栅），起分光的作用。棱镜常用的材料有玻璃和石英两种。它们的色散原理是依据不同波长光通过棱镜时有不同的折射率而将不同波长的光分开。由于玻璃可吸收紫外光，所以玻璃棱镜只能用于 350~3 200 nm 的可见光区波长范围。石英棱镜适用的波

长范围较宽,可达 185~4 000 nm,即可用于紫外、可见、近红外三个光域。

3. 吸收池

吸收池(即比色杯)用于盛放分析试样,一般有石英和玻璃两种材料。石英池适用于紫外光、可见光及红外光,是常用的比色杯。玻璃吸收池只能用于可见光区。为减少光的反射损失,吸收池的光学面必须完全垂直于光束方向。在高精度的分析测定中,尤其是紫外光区,吸收池要挑选配对,因为吸收池材料的本身吸光特征以及吸收池的光程长度的精度等对分析结果都有影响。

4. 检测器

检测器的功能是检测光信号、测量单色光透过溶液后光强度的变化。常用的检测器有光电池、光电管和光电倍增管等。它们的作用是通过光电效应将照射到检测器上的光信号转变成电信号。对检测器的要求是:在测定的光谱范围内灵敏度高;对辐射能量的响应时间短、线性关系好,对不同波长的辐射响应相同且可靠,噪声低、稳定性好等。常用的检测器包括光电管、光电倍增管和光电二极管阵列检测器等。

光电管在紫外及可见分光光度计上应用广泛。它的结构是以一弯成半圆柱形的金属片为阴极,阴极内表面涂有光敏层,圆柱形中心置有一金属丝作为阳极,接收阴极释放出的电子。两电极密封于玻璃管或石英管内并抽成真空。阴极上光敏材料的不同,光谱的灵敏区也不同,可分为蓝敏和红敏两种光电管。前者是在镍阴极表面上沉积了锑和铯,可用波长范围为 210~625 nm;后者是在阴极表面上沉积了银和氧化铯,可用波长范围为 625~1 000 nm。

光电倍增管是检测微弱光最常用的光电元件,其灵敏度比一般的光电管要高 200 倍,因此可使用较窄的单色器狭缝,从而对光谱的精细结构有较好的分辨能力。

光电二极管阵列检测器可以通过多通道并行工作,能同时检测由光栅分光,再入射到阵列式接收器上的全部波长的信号。然后通过快速扫描二极管阵列采集数据,得到时间、光强度和波长的三维图谱。

5. 信号指示系统

信号指示系统的作用是放大信号并以适当方式指示或记录下来。早期常用的信号指示装置有直读检流计、电位调节指零装置以及数字显示或自动记录装置等。现在很多型号的分光光度计都可配套计算机使用,一方面可对分光光度计进行操作控制,另一方面可进行数据处理。

### (三)紫外及可见分光光度法在生物化学中的应用

1. 测定氨基酸、多肽与蛋白质的浓度

构成蛋白质的 20 种氨基酸在可见光区都没有光吸收,但在远紫外区(<200 nm)均有光吸收。在紫外区(200~400 nm)只有酪氨酸、苯丙氨酸和色氨酸有吸收光的能力($R_{基}$ 含有苯环共轭双键系统),可以测定这三种氨基酸在 280 nm 的吸光度,利用朗伯-比尔光吸收定律

计算其浓度。

由于在同一多肽或蛋白质中,酪氨酸、苯丙氨酸和色氨酸三种具有紫外吸收的氨基酸的含量是固定的,所以某种多肽或蛋白质在 280 nm 的吸光度值与其浓度成正比,可用于浓度的测定,这种方法又称为紫外吸收法。该方法具有简便、测定迅速、样品可回收、低浓度盐类无干扰等优点。但需要预先知道该多肽或蛋白质的摩尔消光系数,其他具有紫外吸收的物质(如核酸)对该方法有干扰。

当蛋白质样品中混有核酸时,由于核酸对紫外光的光吸收峰值在 260 nm 附近,因此可用下列经验公式估算蛋白质浓度。

Lowry-Kalcker 公式:蛋白质浓度(g/L)= $1.45A_{280}-0.74A_{260}$

Warburg-Christian 公式:蛋白质浓度(g/L)= $1.55A_{280}-0.76A_{260}$

在蛋白质浓度的其他测定方法中,如双缩脲法、福林-酚试剂法、考马斯亮蓝 G-250 法等,都利用紫外与可见分光光度法测定蛋白质与特定的试剂结合(反应)后形成的复合物(产物)的浓度,从而推算出蛋白质的浓度。当使用这些方法测定蛋白质时,需要预先用一系列已知浓度的蛋白质标准溶液与相应的试剂作用,制作标准曲线,再利用标准曲线和所测定的待测样品的吸收光度值,推算出待测样品浓度。

2. 测定核苷酸与核酸的浓度

嘌呤碱或嘧啶碱具有共轭双键,使核苷酸和核酸在紫外光区展现出特征性的吸收光谱,其最大吸收峰位于 260 nm。核苷酸与核酸在 260 nm 的吸光度与其浓度成正比,可用于浓度的测定,当比色杯光径为 1 cm 时,1 个吸光度(1A)分别相当于 50 μg/mL 双链 DNA、40 μg/mL 单链 DNA 或 RNA,以及 20 μg/mL 寡核苷酸。

3. 测定其他生物分子浓度

紫外及可见分光光度法可用于测定多种生物分子的浓度。其测定方法分两类:一是直接测定生物分子在特定波长下的吸光度,利用朗伯-比尔光吸收定律计算其浓度。比如维生素 D 含量的测定、β-胡萝卜素含量的测定、维生素 C 含量的直接测定、维生素 A 含量的直接测定等;二是使待测分子与特定试剂反应,测定产物的量,从而推算待测分子的浓度。比如利用 Fehling 试剂测定还原糖的含量、用三氯化锑法测定维生素 A 的含量、利用溴化氰和芳香胺类化合物测定烟酸的含量等。

4. 检测生物大分子的分离纯化

在生物大分子(如蛋白质或核酸)的分离纯化中,可利用紫外及可见分光光度法对实验过程进行监测,例如用层析法纯化蛋白质时,可在层析柱后接入检测系统,检测系统包括一台蛋白/核酸检测仪与连接管。蛋白/核酸检测仪本质上就是紫外及可见分光光度计,可检测通过其样品室的蛋白样品的浓度(波长设为 280 nm)或核酸样品(波长设为 260 nm)的浓度,蛋白/核酸检测仪通常与记录仪连接,可记录样品浓度的连续变化,帮助实验者判断蛋白质或核酸在洗脱液中的分布情况。

5. 测定酶的活性

利用紫外及可见分光光度法测定酶活性的原理是利用底物、产物或指示剂在紫外光或可见光部分吸光度的不同,选择一个适当的波长,连续地测出反应过程中反应体系吸光度的变化,再进一步推算底物产物浓度或数量的变化,从而求出酶活力。例如:乙酸脱氢酶催化乙醇和 $NAD^+$ 反应生成乙醛、NADH 与 $H^+$ 的反应,在所有的产物与底物中,仅有 NADH 在 340 nm 有较强的光吸收,其他物质均没有光吸收,所以可在试验中测定反应体系在 340 nm 吸光度的变化,利用朗伯-比尔定律以及 NADH 在 340 nm 的摩尔吸光系数推算 NADH 浓度的变化,求出酶活力。

6. 蛋白质与核酸结构变化的检测

蛋白质在变性和复性的过程中,其构象发生显著的变化。这种构象变化的信息反映在其紫外吸收光谱中,因此可通过测定蛋白质紫外吸收光谱的变化来研究构象变化。在实验中通常测定的是紫外差吸收光谱,一般利用双光路紫外与可见分光光度计,以天然蛋白质为对照,测定变性(复性)蛋白的紫外吸收光谱与天然蛋白的紫外吸收光谱的差谱,用于反映蛋白质在变性或复性过程中整体空间构象的变化。由于差谱常常仅占其直接光谱的百分之几,因此必须十分小心地进行测定,才能得到有意义的结果。

DNA 在变性过程中,双螺旋解链导致其在 260 nm 的吸光度增加,称为增色效应,可利用这一特性测定 DNA 在变性过程中吸光度的变化,用于反映 DNA 的变性程度,并计算其溶解温度 $Tm$(DNA 热变性过程中吸光度达到总增加值 1/2 的温度)和 $G-C$ 百分含量[$G-C\%$] = ($Tm-69.3$)×2.44。

### (四)紫外及可见分光光度计的使用与注意事项

紫外及可见分光光度计的类型很多,归纳起来有三种类型:单光束分光光度计、双光束分光光度计和双波长分光光度计。经常使用的单光束分光光度计具有结构简单、操作方便、维修容易的优点,适用于常规分析。国产 722 型、752 型、724 型、英国 SP500 型以及 BackmanDU-8 型等均属于此类光度计。752 型紫外可见分光光度计的使用操作流程如下:

1. 插上电源 ,打开仪器后面的电源开关预热 30 min。

2. 转动波长旋钮,观察波长显示窗,调整至需要的测量波长。

3. 根据测量波长,拨动光源切换杆,手动切换光源。200~339 nm 使用氘灯,切换杆拨至紫外区;340~1 000 nm 使用卤钨灯,切换杆拨至可见区。

4. 将空白液及测定液分别倒入比色杯 3/4 处,用擦镜纸擦净外壁,放入样品室内。

5. 使空白液进入光路,按 A/T/C/F 键至光标于 T 位,开盖按▽/0% 键使读数显示 000.0。盖下暗盒盖,再按△/100% 键使读数显示 100.0。拉动拉杆,使样品液进入光路,此时测定值为透光度。若需要测定吸光度值,先调"0%"和"100%"后,按 A/T/C/F 键至光标于 A 位,此时读数显示 0.000,拉出拉杆使样品液进入光路读数。

6. 测定结束后关掉电源,拔出电源插头。

7. 取出比色皿,清洗干净后用蒸馏水冲洗并倒扣于粗滤纸上晾干。

8. 运用 $A$-$C$(吸光度-浓度)标准曲线测定物质浓度。

①按照分析规程配制不同浓度的标准样品溶液并记录。

②按分析规程配制标准参比溶液。

③预热,改变波长,置参比样品和待测样品,置 0%(T),置 100%(T)。

④选择吸光度操作模式。

⑤测出不同浓度的标准溶液和待测样品对应的吸光度,并记录各数值。

⑥根据不同浓度的标准溶液对应的吸光度数手工绘制 $C$-$A$ 曲线,或运用仪器的 RS232C 接口配合仪器的专用软件拟合出 $C$-$A$ 曲线。

⑦根据待测样品吸光度,在 $C$-$A$ 曲线上找出对应的浓度。

要使紫外及可见吸收光谱分析方法有较高的灵敏度和准确度,除了应选择最佳测定条件外,仪器本身的使用操作必须要规范。

①仪器应放在干燥的房间内,放置在坚固平稳的工作台上,避免阳光直射、避免强电场、避免与较大功率的电器设备共电、避开腐蚀性气体等。

②使用本仪器前,使用者应该首先了解本仪器的结构和工作原理,以及各个操纵旋钮的功能。

③ 用作盛空白溶液的比色杯与盛试样溶液的比色杯应相互匹配,即有相同的厚度与相同的透光性。

④比色杯的光学面必须完全垂直于光束方向。不能用手指拿比色杯的光学面,用后要及时洗净,可用温水、乙醇或稀盐酸等洗液洗净,光学面只能用柔软的绒布或试镜头纸擦净。

⑤若需大幅度改变测试波长,需灯热平衡后重新调“0%”和“100%”,再测量。

⑥比色皿架及比色皿在使用中应拉动拉杆,滑动到位。

⑦为了保证仪器光学元件、主板等的正常使用,分光光度计内放置有干燥剂。

## 三、红外光谱法

### (一)红外光谱法的原理

红外光谱是分子直接吸收外来的电磁辐射后,振动能级发生改变形成的。吸收能量后分子的振动能级将提高,分子被激发到较高的振动能级(也包含不同的转动能级),从而形成红外吸收光谱。室温下多数分子处于振动能级的基态,如果分子吸收的电磁波频率适当,将引起分子由基态到激发态的跃迁。红外光谱的产生具有两个选择定则:①允许跃迁只能发生在相邻的振动能级之间;②分子偶极矩必须在振动中发生变化。对应第二定则,只有发生偶极矩变化的振动才能产生红外吸收,这种振动活性被称为红外活性。

由上可见,当一定频率的红外光照射分子时,如果分子中某个基团的振动频率和它一样,二者就会产生共振。此时,光的能量通过分子偶极矩的变化传递给分子,这个基团就吸收一定频率的红外光,产生振动跃迁。如果红外光的振动频率和分子中各基团的振动频率不符合,该部分的红外光就不会被吸收。如果用连续改变频率的红外光照射某样品,由于该样品对不同频率的红外光的吸收与否,通过样品后的红外光在一些波长范围内变弱(被吸收),那么在另一些波长范围内则较强(不被吸收)。将样品吸收红外光的情况用仪器记录,就得到该样品的红外吸收光谱。

### (二)红外光谱在生物化学研究中的应用举例

1. 膜脂的研究

脂分子中很多基团都具有红外活性。例如:酰基的$-CH_2-$基团的伸缩和弯曲振动都可以从红外光谱上观察到。脂的界面区域往往会有C=O基团的强吸收带,脂的极性头部磷酸基团和一些其他的基团(如磷脂酰胆碱上的三甲胺基团等)都有强烈的红外吸收。根据脂肪分子中各个基团的红外吸收带的位置及其在一定条件下的变化情况,就可以研究脂分子在这些变化过程中的规律。

2. 蛋白质和多肽结构的研究

多肽和蛋白质中的肽键会产生一系列被称为酰胺吸收带的红外吸收带,如表2-5所示。

**表2-5 不同的酰胺吸收带**

| 吸收带 | 近似波长/$cm^{-1}$ | 指认 |
|---|---|---|
| 酰胺A | 3 300 | N-H伸缩 |
| 酰胺B | 3 100 | 酰胺Ⅱ的一次泛频,费米共振 |
| 酰胺Ⅰ | 1 660 | C=O伸缩 |
| 酰胺Ⅱ | 1 570 | N-H在内面弯曲+C-H伸缩 |
| 酰胺Ⅲ | 1 300 | C-H伸缩+N-H面内弯曲 |
| 酰胺Ⅳ | 630 | C=O-面内弯曲N |
| 酰胺Ⅴ | 730 | N-H面外弯曲 |
| 酰胺Ⅵ | 600 | C=O面外弯曲 |

其中,酰胺Ⅰ对于结构分析最重要。这个带的80%是来自C=O键上的伸缩振动,同时也和C=O旁的C-N伸缩和N-H弯曲振动有关。酰胺Ⅰ带对于肽键有关的氢键及跃迁偶极子之间的耦合非常敏感。跃迁偶极子之间的耦合引起酰胺Ⅰ带的分裂,分裂的大小与相互作用的偶极子的朝向和距离有关,它对肽和蛋白质二级结构的变化非常敏感,因此可用于研究蛋白质二级结构的组成特点及其变化规律。

3. 核酸的结构研究

红外光谱是研究核酸结构的一种有效方法，已经进行的研究包括核酸的单股、双股和三股螺旋结构，各种 RNA 结构，DNA 不同构象之间的转换等。不同区域内的红外特征带可以快速提供核酸各部分结构的信息，包括碱基对、碱基堆积和核酸螺旋、核糖折叠等信息。这些信息可以通过红外峰的位置、强度和偏振等参数反映出来。

4. 其他生物分子的定性与定量的研究

由于不同有机分子对红外光具有不同的特征吸收，因此可以利用红外光谱进行定性的判断。胡萝卜素的顺、反异构体中=CH–基团伸缩振动峰的位置以及=CH–面外弯曲振动峰的位置均有所不同，这些差异可用于判断胡萝卜素的顺反构型。糖分子的 $\alpha$ 与 $\beta$ 异构体的红外光谱具有特殊的吸收带，可以利用这些吸收带的位置判断异构体的类型以及糖苷键类型。和紫外及可见分光光度法一样，红外光谱定性分析是根据物质组分的吸收峰强度来进行的，它的依据是朗伯–比尔定律。用红外光谱做定量分析，其优点是有较多特征峰可供选择。测量时由于试样池的窗片对辐射的反射和吸收，以及试样的散射会引起辐射损失，因此必须对这种损失予以补偿，或者对测量值进行必要的校正。此外，必须设法消除仪器的杂散辐射和试样的不均匀性。试样的透光率与试样的处理方法有关，因此必须严格在相同的条件下测定。

## 四、荧光光谱法

某些物质被一定波长的光照射时，会在较短时间内发射出波长比入射光波长长的光，这种光就称为荧光。荧光包括紫外荧光、可见荧光、红外荧光、X 射线荧光等。紫外荧光是指物质在吸收紫外光后发出的荧光，可见荧光是指物质吸收了紫外光或可见光后发出的波长较长的光。这两种荧光是用于生物化学研究的常用荧光。

由于荧光辐射的波长比激发光波长长，荧光频率与入射光的频率不同。另外，荧光光谱是发射光谱，可以在与入射光成直角的方向上检测，所以荧光不受激发光本底的干扰。灵敏度大大高于紫外及可见光吸收光谱。测量用的样品量很少，且测量方法简便。

### （一）荧光光谱法的原理

吸收外来光子后被激发到激发态的分子可以通过多种途径丢失能量并回到基态，这一过程称为弛豫。在很多情况下，分子回到基态时，能量通过热量等形式散失到周围。但是在某些情况下，能量能以光子发射的形式释放出来。如图 2–13 所示展示了激发态分子的几种弛豫过程。由电子态基态被激发到第一电子激发态中各振动能级上的分子，一般会以某种形式（统称为内转换）丢失部分能量。首先，从第一电子激发态的不同振动能级，以至从第二电子激发态等更高的电子激发态，返回第一电子激发态的最低振动能级，这个过程大约为

$10^{-12}$ s。然后，从第一电子激发态的最低振动能级返回基态的不同振动能级。如果能量以光子形式释放，则放出的光称为荧光，这个过程通常发生在 $10^{-9} \sim 10^{-6}$ s 的时间范围内。荧光的能量小于入射光的能量，因此其波长大于入射光的波长。

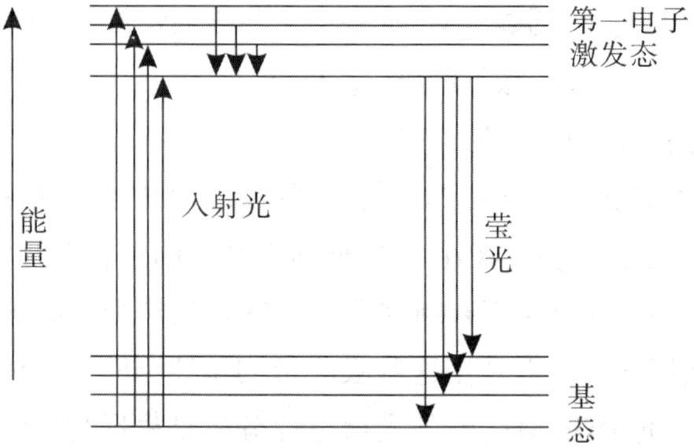


图 2-13　荧光的产生机制

荧光光谱包括激发谱和发射谱两种。激发谱是荧光物质在不同波长的激发光作用下测得某一波长处的荧光强度的变化情况；发射谱是某一固定波长的激发光作用下荧光强度在不同波长处的分布情况。由于激发态和基态有相似的振动能级分布，从基态的最低振动能级跃迁到第一电子激发态各振动能级的概率与由第一电子激发态的最低振动能级跃迁到基态各振动能级的概率也相近，吸收谱与发射谱基本呈镜像对称关系。

荧光光谱的常用参数包括荧光量子产率、荧光强度、荧光寿命、$\lambda_{max}$ 等。荧光量子产率通常用 $\varphi$ 来表示，定义为发射量子数与吸收量子数之比，即由荧光发射造成的退激分子在全部退激分子中所占的比例，又称为荧光效率。荧光强度是最常用的参数，荧光强度取决于激发态的初始分布 IA 与量子产率 $\varphi$ 的乘积，这里的 $F$ 指的是向各个方向上发射的荧光强度的总和，实际上荧光光谱仪收集的只是其中的一小部分，因此光谱仪检测到的荧光强度 $F=I_{A\varphi}Z$，这里 $Z$ 是仪器因子。

去掉激发光后，分子的荧光强度降到去掉激发光时荧光强度 $I_0$ 的 $1/e$ 需要的时间，称为荧光寿命，常用 $\tau$ 表示。如果激发态分子只以发射荧光的方式丢失能量，则荧光寿命与荧光发射速率的衰减常数成反比，如果除了荧光发射外还有其他释放能量的过程（如淬灭和能量转移），则寿命 $\tau$ 还和这些过程的速率常数有关。通过测量荧光寿命，可以得到有关分子结构和动力学方面的信息。在发射谱中荧光强度最大的位置称为 $\lambda_{max}$，它是荧光光谱的一个重要参数，对环境的极性和荧光团的运动很敏感。

### （二）天然荧光生色团和荧光探针

只有具有特定结构的官能团才能产生荧光，这种官能团被称为荧光生色团。判断化合物是否产生荧光以及荧光的强弱，可以从以下几个方面进行分析。

1. 碳原子骨架

具有共轭双键体系的分子容易产生荧光，绝大多数荧光物质含有芳香环或杂环。

2. 分子的几何排布

具有刚性平面结构的有机分子容易发荧光。

3. 取代基的类型和位置

生物化学中主要的荧光生色团可分为天然荧光生色团和荧光指示剂(荧光探针)两类。天然的荧光生物分子只有芳香族氨基酸、吡啶核苷酸、吡哆醛、核黄素、维生素 A、叶绿素、固醇类化合物、tRNA 中的 Y 碱基(二氢尿嘧啶)和 NADH 等少数分子。为了研究多数不发光的生物大分子，人们广泛利用一类能产生稳定荧光的小分子，使这些小分子与大分子结合起来或者插入大分子中，即对大分子进行荧光标记。根据这些较小的荧光分子的荧光参数及其变化，分析大分子的存在、数量、结构及变化，这类小分子称为荧光探针。在生物大分子的荧光分析中，测定蛋白质常用的探针有：丹磺酰氯、荧光胺、1-苯胺萘-8-磺酸等，测定核酸常用的探针有溴化乙啶、4,6-二氨基-2-苯基吲哚等。

### (三)荧光光谱法在生物化学研究中的应用举例

1. 利用蛋白质的天然荧光光谱检测蛋白质的结构(构象)变化

荧光光谱法通过分析蛋白质中的芳香族氨基酸(酪氨酸、色氨酸和苯丙氨酸)残基的侧链基团具有吸收紫外区域并发射荧光的特性，来研究蛋白质在变性或复性过程中的空间构象变化。在天然的蛋白质中，可产生荧光的芳香族氨基酸分子多处于蛋白质的内部，被多种非极性氨基酸残基包围，因此其所处的局部小环境的极性弱于蛋白质分子外部水溶液的极性。蛋白质变性过程中，芳香族氨基酸分子的侧链基团逐渐暴露在水溶液中，其所处的环境极性逐渐增加，因此蛋白质荧光发射峰的 $\lambda_{max}$ 逐渐增大。$\lambda_{max}$ 红移的程度可以反映蛋白质构象变化的程度，红移程度越大，表明蛋白质在变性过程中构象变化的程度越大。反过来，蛋白质复性过程中，芳香族氨基酸分子的侧链逐渐包埋于蛋白质内部，其所处的环境极性逐渐降低，因此蛋白质荧光发射峰的 $\lambda_{max}$ 逐渐减小，称为 $\lambda_{max}$ 的蓝移。通过测定蛋白质 $\lambda_{max}$ 蓝移的程度，可以推算其整体构象变化的程度。

2. 蛋白质与核酸含量的测定

利用蛋白质的内源荧光，可以检测蛋白质的含量，其灵敏度高于紫外吸收法，但必须预先制备标准曲线。蛋白质中的伯胺基因能与荧光胺发生反应，产成荧光化合物。这种化合物的荧光强度与蛋白质的浓度成正比。因此，可以通过荧光胺来测定蛋白质的含量。在进行测定之前，需要先测定已知浓度的标准蛋白溶液和空白溶液的荧光强度。DAPI 能与 DNA 分子专一地形成 DNA-DAPI 荧光复合物，其荧光强度与溶液中 DNA 含量成正比。借助标准 DNA 的浓度，可以计算出未知浓度 DNA 的含量。

3. 维生素与色素分子含量测定

维生素大多含有芳香环结构，本身具有较强的天然荧光，因此可以利用内源荧光检测维生素。比如：可用 345 nm 激发，在 490 nm 处检测荧光强度，用以确定生物样品中维生素 A 的含量；核黄素（维生素 $B_2$）在 pH 7.0 时，用激发波长 370 nm（或 440 nm）、发射波长 565 nm 检测，可以确定生物样品中核黄素的总含量；等等。还可以使维生素分子与其他分子进行反应，反应生成荧光分子，用于定量测定。比如：维生素 B1 在碱性条件下被铁氰化钾氧化成荧光色素——硫色素，硫色素在正丁醇中的荧光强度与样品中维生素 B1 的含量成正比；脱氢型抗坏血酸（维生素 C）的 $\alpha$-酮基与邻苯二胺反应生成喹喔啉，喹喔啉可发荧光，其强度与维生素 C 的含量成正比。

多种色素和辅助色素分子，比如叶绿素 A、叶绿素 B、叶绿素 C1、叶绿素 C2 以及类胡萝卜素（比如 $\beta$-胡萝卜素），还有岩藻黄素、多甲藻黄素等。藻胆素如藻蓝素、藻红素等，都含有荧光生色团。这些分子的荧光激发谱和荧光发射谱可以用来鉴定它们的存在和测定它们的含量。

4. 利用荧光探针检测蛋白质的构象变化

荧光探针的荧光光谱对环境变化十分敏感，因此它对蛋白质分子的构象变化也很敏感。比如：用 ANS 做荧光探针时，其荧光光谱会随着所处环境非极性的增加而发生蓝移，且荧光强度也随之提高。利用 ANS 的这个性质，可以衡量与 ANS 结合的蛋白质部位的极性变化。根据极性的变化，又可以进一步推测蛋白质结构的变化，比如判断具有较多疏水表面的熔球态中间体的存在与否。用丹磺酰氯标记谷氨酸脱氢酶，在有辅酶存在时的荧光光谱与没有辅酶时相比有明显变化，表明辅酶的存在会引起 GDH 构象的变化。外源荧光团标记到蛋白质上，蛋白质结构变化后，蛋白质分子的运动会发生变化，从而引起荧光偏振度的变化。因此，可以通过荧光偏振来检测蛋白质结构的变化。

5. 酶活性的测定

荧光法是一种测定酶活性的技术，它通过测量底物或产物的荧光特性来区分它们。与紫外及可见光分光光度法相比，荧光法的灵敏度通常要高得多，意味着它可以检测到更低浓度的物质。荧光强度与激发光的光源强度有关，因此在酶活性的测定中越来越多地被采用，特别是用于一些快速反应的测活方法。荧光法的缺点是易受其他物质干扰。例如：酶本身的内源荧光的干扰，用荧光法测定酶活力时，尽可能选择酶的内源荧光较弱的可见光范围进行测定；乳酸脱氢酶（LDH）的活性测定；酸脱氢酶可催化乳酸与 $NAD^+$ 的反应，$NAD^+$ 被还原为 NADH，NADH 能被强碱转换成荧光化合物，则可以测定其荧光强度，用于度量 LDH 的活性。

# 第四章 电 泳 技 术

带电颗粒在电场中移动的现象称为电泳(electrophoresis)。在生物大分子的分离、分析领域中,电泳是最关键和广泛应用的技术之一。1809年,俄国物理学家最早发现了电泳现象,1900年前后,人们发现生物胶体都具有电泳淌度(mobility)。Michaelis利用不同pH缓冲液中蛋白质迁移的实验,测定了酶的等电点,并且正式提出了“电泳”一词。电泳可以定义为:带电的胶体粒子或大分子在外加直流电场中向带相反电荷的电极做定向移动的现象。带电粒子的大小、形状、所带电荷的多少,以及介质的pH、离子强度、黏度等都会影响到带电粒子的电泳速度。

## 一、电泳技术的原理

任何一种物质在溶液中都有解离或者与其他带电物质的吸附现象,因而在电场中会向一定的电极移动。带电颗粒在电场中移动的现象称为电泳(electrophoresis)。各类生物大分子,如核酸、蛋白质及其衍生物等都具有可解离的酸性或碱性基团,这些基团在溶液中解离后带电。一般而言,在碱性溶液中(即溶液的pH值大于等电点pI),分子带负电荷,在电场中向正极泳动。反之,在酸性溶液中,分子带上正电荷,在电场中向负极泳动。移动的速度取决于物质所带电荷的多少、物质分子大小及形状等因素。

不同的带电颗粒在电场中的运动速度不同,其泳动速率可用迁移率(又称泳动度,mobility)表示,定义为带电颗粒在单位电场强度下的泳动速率。即:

$$U=\frac{V}{E}=\frac{d/t}{v/l}=\frac{dl}{vt}$$

## 二、影响电泳效果的主要因素

不同的带电颗粒在同一电场中具有不同的迁移率,同一种带电颗粒在不同的电场与介质条件下又具有不同的迁移率。迁移率首先取决于带电颗粒自身的物理性质,其次,迁移率还受到其他外界因素的影响(如电场强度、pH、离子强度、溶液黏度)。

### (一)待分离物质的性质

待分离物质作为带电颗粒,其本身的物理性质,包括分子大小、电荷高低、颗粒形状和空间构型都会影响迁移率。一般来说,颗粒所带净电荷越多,迁移率越大;与支持物介质摩擦力越大,迁移率越小,即迁移率与颗粒所带电荷成正比,与颗粒的分子大小成反比。从形状和分子来看,直径越小,形状越接近球形,其电泳迁移率越快。

### (二)缓冲液的性质

缓冲液的 pH 值会影响待分离生物大分子的解离程度,从而对其带电性质产生影响,溶液 pH 离等电点越远,其所带的净电荷量越大,迁移率也就越大。尤其对于蛋白质等两性分子,缓冲液 pH 值还会影响到其电泳方向。当缓冲液 pH 大于蛋白的 pI 时,蛋白带负电向正极泳动;反之,缓冲液 pH 值小于蛋白的 pI 时,蛋白带正电朝向负极泳动。

缓冲液中的离子强度也对电泳具有影响。为了保持电泳过程中待分离生物大分子的电荷以及缓冲液 pH 的稳定性,缓冲液的离子强度一般为 0.02~0.20 mol/L。离子强度过低,缓冲能力差;离子强度过高,会在待分离分子周围形成较强的带相反电荷的离子扩散层(即离子氛)。离子氛与待分离分子的移动方向相反,它们之间产生了静电引力,因而引起电泳速度降低。此外,缓冲液的黏度也会对电泳速度产生影响。

### (三)电场强度

电场强度($V$/cm)是每厘米的电位降,也称电位梯度。电场强度越大,电泳速度越快。但增大电场强度会引起通过介质的电流强度增大,从而造成电泳过程产生的热量增大。电流在介质中所做的功($W$)为:

$$W=I^2Rt$$

式中:$I$ 为电流强度;$R$ 为电阻;$t$ 为电泳时间。

### (四)电渗

液体在电场中对于固体支持介质的相对移动,称为电渗现象。由于支持介质表面可能会存在一些带电基团,如滤纸表面的羧基,琼脂中的硫酸基,以及玻璃表面的 Si-OH 基团等。这些基团电离后会使支持介质表面带电,吸附一些带相反电荷的离子,在电场的作用下向电极方向移动,形成介质表面溶液的流动,这种现象就是电渗。在 pH 值高于 3 时,玻璃表面带负电,吸附溶液中的正电离子,引起玻璃表面附近溶液层带正电,在电场的作用下,向负极迁移,带动电极液产生向负极的电渗流。如果电渗方向与待分离分子电泳方向相同,则加快泳动速度;如果相反,则降低泳动速度。

### (五)支持物的筛孔大小

支持介质的筛孔大小对待分离生物大分子的电泳迁移率有明显影响。在筛孔大的介质中泳动速度快,反之,则泳动速度慢。因此,在实验中我们需要选用适当浓度来控制筛孔大小,从而达到理想的分离效果。

## 三、常用的电泳法

### (一)纸电泳

纸电泳是以滤纸作为支撑材料的一种电泳技术。1948 年,Wiselius 等人首次将纸电泳用于氨基酸和多肽物质的分离。电泳装置包括电泳槽和电泳仪两个部分。根据电压的不同,纯电泳分为低压电泳(100~600 V)和高压电泳(500~1 000 V)两种。实验时先将一张厚滤纸条在一定的 pH 缓冲液中浸泡,取出后两端加上电极,在滤纸中央滴少量待测溶液,各组分以不同速度沿纸条运动。经过一段时间后,在纸条上形成距起点不同距离的区带,区带数等于样品中的组分数。首先将纸条干燥并加热,把各蛋白质组分固定在纸条上,再用适当方法进行分析(如图 2-14 所示)。

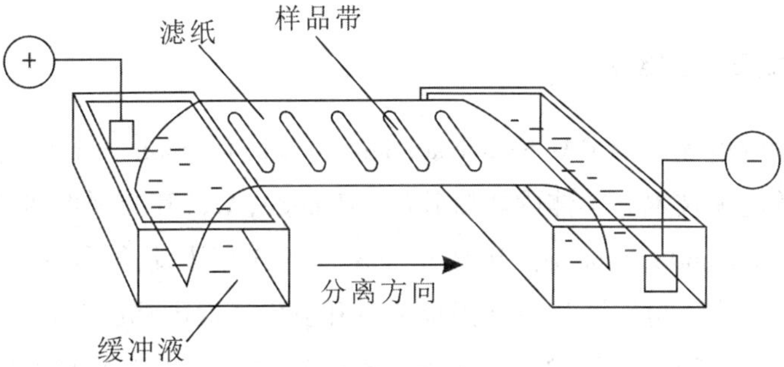


图 2-14 纸电泳示意图

### (二)醋酸纤维膜电泳

醋酸纤维膜是将纤维素的羟基乙酰化形成纤维素酯,然后将其溶于有机溶剂后涂抹形成均匀的薄膜,干燥后就成为醋酸纤维素膜。纤维素的羟基由于乙酰化丧失了吸附作用,因而解决了纸电泳中拖尾的现象,提高了条带的分辨率。除此以外,还具有分离速度快、所需样品少、误差小、样品易回收等优点。缺点是该膜不易吸水、容易变干,在使用时槽内需被水蒸气饱和,且电泳时的电流强度较小。醋酸纤维素膜在使用前必须用缓冲液浸泡,进行预处理。

### (三)琼脂糖凝胶电泳

琼脂糖凝胶电泳以琼脂糖为支持物,因分离核酸的效果较好,广泛应用于生物化学和分子生物学领域。琼脂糖从天然琼脂中提纯出来,主要由D-半乳糖和3,6-脱水-L-半乳糖交替连接而成的一种线性多糖。分子之间依靠分子内和分子间氢键形成稳定的交联结构,从而赋予琼脂糖凝胶较好的抗对流性。凝胶的孔径大小可以依靠琼脂糖的浓度来进行控制,常用浓度为1%~3%。尽管琼脂糖本身没有电荷,但一些糖基可能会被羧基、甲氧基,特别是硫酸根不同程度的取代,使得琼脂糖凝胶表面带有一定的电荷,引起电泳过程中的电渗以及样品和凝胶间的静电相互作用,影响分离效果。

琼脂糖凝胶可用作蛋白质和核酸的电泳支持介质,尤其适合于核酸的提纯、分析。比如:浓度为1%的琼脂糖凝胶的孔径对于蛋白质来说是比较大的,对蛋白质的阻碍作用较小。这时蛋白质分子大小对于电泳迁移率的影响较小,所以适用于只根据蛋白质天然电荷来进行分离的电泳技术(比如免疫电泳、平板等电聚焦电泳等)。琼脂糖也适合于DNA、RNA分子的分离、分析。由于DNA、RNA分子通常较大,在分离过程中会存在一定的摩擦阻碍作用,这时分子的大小会对电泳迁移率产生明显影响。比如:对于双链DNA,电泳迁移率的大小主要与DNA分子大小有关,而与碱基排列及组成无关。对于低熔点(62~65 ℃)的琼脂糖可以在65 ℃时熔化,因此其中的样品(比如DNA),可以重新溶解到溶液中而回收。

由于琼脂糖凝胶的弹性较差,难以从小管中取出,所以一般琼脂糖凝胶不适合管状电泳,垂直式电泳的应用也相对较少。一般是形成水平式板状凝胶,用于等电聚焦、免疫电泳等蛋白质电泳,以及DNA、RNA的分析。

### (四)聚丙烯酰胺凝胶电泳

聚丙烯酰胺凝胶电泳简称PAGE(polyacrylamide gel electrophoresis),是以聚丙烯酰胺凝胶作为支持介质的电泳技术。单体丙烯酰胺(acrylamide,Acr)和交联剂N,N-甲叉双丙烯酰胺(methylene-bisacrylamide,Bis)在催化剂和加速剂的作用下聚合形成三维网状结构的凝胶。这种凝胶的孔径大小可以通过改变丙烯酰胺和亚甲基双丙烯酰胺的浓度来控制。低浓度的凝胶具有较大的孔径。比如:3%丙烯酰胺凝胶对蛋白质没有明显的阻碍作用,可以用于平板等电聚焦或SDS-聚丙烯酰胺凝胶电泳的浓缩胶,也可以用于分离DNA;高浓度凝胶具有较小的孔径,对蛋白质有分子筛的作用,可以用于根据蛋白质的分子量进行分离的电泳,比如10%~20%凝胶常用于SDS-PAGE的分离胶。

与其他凝胶电泳相比,聚丙烯酰胺凝胶电泳具有以下优点:

①通过控制凝胶浓度和交联度,可得到不同的有效孔径,用于分离不同分子量的生物大分子。

②结合分子筛作用和电荷效应,分辨率更高。

③作为酰胺类聚合物,其侧链基团不活泼,没有带电的离子基团,几乎无“电渗”作用。

④在Acr纯度很高的情况下,电泳分离的重复性好。

⑤透明度高,便于照相;机械强度好,有弹性,不易碎,便于操作和保存。

⑥无紫外吸收，不染色即可用于紫外波长的凝胶扫描，适用于定量分析。

⑦化学性能稳定，与被分离物不起化学反应。

⑧对 pH 值和温度变化不敏感，电泳效果稳定。

⑨可用作固定化酶的惰性载体。

目前常用的聚丙烯酰胺电泳种类如下：

1. 天然聚丙烯酰胺凝胶电泳

天然聚丙烯酰胺凝胶电泳可以使生物大分子在电泳过程中保持其天然形状和电荷。分离依据是样品分子迁移率的不同和凝胶的分子筛作用，因此可以得到较高分辨率。电泳后，蛋白质和酶等生物大分子的生物活性仍旧保持，对这类分子的鉴定具有重要意义。采用该方法电泳时，常在凝胶上点上两份相同样品，电泳后将凝胶切成两半，一半用于活性染色，对某个特定的生物大分子进行鉴定；另一半用于所有样品的染色，以分析样品中各种生物大分子的种类和含量。

天然聚丙烯酰胺凝胶电泳既可以用于圆盘电泳，也可用于垂直板电泳和水平板电泳。最早的天然电泳在玻璃管中进行，又称为柱状电泳，如图 2-15 所示。采用这种电泳方法时，由于各玻璃管不同以及装胶时差异，使得每管的分离条件有所差异，因此在比较各管样品时可能出现较大误差。目前，该方法单独使用较少，常用于二维电泳中的第一维电泳。

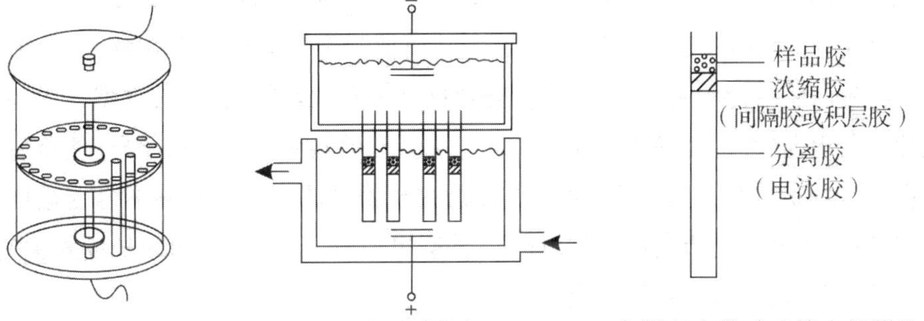


（a）正面　（b）剖面　（c）圆盘电泳玻璃管中的凝胶示意图

**图 2-15　聚丙烯酰胺凝胶圆盘电泳示意图**

垂直板电泳一次可以容纳 20 个样品，电泳过程中样品所处的条件一致（如图 2-16 所示）。样品间容易进行比较，重复性好，常用于蛋白质及 DNA 序列的分离和鉴定。

水平板电泳具有的优点为：①易冷却，可采用较高电压；②电泳速度快，1 h 内即可完成，而圆盘电泳和垂直板电泳需要 3~4 h；③加样量少、染色快、灵敏度高、易保存（甘油浸泡后自然干燥即可长期保存，不会龟裂）；④便于使用各种电泳方式，用途广泛。特别是在新的半干技术中的应用，可以大大节约试剂用量、简化操作。

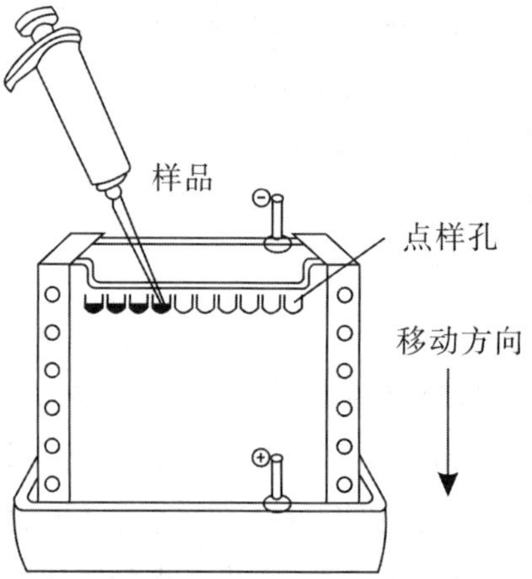


图 2-16　聚丙烯酰胺凝胶垂直板电泳示意图

2. SDS-聚丙烯酰胺凝胶电泳

SDS-PAGE 是最常用的定性分析蛋白质的电泳方法,特别是用于蛋白质的纯度检测和分子量测定。该方法在处理样品时需要加入 SDS 和 $\beta$-巯基乙醇。十二烷基硫酸钠(sodium dodecyl sulfate, SDS)是一种阴离子去垢剂,也是一种蛋白质变性剂。它通过破坏蛋白质分子内的氢键和疏水作用,引起蛋白质的构象变化,使蛋白去折叠。强还原剂 $\beta$-巯基乙醇可以断开半胱氨酸之间的二硫键,破坏蛋白质的四级结构。电泳样品加入样品处理液后,要在沸水浴中煮 3~5 min,使 SDS 与蛋白质充分结合,从而使蛋白质完全变性和解聚,并形成棒状结构。SDS 与蛋白质结合后使蛋白质-SDS 复合物上带有大量的负电荷,这就大大超过了天然蛋白质原有的电荷,因而消除或掩盖了不同种类蛋白质间原有电荷的差异,使所有蛋白质均带有相同密度的负电荷。蛋白质-SDS 复合物在凝胶电泳中的迁移率不再受蛋白质原有电荷和形状的影响,而只与蛋白质的相对分子质量相关(即与棒状结构的长度相关)。利用相对分子质量的差异,可以将不同蛋白分子区分开。

当蛋白质的相对分子质量在 $15\times10^3$ Da 到 $200\times10^3$ Da 之间时,蛋白质在 SDS-聚丙烯酰胺凝胶中的相对迁移率和相对分子质量的对数呈线性关系,总结为公式如下:

$$\lg M_r = \mathrm{k} - \mathrm{b}m_R$$

式中:$M_r$ 为相对分子质量,$m_R$ 为相对迁移率,k、b 均为常数。利用该公式测定蛋白质的相对分子质量时,将已知的标准蛋白与未知蛋白在同一块 SDS-PAGE 凝胶的不同泳道中进行电泳。染色后测量蛋白质的相对迁移率,将已知相对分子质量的标准蛋白质的迁移率对其相对分子质量的对数作图,可获得一条标准曲线,未知蛋白质可根据其电泳迁移率在标准曲线上求得相对分子质量。

3. 梯度凝胶电泳

SDS-PAGE 测定蛋白质的相对分子量时,由于天然蛋白解离为亚基或肽链,因此所得数值并不是天然蛋白的真实相对分子质量。1968 年,Margolis 和 Slater 等人以聚丙烯酰胺为支持物，制备成孔径梯度(pore gradient，PG)或称为梯度凝胶，进行 PAGE 分离和鉴定各种蛋白质组分，并首次用来测定蛋白质的相对分子质量。

线性梯度凝胶的制备不同于均一浓度凝胶制备，应预先配置低浓度胶(2%或4%)贮液保存于贮液瓶中；高浓度胶(16%或30%)贮液置于混合瓶中(两者体积比为1∶1)，在梯度混合器及蠕动泵的协助下，从下至上灌胶，如图 2-17 所示。

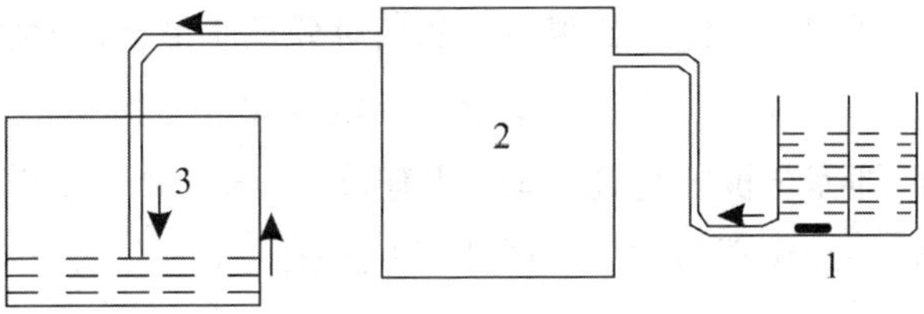


1—混合器(A 为贮液器，B 为混合瓶)；2—蠕动泵；3—凝胶膜。
(箭头表示液体流动的方向)

**图 2-17 梯度凝胶电泳凝胶装置示意图**

凝胶聚合后，则形成从下到上、从浓至稀依次排列的线性梯度凝胶。在 pH 值大于蛋白质 pI 的缓冲体系中电泳时，蛋白质样品从负极向正极移动，即从上向下，向着凝胶浓度增加(孔径逐渐减小)的方向移动，随着电泳的继续进行，蛋白质颗粒的迁移由于孔径渐小，阻力愈来愈大。在开始时，蛋白质在凝胶中的迁移速度主要受两个因素影响：一是蛋白质本身的电荷密度，电荷密度愈高，迁移率愈快；二是蛋白质本身的大小，相对分子量愈大，迁移速度愈慢。当蛋白质受到的阻力最大时，则完全停止前进。此时，低电荷密度的蛋白质将“赶上”与它大小相似，但具有较高电荷密度的蛋白质。因此，在梯度凝胶电泳中，蛋白质的最终迁移位置仅取决于其本身分子大小，而与蛋白质本身的电荷密度无关。梯度电泳原理图如图 2-18 所示。要测未知蛋白质的相对分子质量，首先需粗略估计其相对分子质量的范围，选择适宜浓度范围的梯度凝胶。

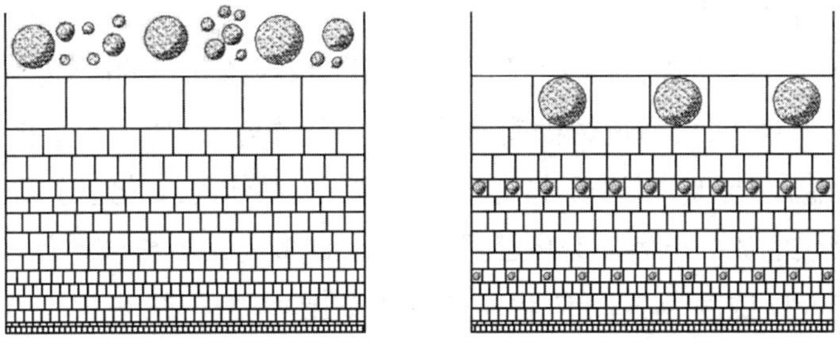

(a)电泳开始前 (b)电泳结束时

**图 2-18 梯度凝胶电泳示意图**

PG-PAGE 优点：

①由于梯度凝胶孔径的不连续性，可使样品中各组分充分浓缩。即使样品很稀，在电泳过程中，分两到三次加样，也可因相对分子质量大小不同，最终均停滞于其相应的凝胶孔径中而得到分离。

②可提供更清晰的蛋白质区带,用于蛋白质纯度的鉴定。

③可在一个凝胶板上,同时测定数个相对分子质量相差很大的蛋白质。例如用 4% ~ 30% 的 PG-PAGE 可分辨相对分子质量为 50 000~2 000 000 Da 的各种蛋白质。

④可直接测定天然状态蛋白质的相对分子质量,而非其解离为亚基或肽链后的相对分子质量。因此,本法可作为 SDS-PAGE 测定蛋白质相对分子质量的补充。

⑤PG-PAGE 主要适用于测定球状蛋白质的相对分子质量,对纤维状蛋白质相对分子质量的测定误差较大。另外,由于相对分子质量的测定仅仅在待测蛋白质和标准蛋白质达到被限定的凝胶孔径时(即完全被阻止迁移时)才有效,电泳时要求足够高的电压(一般不低于 2 000 V),否则将达不到预期的效果。可见该方法在使用时存在一定局限性。

**(五)等电聚焦电泳**

等电聚焦电泳(isoelectric focusing PAGE,IEF-PAGE)是根据两性物质的等电点(pI)不同而进行分离的,它具有很高的分辨率,可以区分出等电点相差 0.01 的蛋白质,是分离两性物质如蛋白质的理想方法之一。等电聚焦的分离原理是在凝胶中通过加入两性电解质形成一个 pH 梯度,两性物质在电泳过程中会被集中在与其等电点相等的 pH 区域内,从而实现分离。

两性电解质是人工合成的复杂多氨基-多羧基的混合物。不同的两性电解质具有不同的 pH 梯度范围,既有较宽的范围(比如 pH 3~10),也有各种较窄的范围(比如 pH 7~8)。要根据待分离样品的情况选择恰当的两性电解质,使待分离样品中各个组分都在两性电解质的 pH 范围内;两性电解质的 pH 范围越小,分辨率越高。

1. 两性电解质载体的性质

(1)易溶于水,在 pI 处应有足够的缓冲能力,形成稳定的 pH 梯度,且不会被蛋白质或其他两性电解质改变 pH 梯度。

(2)在 pI 处应有良好的电导及相同的电导系数,以保持均匀的电场。

(3)相对分子质量小,可通过透析或分子筛的方法去除,以便于与生物大分子分离。

(4)化学性能稳定,与被分离物不起化学反应,也无变性作用,其化学组成不同于蛋白质。

目前,等电聚焦电泳的电解质载体已经商品化,许多公司出售该产品。两性电解质载体为略带黄色的水溶液,浓度为 20% 或 40%,其 pH 范围种类居多,可根据待分离样品的大致 pI 范围选择合适的范围。

2. 影响等电聚焦电泳的因素

(1)支持介质

IEF 必须使用无电内渗、高纯度的稳定介质。在 IEF-PAGE 中,要求高纯度的丙烯酰胺。若纯度较低,常引起 pH 梯度负极漂移,一般约 1/3 pH,从而影响分离效果及 pI 测定。IEF-PAGE 的凝胶只是一种抗对流支持介质,无分子筛作用,因而常用浓度为 5% 或 7%。

(2)两性电解质载体

两性电解质载体是IEF-PAGE中最关键的试剂,直接影响pH梯度的形成及蛋白质的聚焦。一般终浓度为1%~2%。

(3)电极溶液

电极缓冲液应选择不易产生挥发物的液体。正负极溶液的作用是防止样品及两性电解质载体在电泳过程中正极被氧化或在负极被还原,其pH应比形成pH梯度的正极区域略低,负极略高。

(4)丙烯酰胺的聚合

在采用AP催化化学聚合时,为防止氧分子存在影响聚合,因此在加AP前应将溶液抽真空。聚合条件维持在碱性条件下,当pH < 5时凝胶聚合比较困难,可在凝胶聚合中加入10 g/L AgNO3以促使凝胶聚合。凝胶聚合后,为防止酶的钝化,在加样前进行15~30 min预电泳,然后将样品放在其pI附近。

(5)TEMED

在pH3~10的中性及碱性条件下,加入TEMED可加速凝胶聚合,但在pH < 5时则无此加速作用。TEMED本身为碱性物质,在pH 4.5以上能扩展聚丙烯酰胺凝胶的碱性端pH梯度,其扩增幅度与TEMED加入量相关。

(6)样品预处理与加样量

盐离子可能会干扰pH梯度的形成并导致区带扭曲。进行IEF-PAGE时,样品应透析或用SephadexG-25脱盐;将样品溶解在水或低盐缓冲液中以确保其充分溶解,从而避免不溶小颗粒导致拖尾现象;在样品中加入两性电解质如10 g/L的甘氨酸或对10 g/L的甘氨酸透析以增加蛋白质的溶解性;也可将样品溶解在含有2%的两性电解质载体中;还可在样品及凝胶溶液中加入非离子去污剂(如Triton X-100,Nonidet P 40(NP-40)等)或加入相同浓度的尿素(4 mol/L)。

加样量的大小取决于样品中蛋白质的种类、数量以及采用检测方法的灵敏度。

(7)外加因素

功率是电流与电压的乘积。在IEF电泳中,随着样品的迁移越来越接近pI,电流越来越小。为使各组分更好地分离,要保持一定的功率,就应不断增加电压。电压增高可缩短pH梯度形成和蛋白质分离所需的时间。但电压过高会使凝胶板局部范围过热而烧坏。因此,电泳时应通冷却水,水温以4~10 ℃为宜。

IEF-PAGE的时间与试剂的质量和用量有关,也受到胶板厚薄、两性电解质载体的导电性和pH范围等因素影响。pH范围越窄,蛋白迁移越接近pI,带电荷越少,迁移越慢,因此所需时间越长。为了提高分辨率可通过增加电压来缩短电泳时间,以防止生物活性丧失。

### (六)双向电泳

双向电泳即二维凝胶电泳(two-dimensional gel electrophoresis,2-DE),是在两个方向上分别进行两种不同的 PAGE 组合的电泳技术。双向电泳已成为当前生物化学与分子生物学领域中的常用实验技术,可广泛应用于生物大分子,如蛋白质混合物、酶解后的核酸片段及细胞总蛋白质的分离与分析。目前的双向电泳,两向的组合方式主要有两种。第一种的第一向为 IEF-PAGE,第二向为 SDS-PAGE,这种电泳方式简称为 IEF/SDS-PAGE。第二种电泳方式第一向为 IEF-PAGE,第二向为 PG-PAGE(梯度凝胶电泳),这种电泳方式简称为 IEF/PG-PAGE。两种方法中,第一向都采用了 IEF-PAGE,利用样品中不同组分的等电点差异进行分离。由于第二向的方法不同,第一向的操作也有所区分。

1. IEF/SDS-PAGE

为保证第二向 SDS-PAGE 的顺利进行,第一向的 IEF 电泳系统中必须加入高浓度尿素及非离子型去污剂 NP-40。在样品溶解液中,除含有上述试剂外,还需加入一定量的二硫苏糖醇(dithiothreitol,DTT)。由于上述三种试剂本身不带电荷,因此不影响样品原有的电荷及 pI,其主要作用是破坏蛋白质分子内的二硫键,使蛋白质变性及肽链舒展,有利于蛋白质分子电泳后能在温和的条件下与 SDS 充分结合形成 SDS-蛋白质复合物。一般第一向 IEF-PAGE 在凝胶柱或平板中进行,第二向 SDS-PAGE 为垂直板。第一向电泳后得到的凝胶的圆柱纵剖为两半,一半用于染色及测定 pI,另一半用于第二向 SDS-PAGE。如果第一向为平板状凝胶,则与电泳同方向纵切成窄条,再进行第二向电泳。由于两种电泳方式中的电泳体系组成成分及 pH 不同,因此第一向电泳后应将窄条状胶片放在第二向电泳缓冲液中振荡平衡约 30 min,去除掉第一向体系中的尿素、NP-40 及两性电解质载体,使第二向缓冲体系中的 $\beta$-巯基乙醇及 SDS 进入凝胶。前者可使蛋白质内的二硫键保持还原状态,更有利于 SDS 与蛋白质结合形成复合物。进行第二向 SDS-PAGE 时,样品的处理和加样方式与单向 SDS-PAGE 完全不同,染色方法、pI 及相对分子质量测定与 IEF-PAGE、SDS-PAGE 单向电泳完全相同。

由于液相载体两性电解质具有 pH 梯度不稳定、受电场和时间影响大、重复性不理想等问题,目前更好的一种方式是直接购买商品化的固相 pH 梯度干胶条。

2. IEF/PG-PAGE

在这种电泳方法中,其分离原理与单向 IEF-PAGE 及 PG-PAGE 相同,主要利用蛋白质 pI 差异及凝胶孔径逐渐变小的分子筛效应,通过相互垂直的双向电泳来提高分辨率。在第一向电泳中,蛋白质电荷密度高则迁移快,反之则慢。在第二向电泳中,由于蛋白质相对分子质量大小不同,在孔径梯度凝胶中,相对分子质量越大,迁移越慢。当其迁移率受到凝胶孔径阻力大到停止前进时,低电荷密度蛋白质组分将赶上与其大小相似的高电荷密度的蛋白质组分。因此,第二向蛋白质组分的迁移主要取决于分子大小与凝胶的分子筛效应。在 IEF-PAGE 第一向缓冲体系及样品溶解液中,不含尿素、NP-40、二硫苏糖醇等蛋白变性剂,因此蛋白质样品保持了原有的天然构象及生物活性。电泳后的凝胶柱(条)不需用第二向电泳缓冲液振荡平衡,可直接横放在已聚合的孔径梯度凝胶胶面上,经封闭固定后,即可进行第二向 PG-PAGE,存在于第一向凝胶中的两性电解质载体在第二向电泳过程中很快消失,从而使凝胶条内的环境与第二向电极缓冲液保持一致。

由于双向电泳(目前使用更多的是 IEF/SDS-PAGE)具有高分辨率,数百乃至上千的分离斑点很难用肉眼来比较和辨别。因此,蛋白质染色后的图谱需要经过图像扫描、计算机数字化处理,以分辨每个斑点和确定每个蛋白质斑点的等电点和相对分子质量。双向电泳为蛋白质的进一步分析和鉴定,以及开发应用提供了大量重要信息,因此该技术已成为蛋白质组学研究的重要技术之一。

# 第五章　色谱技术

色谱技术(chromatographic resolution,CR)是一种物理的分离方法。该技术利用多组分混合物中各组分物理化学性质(如分子极性、分子形状与大小、分子亲和力、吸附力、分配系数等)的差别,使各组分以不同程度分布在固定相和流动相中。固定相是静止不动的,而流动相则流过此固定相。当多组分混合物随流动相流动时,由于各组分的性质差异,它们会以不同的速率移动,从而达到分离纯化的效果。

1903年,俄国植物学家茨维特在研究植物色素时,使用石油醚作为洗脱剂,成功分离出黄色和绿色区带,这种方法称为色谱分离法。自20世纪50年代发展至今,已相继出现了气相色谱、液相色谱、薄层色谱、吸附色谱、离子交换色谱、凝胶色谱、金属螯合色谱、亲和色谱、高效液相色谱(HPLC)、快速蛋白液相色谱系统(FPLC)以及超高效液相色谱(UPLC)等技术。层析技术因其应用范围广、选择性强、分离效率高、可进行高灵敏度的在线检测以及过程可自动化操作等优势,不仅广泛用于实验室的科学研究,也可用于规模化生产。

## 一、色谱技术的分类

### (一)按两相状态分类

以流动相状态为标准划分,色谱技术可以分为不同类型。其中,使用气体作为流动相的色谱法被称为气相色谱法(gas chromatography,GC);使用液体作为流动相的色谱法被称为液相色谱法(liquid chromatography,LC)。

### (二)按固定相存在形态分类

根据固定相在色谱分离系统中存在的形态,色谱法可分为柱色谱法和平面色谱法(包括纸色谱法和薄层色谱法)。

1. 柱色谱法

柱色谱法(column chromatography)又称柱层析,是在玻璃管或金属管中进行的色谱技术。固定相装于柱内,可在柱中进行各种不同机理的色谱分离。该技术不仅适用于精密度要求不高的样品分析,还因具有样品进样量大和容易回收等优点,在生物样品制备和工业生物产品分离与纯化方面有广泛应用。

2. 纸色谱法

纸色谱法(paper chromatography)是使用滤纸作为载体的色谱分析技术。在滤纸的一端,通过毛细管或微量注射器滴上样品,然后置于密闭容器中。流动相借助于滤纸的毛细管渗透作用在纸上移动,达到色谱分离的目的。根据流动相运动方向的不同,该方法上行法和下行法两种。纸色谱的分离机理通常属于正相分配,依据分配系数的差异实现分离。纸色谱法设备简单,操作方便,且灵敏度高,由于分离量较少且样品回收困难,因而一般不用于制备和生产。

3. 薄层色谱法

薄层色谱法(thin layer chromatography,TLC)是将固定相在玻璃平板上铺成薄层,进而进行分离的一种技术。薄层色谱的固定相常为硅胶、氧化铝、纤维素或葡聚糖等。操作时,先将以毛细管将待分离样品点于薄层板上,然后在密闭的层析缸中,以单一或混合溶剂作为流动相,借助流动相的毛细作用缓慢地将混合物样品中的不同组分由下而上爬升至板的顶端。因为样品中各组分与固定相的作用力不同,在流动相中的溶解度也各异,导致各组分的上升速度有差异,最终在板上形成位置高低不一的斑点,从而达到分离混合物的目的。

薄层色谱结合了柱色谱和纸色谱的特点,兼具操作简便、分离效率高、分离速率快以及适用于不同分离机制的色谱分离等优点。此外,它还适用于小量样品的制备。

### (三)按分离机理不同分类

1. 吸附色谱分离

吸附色谱(adsorption chromatography)是指混合物随流动相通过由吸附剂组成的固定相时,由于吸附剂对不同组分具有不同的吸附力,导致不同组分随流动相移动的速度产生差异,从而可将混合物中的不同组分分离。这种分离方法的效果取决于待分离物质被吸附剂固定相所吸附的能力,以及它们在分离过程中所用溶剂流动相中的溶解度这两个因素之间的差异。

2. 分配色谱

分配色谱(partition chromatography)的流动相和固定相都是液体,因此又称为液色谱。其原理是利用载体在固相基体上的固定液作为固定相,以不同极性的溶剂作流动相,根据样品中各组分在固定液上分配性能的差异来实现分离。根据固定相和流动相极性的不同,分配色谱又可分为正相分配色谱和反相分配色谱。当固定相的极性大于流动相的极性时,称为正相分配色谱或简称正相色谱(normal phase chromatography,NPC);当固定相的极性小于流动相的极性时,则称为反相分配色谱或简称反相色谱(reversed phase chromatography,RPC)。

3. 离子色谱

离子色谱(ion chromatography)使用高效微粒离子交换剂作为固定相,以具有一定 pH 值的缓冲溶液作为流动相。依据离子型化合物中各离子组分与离子交换剂上表面带电荷基团进行可逆性离子交换能力的差别来实现分离。

4. 凝胶色谱

凝胶色谱(gel chromatography,GC)使用化学惰性的多孔性凝胶作为固定相,按照固定相对样品中各组分子体积阻滞作用的差别来实现分离,因此也被称为分子筛色谱(molecular sieve chromatography,MSC)或空间排阻色谱。

5. 亲和色谱

亲和色谱(affinity chromatography,AFC)是在不同基体上,键合多种不同特征的配体作为固定相,使用不同 pH 值的缓冲溶液作为流动相。它依据生物分子(如氨基酸、肽、蛋白质、核酸、核苷酸、酶等),与基体上键连的配位体之间存在的特异性亲和作用能力的差别,从而实现对具有生物活性的生物分子的分离。

## 二、几种常见的层析法

### (一)薄层层析

薄层层析法(thin layer chromatography,TLC)是将吸附剂、载体或其他活性物质均匀涂铺在平面板上,如玻璃板、塑料片、金属片等,形成薄层(常用厚度为 0.25 毫米左右)后,在此薄层上选择合适的溶剂进行展开,以达到分离鉴定的目的。薄层层析操作简便,设备简单,分离效果较好,时间较短,一般只需几分钟到几十分钟。在相同的展开剂下,可在一块板上同时分离多个样品。样品用量一般为几微克至几百微克,是一种实用、有效的微量分离分析方法。若需分离制备较大量的样品(mg 级别),则可以使用较大较厚的薄层板,在起始点处点样呈条带状。如使用 5~10 μm 的吸附剂制板,则为高效薄层层析,其优点是分离效果优于一般薄层层析,且样品量少(只需 ng 级别),展开距离小,展开时间短,是薄层层析法的一个重要进步。

薄层层析法中,吸附层析使用最为普遍,常用的吸附剂为硅胶、氧化铝等。除吸附法外,也可进行分配、离子交换、分子排阻等机理的层析,即铺制薄层的材料相应换为涂以固定相的载体、离子交换剂、凝胶等。第一步,进行薄层层析。首先要制作薄层板,用吸附剂与黏合剂(如羧甲基纤维素钠)按一定比例混合,加入适量水调匀,用涂布器将此匀浆缓慢地移过基底板,放置晾干,再经适当烘烤活化后即可使用。第二步,展开薄层。首先将装有展开剂的密闭器皿达到饱和,再将薄层板垂直或倾斜放置,注意展开溶剂不能淹没样品点,使之自下向上移动,此展开方式为上行法。除此之外,薄层层析的展开方式还可以是下行、单向或双向。第三步,用适当的显色剂喷雾或用紫外光、荧光来定位,用比移值($R_f$)表示组分移动的特性。

### (二)离子交换层析

离子交换层析(ion exchangc chromatography,IEC)是利用含有能与周围介质进行离子交换的不稳定离子的不溶性基质来分离物质。该法适合于离子和在溶剂中可发生电离的物质的分离。大多数生物大分子都是极性的,都可使其电离,所以离子交换层析广泛用于生物大分子的分离纯化,尤其在蛋白质、多肽、核酸等生物物质的分离纯化中占主导地位。

1. 离子交换层析原理

离子交换层析中,基质是由带有电荷的树脂或纤维素组成。带有正电荷的称之阳离子交换树脂,而带有负电荷的称之阴离子树脂。所进行的离子交换反应是可逆的,假定以RA代表阳离子交换树脂,在溶液中解离出来的阳离子$A^+$与溶液中的阳离子$B^+$可发生可逆的交换反应,反应式为:

$$RA + B^+ \rightarrow RB + A^+$$

该反应能以极快的速率达到平衡,平衡的移动遵循质量守恒定律。离子交换层析就是利用离子交换剂的基团,吸附溶液中相反电荷的离子或离子化合物,被吸附的物质随后为带同类型电荷的其他离子所置换而被洗脱。由于各种离子或离子化合物对交换剂的结合力不同,一般来说,电性越强,越易交换。对于阳离子交换树脂,在常温常压的稀溶液中,高价离子强于低价离子,如$Na^+ < Ca2^+ < Al3^+ < Si^{4+}$。离子所带电荷数相同,交换量随原子序数的增大而增大,如$Li^+ < Na^+ < K^+ < Pb^+$。在稀溶液中,强碱性树脂各负电性基团的离子结合力次序是:$CH_3COO^- < F^- < OH^- < HCOO^- < Cl^- < Br^- < CrO_4^{2-} < NO_2^- < I^- < C_2O_4^{2-} < SO_4^{3-} <$柠檬酸根。弱酸性阴离子交换树脂对各负电性基团结合力的次序是:$F^- < Cl^- < Br^- = I^- = CH_3COO- < MoO_4^{2-} < PO_4^{3-} < AsO_4^{3-} < NO_3^- <$柠檬酸根$< CrO_4^{2-} < SO_4^{2-} < OH^-$。两性粒子如蛋白质、核苷酸、氨基酸等与离子交换剂的结合力,主要决定于它们的理化性质和特定条件下呈现的离子状态。当$pH < pI$(等电点)时,带正电荷,则可与阳离子交换剂进行交换反应;反之,当$pH > pI$时,带负电荷,则可与阴离子交换剂反应。若在相同pI条件下,且$pI > pH$时,pI越高,碱性越强,就越容易被阳离子交换剂吸附。

2. 离子交换剂的选择

在实际应用中,选择理想的离子交换剂是提高分离纯化效果的关键环节。任何一种离子交换剂都不可能适用于所有的样品分离,这就需要根据各类离子交换剂的性质及被分离

物质的理化性质,选择一种最理想的离子交换剂进行层析分离。选择离子交换剂的一般原则如下:

(1)阴离子交换剂、阳离子交换剂的选择

若被分离物质带正电荷,应选用阳离子交换剂;若带负电荷,应选用阴离子交换剂。对于两性离子,一般应根据其在稳定 pH 范围内所带电荷的性质来选择相应的交换剂。

(2)强离子交换剂与弱离子交换剂的选择

在 pH 值低时(pH<3.0),宜选用强酸性介质而不宜用弱酸性介质;在 pH>10.0 时,宜用强碱性介质而不宜用弱碱性介质。强型离子交换剂适用的 pH 范围很广,常用于分离氨基酸、核苷酸等小分子物质。而弱型离子交换剂适用 pH 范围窄,在 pH 为中性的溶液中交换容量高,用它分离蛋白质等大分子物质时,其活性不易丧失。

(3)不同基质离子交换剂的选择

交换剂的基质无论是疏水性还是亲水性,对被分离物质的稳定性和分离效果均有影响。一般认为,在分离生物大分子物质时,选用亲水性基质的交换剂较为合适,不会破坏被分离物质的活性。

3. 离子交换剂的预处理与再生

商品离子交换树脂为干树脂,常有某些未参与聚合反应的低分子和高分子成分的分解产物,及一些金属杂质,所以新树脂必须进行预处理,才能使用。流程如下:加过量去离子水除去细颗粒,再用去离子水浸泡 12 h 左右,充分吸水膨胀,并用大量去离子水洗至澄清。去水后加 4 倍量的 2 mol/L HCl 溶液,搅拌浸泡 4 h,除去酸液,用水洗至中性。再加 4 倍量的 2 mol/L NaOH 溶液同上述操作,最后水洗至中性备用。处理时一般阳离子交换剂最后用碱处理,阴离子交换剂最后用酸处理。如果是亲水性离子交换剂,只能用 0.5 mol/L NaOH 和 0.5 mol/L NaCl 或 0.5 mol/L HCl 溶液进行处理。

离子交换剂的再生是指对使用过的离子交换剂进行处理,使其恢复原来性能的过程。树脂使用失效后,要先用去离子水冲洗,再用相应的酸碱再生,如 Na 型强酸性树脂用 NaCl 再生,H 型强酸性树脂用 HCl 再生,OH 型强碱性阴树脂用 NaOH 溶液再生,最后用去离子水洗至所需 pH 值备用。

### (三)凝胶过滤层析(gel filtration)

凝胶过滤层析也称分子筛层析(molecular-exclusion chromatography)、排阻层析(exclusion chromatography),是利用具有网状结构的凝胶的分子筛作用,根据被分离物质的分子大小不同来进行分离。

1. 凝胶过滤层析的原理

凝胶过滤层析填料是某些惰性的多孔网状结构物质,较大的分子不能通过孔道扩散进入凝胶珠体内部,而与流动相一起流出层析柱。较小的分子可通过部分孔道,更小的分子可通过任意孔道扩散进入珠体内部。这种颗粒内部扩散的结果,使小分子向柱下的移动最慢,中等分子次之,样品根据分子大小的不同依次从柱内流出达到分离的目的(如图 2-19 所示)。

凝胶层析的突出优点是层析所用的凝胶属于惰性载体,不带电荷,吸附力弱,分离条件比较温和,蛋白质不易变性,收率高,重现性好;分离分子量的覆盖面大,可分离分子量从几百到数百万的分子;易操作,周期短,层析剂不需要再生可反复使用。

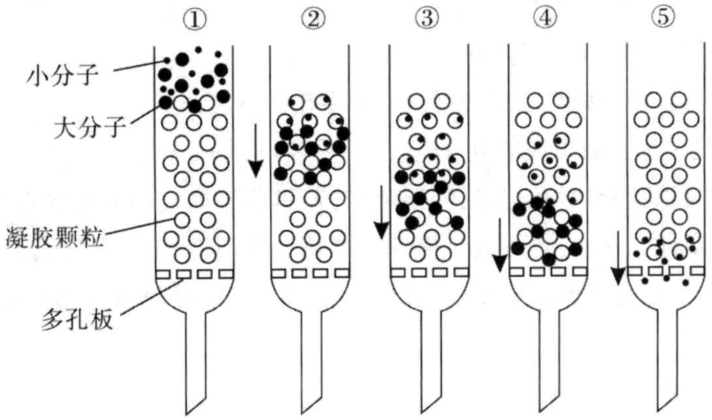


①—蛋白质混合物上柱;②—洗脱开始,小分子扩散进入凝胶颗粒内,大分子被排阻于凝胶颗粒外;③—小分子被滞留,大分子向下移动,大小分子开始分开;④—大小分子完全分开;⑤—大分子已洗脱出层析柱,小分子尚在进行中。

**图 2-19 凝胶层析的原理**

在柱色谱分离中,使溶质从柱中流出时所通过的流动相体积称为洗脱容积,这一概念在凝胶色谱分离中应用较多。凝胶色谱柱的总体积 $V_t$ 分为 3 部分,即:

$$V_t = V_o + V_i + V_m$$

式中:$V_o$ 为凝胶颗粒之间空隙的总体积(即外水体积);$V_i$ 为凝胶颗粒内部空隙总体积(即内水体积);$V_m$ 为凝胶颗粒基质本身所占的体积。于是,溶质分子充满色谱柱的体积,也就是洗脱容积为:

$$V_e = V_o + K_d V_i \text{ 或 } K_d = \frac{V_e - V_o}{V_i}$$

式中:$K_d$ 为分配常数,表示某溶质分子可以进入凝胶颗粒内部空隙的分数。当 $K_d = 1$ 时,代表溶质分子完全不被排阻,可以自由进入所有凝胶颗粒的微孔中,在洗脱过程中将最后流出色谱柱外;$K_d = 0$ 时,代表溶质分子完全被排阻在凝胶颗粒的微孔外,最先被洗脱下来。而对于中等分子,只有部分凝胶的空间能进入,其分配系数为 $0 < K_d < 1$。当分子量不同的混合液流经凝胶柱时,$K_d$ 值的大小决定了物质的流出顺序,即 $K_d$ 值小的先流出,$K_d$ 值大的后流出。

2. 凝胶的种类

根据凝胶层析中常用的凝胶不同分为以下类型。

(1)葡聚糖凝胶(商品名:Sephadex)

具有较高的选择性,多种规格的粒径,不同的分离范围及高的分辨率,应用广泛,Sephadex G-X,X 表示葡聚糖的交联程度,数值越小则交联越大,意味着孔径越小,如 G-10、G-15、G-25、G-50 主要用于脱盐、肽与其他小分子的分离;相反,数值越大则交联越小,意味着孔径越大,主要用于蛋白质与其他大分子的分离。

(2)琼脂糖凝胶(商品名:Sepharose、Bio-Gel A)

适用于分子量差距较大的分子间分离,尤其是在分离纯化大量粗品时应用较多。

(3)聚丙烯酰胺凝胶(商品名:Bio-Gel P)

结构稳定,不受微生物侵蚀,适合蛋白质和多糖的分离。

(4)由葡聚糖及琼脂糖组成的复合凝胶(商品名:Superdex)

具有葡聚糖及琼脂糖均匀组分的骨架结构,兼具葡聚糖较高的过滤选择性与琼脂糖较好的物理化学稳定性。此外,它还具有极低的非特异吸附性和极高的蛋白质回收率。除上述四种常用凝胶外,还有聚苯乙烯凝胶、聚丙烯酰胺葡聚糖凝胶、聚乙烯醇凝胶等其他类型凝胶。

3. 凝胶过滤层析注意事项

(1)凝胶的预处理与保存

将干胶颗粒悬浮于 5~10 倍量的蒸馏水或洗脱液中充分溶胀。如果溶胀不充分,装柱后凝胶继续溶胀,会造成填充层不均匀,从而影响分离效果。溶胀平衡后,均匀搅拌(切不可过分搅拌,以防颗粒破碎)后放置数分钟,将未沉淀的细颗粒随上层水倒掉。反复几次直至上层没有细颗粒为止。也可沸水浴 1~2 小时浸泡溶胀后同上述操作。装好的凝胶过滤柱可重复使用,如果长时间不用,则需要保存。保存方法有两种:干法和湿法保存。干法保存通常用梯度浓度的乙醇(30%、50%、75%、95%)洗净凝胶,使其脱水收缩,再抽滤除去乙醇,用 60~80 ℃暖风吹干即可。湿法保存即用蒸馏水或缓冲液将凝胶洗净后,加入 0.02% 的叠氮钠置于 4 ℃保存。

(2)柱的选用

柱的长短、粗细对层析效果有直接的影响。凝胶过滤层析一般要求有较长的柱长,通常柱子的 L/D(长度/直径)要在 25~40,这样才有较高的分辨率。柱长的选用还与凝胶规格有关,如孔径小的凝胶,选用细而长的柱子容易发生堵塞。

(3)上样体积与洗脱

为达到良好的分离效果,样品的上样量必须保持较小的体积,如蛋白质上样体积为柱床体积的 1%~4%。样品的稀释程度越小,柱床体积的利用率就越高。如果样品中含杂质较多且稀释程度偏小时,可能会造成柱子堵塞。因此,进行凝胶过滤层析的样品需要较高纯度。为了防止柱床体积的变化，整个洗脱过程中要始终保持恒定的操作压，流速不宜过快且要稳定。

### （四）亲和层析

亲和层析（affinity chromatography）是专门用于纯化生物大分子的色谱分离技术，它是基于固定相的配基与生物分子间的特殊生物亲和能力的不同来进行相互分离的。1910年就有人用不溶性淀粉选择吸附、提纯淀粉酶，这是最早基于生物特异性进行分离纯化的实例。由于技术上的限制，主要是没有合适的固定配体的方法，所以在实验中没有广泛的应用。1967年采用BrCN活化法修饰糖类载体并偶联蛋白质技术的出现，解决了配体固定化的问题。此后30年中，亲和层析技术逐渐受到人们重视，得到了快速的发展，目前已成为分离纯化生物物质的一种主要方法。

1. 亲和层析的原理

亲和层析是一种吸附层析，主要靠生物分子对它的互补结合体（配基）的生物识别能力，如抗原-抗体、酶-底物或抑制剂、激素-受体等，它们之间都能够专一而可逆地结合，这种结合力就称为亲和力。

亲和层析的方法是根据这种具有亲和力的生物分子间可逆地结合和解离的原理建立和发展起来的。把具有特异亲和力的一对分子的任何一方作为配基（ligand），在不伤害其生物功能的情况下，与不溶性载体结合，使之固定化，成为专一吸附剂，装入层析柱。然后把含有目的物质的混合液作为流动相，在有利于固定相配基和目的物质形成络合物的条件下进入层析柱。此时，混合液中只有能与配基发生结合反应形成络合物的目的物质被吸附，而其他的生物大分子等杂质不被吸附，全部通过层析柱直接流出。变换通过层析柱的溶液组成，促使配基与其亲和物（目的物质）解离，即可获得纯化的目的产物。亲和层析常被描述为在蛋白质纯化技术中效率和选择性最高的分离方法。

2. 配基的选择

与流动相中的目标物发生特异性相互作用的基团称为配基。配基一般采用共价耦联的方法结合到载体基质（matrix）上，基质通常为有机聚合物，有时需要引入间隔臂，制成亲和色谱固定相。亲和层析的核心问题就是要寻找适宜的配基，以适应不同目标蛋白质的分离。根据配基对待分离物质的亲和性不同，可以将其分为两类：特异性配基（specific ligand）和通用性配基（general ligand）。特异性配基是指只与单一或很少种类的蛋白质等生物大分子结合的配体，如生物素和亲和素、抗原和抗体、酶和它的抑制剂、激素与受体等，它们结合具有很高的特异性，但寻找特异性配基一般是比较困难的，尤其对于一些性质不是很了解的生物大分子，要找到合适的特异性配基通常需要大量的实验。通用性配基是指特异性不是很强，能和某一类的蛋白质等生物大分子结合的配体，如各种凝集素可以结合各种糖蛋白，核酸可以结合RNA或结合RNA的蛋白质等。通用性配基对生物大分子的专一性虽然不如特异性配基,但通过选择合适的洗脱条件可以得到很高的分辨率,且具有结构稳定、偶联率高、吸附容量高、易于洗脱等优点,从而得到广泛应用。

配基与待分离物质之间的亲和作用力常用亲和常数 $K_a$ 表示。亲和作用力不能太强或太弱。太强($K_a > 10^6$),则结合过于牢固,造成洗脱困难,洗脱条件苛刻;太弱($K_a < 10^4$),则目标物质不保留,专一性差,选择性不佳。一般亲和常数 $K_a$ 在 $10^4 \sim 10^6$ L/mol 之间为宜。

3. 流动相及洗脱方式

亲和色谱使用的流动相,主要是磷酸盐、硼酸盐、乙酸盐、柠檬酸盐、三羟甲基氨基甲烷-盐酸缓冲溶液(Tris-HCl)等具有不同 pH 值的缓冲溶液体系。

在亲和色谱中,洗脱方式分为两种:一种是非特异性洗脱,用于生物大分子与各种亲和配基生成亲和常数较小的可逆性络合物的分离;另一种是特异性洗脱,用于结合特异性较高或形成锁匙结构的生物大分子分离。非特异性洗脱主要采用以下方法消除非特异性吸附:(1)改变流动相的 pH 值。(2)改变流动相的离子强度。(3)改变流动相的极性:可加入少量的有机溶剂,如甲醇、乙腈、四氢呋喃、乙二醇等,改变亲和作用的环境。随着疏水作用的增强,破坏样品分子与配基之间的亲和作用,呈现出极有效的洗脱效应。(4)加入盐酸胍、脲等蛋白质变性剂,使蛋白质等生物分子的结构发生变化,破坏原已存在的亲和作用。此类变性剂引起的变性通常是可逆的。采用特异性洗脱方法时,在流动相中加入另一种游离配基,取代固定相配基,并与生物分子结合,实现洗脱。洗脱后可通过改变 pH 值或加入变性剂等方法重新获取生物分子纯品。

### (五)高效液相色谱

高效液相色谱(high performance liquid chromatography,HPLC)是在经典液相色谱的基础上,于 20 世纪 60 年代后期结合气相色谱理论而迅速发展起来的。它与经典液相色谱的区别在于使用了全多孔微粒固定相,装填在小口径、短不锈钢柱内。流动相通过高压输液泵进入高柱压的色谱柱。溶质在固定相的传质扩散速度大大加快,从而在短的分析时间内获得高柱效和高分离能力。因需用高压输送流动相,故也称高压液相色谱法。

高效液相色谱仪可分为分析型和制备型。虽然性能各异,且使用范围不同,但其基本组件是相似的,都有高压输液泵、进样装置、柱温箱、色谱柱、检测器、色谱数据处理装置。制备型高效液相色谱,需收集分离纯化的样品,因此还需配备样品收集装置。HPLC 与经典液相色谱相比,有以下优点:①速度快,通常分析一个样品在 10~40 min,在高效液相色谱仪的基础上新开发出的超高效液相色谱仪(UPLC)分析样品,在 2~10 min 内即可完成;②分辨率高,通过选择固定相和流动相可达到最佳分离效果;③灵敏度高,紫外检测器可达 0.01 ng,荧光和电化学检测器可达 0.1 pg;④样品可回收,样品经过色谱柱后不被破坏,可以收集单一组分或做制备。

高效液相色谱仪的几个重要术语:

1. 色谱图(chromatogram):样品经色谱柱分离后通过检测器时所得到的响应信号-时间曲线,又称色谱流出曲线(elution profile)。

2. 色谱峰(peak):组分流经检测器时响应的连续信号产生的微分曲线。正常色谱峰近似于对称形正态分布曲线(高斯曲线)。不对称色谱峰有两种:前延峰(leading peak)和拖尾峰(tailing peak)。

3. 基线(base line):经流动相冲洗,柱与流动相达到平衡后,检测器测出一段时间的流出曲线,一般应平行于时间轴。因操作条件(如电压、温度、流动相)的不稳定所引起的基线随时间发生缓缓变化,称为基线漂移(base line drift)。

4. 峰高(peak height,h):峰的最高点至峰基线的距离。

5. 峰宽(peak width,W):峰两侧拐点处所作两条切线与基线的两个交点间的距离。

6. 半峰宽(peak width at half-height,Wh/2):峰高一半处的峰宽,即通过峰高的中点作平行于峰底的直线,此直线与峰两侧相交两点之间的距离。

7. 峰面积(peak area,A):峰与峰底所包围的面积。

8. 保留时间(retention time,tR):从进样开始到某个组分在柱后出现浓度极大值的时间。

9. 理论塔板数(theoretical plate number,N):用于定量表示色谱柱的分离效率(简称柱效)。N 取决于固定相的种类、性质(粒度、粒径分布等)、填充状况、柱长、流动相的种类和流速及测定柱效所用物质的性质。在一张多组分色谱图上,如果各组分含量相当,则后洗脱的峰比前面的峰要逐渐加宽,峰高则逐渐降低。用半峰宽计算理论塔板数比用峰宽计算更为方便和常用,因为半峰宽更易准确测定,尤其是对稍有拖尾的峰。N 与柱长成正比,柱越长,N 越大。用 N 表示柱效时应注明柱长,如果未注明,则表示柱长为 1 m 时的理论塔板数。一般 HPLC 柱的 N 在 1000 以上。

10. 拖尾因子(tailing factor,T):用以衡量色谱峰的对称性。也称为对称因子(symmetry factor)或不对称因子(asymmetry factor)。对称性好的峰的 T 值范围应在 0.95~1.05。T<0.95 为前延峰,T>1.05 为拖尾峰。

11. 分离度(resolution,R)

相邻两峰的保留时间之差与平均峰宽的比值。也叫分辨率,表示相邻两峰的分离程度。当 R≥1.5 时,称为完全分离。提高分离度可通过改变流动相的组成及 pH 值、柱温或固定相,从而达到最佳分离效果。

### (六)高速逆流色谱

高速逆流色谱(high speed counter current chromatography,HSCCC)技术是一种无固体载体的连续液-液色谱技术,最初由美国国立健康研究院(NIH)研制开发。与其他分离手段相比,HSCCC 最大的优点是不用固相载体作固定相,并具有分离纯度高、样品回收率高、适用范围广、可一步制备纯品的优点,既适用于小量分析,也可用于规模纯化,在生物、医药、天然产物化学、环境分析、食品等领域有广泛的应用。近年来，随着仪器设备的不断改进和完善，HSCCC 设备的保留能力和分离性能极大提高，使其能采用双水相体系进行生物大分子如蛋白质和核酸的分离和纯化。

1. 高速逆流色谱的原理

高速逆流色谱的分离原理是根据被分离混合物的理化特征，选择某一种有机或水两相溶剂体系或双水相溶剂体系，以其中一相作为固定相，另一相作为流动相。进行分离纯化时，首先将固定相充满色谱柱，而后色谱柱即围绕自身轴进行自转，同时围绕设备中心轴进行高速公转（即行星式运转），再将流动相泵入色谱柱。在阿基米德螺线力的作用下，互不相溶的两相溶剂将在聚四氟乙烯管内作单向性运动。流动相从与固定相流动相反的方向泵入，以阻止固定相的运动，使固定相保留在色谱柱内。此时，流动相内的混合物样品中各组分由于在两相中的分配能力不同，导致在色谱柱中的移动速度不一样，从而使样品中的各组分得以分离。

2. 高速逆流色谱的特点

（1）不需要固体支持物作为固定相，避免了由固体支持物带来的各种问题，如样品的吸附、变性等。它可以对颗粒或沉淀物质进行分离，且不会造成色谱柱填料的堵塞。（2）简化了样品预处理工作，能够直接进样大量粗制样品或合成混合物，洗脱组分能够达到相当高的纯度，可以直接与质谱仪或红外色谱仪联用进行分析。（3）具有不同型号，可实现小规模分析和大规模制备。（4）逆流色谱设备既能在低转速条件下利用重力场，又能在高转速条件下利用离心力场来实现其功能。

3. 高速逆流色谱溶剂体系的选择

要使用 HSCCC 进行成功的分离，选择适宜的溶剂系统非常重要。通常选择的条件包括：（1）溶剂应能分层；（2）不造成样品的分解或变性；（3）固定相应能实现足够高的保留值，一般要求固定相的保留值大于 50%（体积比）；（4）样品在溶剂系统中应有合适的分配系数值，分配系数 $K=CS/CM$（CS 指溶质在固定相中的浓度；CM 指溶质在流动相中的浓度）。一般而言，对 HSCCC 最合适的 K 值范围为 0.5~2.0。当 $CS/CM \ll 0.5$ 时，出峰时间太快，导致峰之间的分离度较差；当 $CS/CM > 1$ 时，出峰时间太长，且峰形变宽；而当 $0.5 < CS/CM < 2$ 时，可在合适的时间内得到分离度较好的峰形。测量 K 值可以采用浓度测定法和色谱法（TLC 或 HPLC）；（5）溶剂应易挥发以便除去。

## 三、柱层析系统的基本操作

柱层析法的操作步骤一般包括装柱、平衡、上样、洗脱及收集。不同的层析方法可能会在某个步骤有特殊要求，这取决于具体情况。

### (一)装柱

柱层析分离柱的材质通常是玻璃的,也有金属材质的。柱的底部用以支持固定相的,可以是玻璃棉,也可以是砂芯或细孔玻璃板。柱的出口管路应该尽量短些,以避免体积过大导致已分离的组分重新混合。

一般情况下,柱的分离效率与柱长成正比,柱子越长,相应的塔板数就越高,分离效果越好。柱的分离效率与柱径成反比。因此,色谱柱通常是细长的,一般 $l/d=20\sim30$。柱直径为 2~15 cm。柱径的增加可使样品负载量成平方增加,但柱径过大时,流动很难均匀,因而分离效果差;柱径太小时,进样量少,且使用不便、装柱困难。在实际使用时,填料量一般是样品量的 30~40 倍。具体的选择要根据样品的性质和含量进行具体分析:如果所需组分和杂质的分离度较大,就可以减少填料量,选择 $l/d$ 比值相对较小的柱子;如果 $R_f$ 值相差不到 0.1,要增加填料量,选择 $l/d$ 比值较大的柱子。

色谱柱填装的好坏,对色谱分离效果有很大的影响,不均匀的填装必然引起不规则的流型。常用的色谱柱填装法是自然沉降法:先关闭层析柱的活塞,加入适量洗脱液,没过柱底部的玻璃棉或砂芯玻璃板即可,并赶走存有的气泡。将填料在洗脱液中充分搅拌溶胀,根据填料的稳定性选择超声或抽真空脱气。将已排好气泡的填料匀浆物小心缓慢地沿玻璃棒倾注于层析柱内,防止气泡产生。如产生气泡,可用橡胶管轻敲层析柱来赶走柱内的气泡。让填料自然沉淀,并打开活塞,流出过多的洗脱液。为避免分层,最好一次填充完。如需分几次填装,则在二次填装前应先在已经沉淀的表面用玻璃棒搅拌后再倾注,重复此过程,直至装到需要的高度。

### (二)平衡

当装柱所用的缓冲液浓度与上样后起始缓冲液浓度不一致时,需要在正式上样前用起始缓冲液平衡层析柱平衡,平衡至所需的 pH 和离子强度。一般用相当于 3~5 倍柱床体积的起始缓冲液在恒定压力下走柱,充分交换直至平衡、柱床稳定。

### (三)上样

样品上样前,需用少量合适的溶剂将样品完全溶解。溶剂的选择必须适应所用的固定相,以便大量的样品溶液注入层析柱后不会立即展开,而是集中在柱头。比如:在吸附色谱中,溶剂的极性必须小于流动相;在疏水作用色谱中,溶剂的离子强度不能小于流动相的离子强度。进样时,先除去柱上部过多的缓冲液,使液面恰好达到床层的顶面,然后关闭活塞,将样品溶液缓慢注入床层顶面,之后打开活塞使溶液流出,直至液面高度达 1~2 cm,再加入流动相以保持一定高度的液面。

### (四)洗脱

样品上柱后,加入适当的洗脱剂,以把各组分依次从柱上洗脱下来,达到分离目的。根据洗脱过程中洗脱剂的组成是否改变,洗脱方法可以分为恒定洗脱法和梯度洗脱法。恒定洗脱法是指在洗脱过程中不改变洗脱剂的组成。此法操作简单,但只适用于样品中各组分间的保留容积差别较大时。当各组分间保留相近时,使用恒定洗脱法往往达不到很好的分离效果。梯度洗脱法则是通过改变洗脱剂的组成,使洗脱剂的极性、pH 值或离子强度以递增方式形成梯度,从而将各组分依次洗脱下来。梯度洗脱法适用于组成较复杂的混合物分离,或相对分子质量及性质差别较小的物质的分离。与恒定洗脱法相比,它能减少拖尾现象,大大提高分辨效率。

### (五)收集及分析

通过检测器连续监测层析柱流出液中各组分的浓度变化,以了解样品中组分的分辨情况。根据组分的物理化学特性,如紫外吸收、荧光、电导率、旋光性等,选择适当的检测器进行在线检测并部分收集。对于未知组分的分离可以用人工收集到一系列试管中,或使用部分收集器进行自动收集。部分收集器能使每一管按预定的时间或滴数收集流出液,然后自动移位,以便下一管继续收集。洗脱完毕后,选用适宜的方法对已收集的流出液进行定性及定量分析。

# 第六章 体外重组体的构建

## 第一节 目的基因的获取

获得目的基因是体外重组体构建中最为关键的步骤。没有目的基因,基因操作就很难进行。这里所指的目的基因,既可以是含有目的基因(target gene)的 DNA 片段,或者是仅含有目的基因而无其他多余成分的“纯基因”(如包含完整开放阅读框(open reading frame,ORF)),也可以是包含目的基因上游启动子序列和内含子序列在内的 DNA 片段。随着分子生物学技术的飞速发展,目的基因的获取方法也有很多,这里我们只着重介绍常用的几种方法。

### 一、利用 PCR 技术获取目的基因

聚合酶链式反应(PCR)是一种用于放大扩增特定的 DNA 片段的分子生物学技术,它可以看作生物体外的特殊 DNA 复制。PCR 的最大特点是能将微量的 DNA 大幅增加。因此,无论是化石中的古生物、历史人物的残骸,还是毛发、皮肤或血液,只要能分离出微量的 DNA,就能通过 PCR 技术加以放大并进行比对,这也是“微量证据”的威力所在。

#### (一)PCR 技术的创建及发展

早在 1958 年科学家分离出 DNA 聚合酶后,人们就曾设想利用 DNA 聚合酶扩增大量 DNA 片段,但当时没有耐热性的 DNA 聚合酶,且受限于 DNA 测序技术和核苷酸合成技术,所以没有发展起来。1983 年,美国人 Mullis 首先提出设想,1985 年由其发明了聚合酶链反应,即简易 DNA 扩增法,意味着 PCR 技术的真正诞生。2013 年,第三代 PCR 技术问世。1976 年,中国科学家钱嘉韵发现了稳定的 Taq DNA 聚合酶,为 PCR 技术发展做出了基础性贡献。

#### (二)PCR 技术的原理

PCR 技术的原理如下:利用 DNA 在体外条件下,95 ℃高温时变性形成单链,低温时引物与单链按碱基互补配对的原则结合,再调至适合温度(一般为 72 ℃左右)进行延伸。这时

DNA 聚合酶以引物的 3′端为起点,沿着模板链按照 5′-3′的方向合成互补链。这三个步骤形成一个循环,多个循环组成 PCR 技术。经多个循环后,DNA 片段得到大量扩增,数量可达到约 $10^9$ 拷贝。基于聚合酶制造的 PCR 仪实际就是一个温控设备,能在变性温度、复性温度、延伸温度之间很好地进行控制。

PCR 体系包括引物、Taq E、模板、反应缓冲液、dNTP 等。影响 PCR 结果的因素是多种多样的,除反应体系中的各类因素外,如温度、pH 值等条件也会影响 PCR 结果。随着技术的进步,PCR 技术也不断发展和完善,发展了反转录 PCR、反向 PCR 等技术,这些技术使得在体外扩增一些未知的 DNA 序列成为可能。

## (三)PCR 衍生技术

1. 反转录 PCR

反转录 PCR(RT-PCR)是将逆转录和 PCR 扩增相结合的技术,以 mRNA 为模板逆转录 cDNA 第一链,再以此链作为模板合成互补链,进而实现核酸扩增的技术。该方法的核心是在 PCR 前增加一步逆转录的操作。逆转录模板可以是总 RNA,也可以是从总 RNA 里分离纯化出的 mRNA。逆转录引物可以是非特异性引物,如 Oligo(dT)12-18,或特异性引物,如根据目的基因设计的特异性引物,该过程需要特异的逆转录酶的催化。

对于已知的目的基因序列,可根据其编码区两侧的序列设计引物。一对引物中,一个可以是根据基因特异性设计的特异性引物,另外一个可以是逆转录引物,如 Oligo(dT)12-18 等通用性引物,缺点是特异性不强,或者也可以是基因特异性引物 RP-GSP。两个引物应位于基因编码区两侧,这样才能扩增出基因的编码区全序列。若目的基因的序列未知,但已知其编码的蛋白产物的部分氨基酸序列,也可以通过 RT-PCR 反转录出目的基因。具体做法是以 Oligo(dT)12-18 作为通用引物逆转录合成 cDNA 第一链,然后以 N 端部分氨基酸序列反推的简并引物作为正义引物,Oligo(dT)12-18 作为反义引物进行 PCR 扩增。

2. 反向 PCR

PCR 扩增需要知道目的基因两侧的序列才能设计引物进行扩增。对于只知道目的基因部分序列的情况,可以使用反向 PCR 进行扩增。反向 PCR(inverse-PCR) 是一种根据已知 DNA 序列设计引物,以包含已知区和未知区的环化 DNA 分子为模板,来扩增未知 DNA 区的 PCR 技术。反向 PCR 的核心操作步骤是环化,即使用一种在已知区域没有识别位点的限制性酶进行切割,以产生包含上下游未知区域 DNA 片段,然后通过 T4 DNA 连接酶处理,形成首尾相连的双链 DNA 分子。在出现非特异性扩增时,可通过设计两套巢式引物来提高扩增的特异性。

3. 锚定 PCR

锚定 PCR(anchored PCR)技术是在序列未知的单链模板的 3′-末端增加同聚物尾巴,从而获得与尾巴互补的引物序列结合位置的 PCR 方法。锚定 PCR 解决了目的基因序列末端未知的问题。在锚定 PCR 的基础上又衍生出一系列获取未知基因序列的方法,例如 RACE 技术等。

4. RACE 技术

RACE 技术是一种通过 PCR 快速扩增 cDNA 末端的技术,以 mRNA 为模板逆转录形成 cDNA 第一链,然后根据 PCR 扩增出某个特异位点到 3′或 5′之间的未知序列。扩增某个特异位点到 3′之间的未知序列叫 3′-RACE,扩增某个特异位点到 5′之间的未知序列叫 5′-RACE。RACE 技术的核心就是由锚定 PCR 和反向 PCR 延伸而来的方法。

(1)经典 RACE

经典 RACE 技术分为 3′-RACE 技术和 5′-RACE 技术,二者均是在锚定 PCR 的基础上衍生而来。

经典 3′-RACE 技术是扩增未知 3′-端的技术,而 mRNA 的 3′-端是 poly(A),因此我们可以 poly(T)作为引物,在其 5′-端加上特异的已知序列,如引物 Q0-Q1 和多聚 T(QT)组合成反转录引物(Q0-Q1-T)。合成 cDNA 第一链后,分别以 Q0 和根据 cDNA 已知序列设计的正义基因特异引物 1(GSP1)、Q1 和正义基因特异引物 2(GSP2)进行巢式 PCR 扩增,最后获得所需的 3′端的片段。

经典 5′-RACE 技术是扩增未知 5′-端的技术,以基因特异性反转录引物(GSP-RT)反转录合成 cDNA 第一链,在第一链的 3′-末端加 poly(A)的尾巴。在接下来的 PCR 中,引物也是利用 poly(T),在其 5′-端加上特异的已知序列,如引物 Q0-Q1 和多聚 T(QT)组合成引物,接着就可以分别以 Q0 和根据 cDNA 已知序列设计的反义基因特异引物 1(GSP1)、Q1 和反义基因特异引物 2(GSP2)进行巢式 PCR 扩增,最后获得所需的 5′-端的片段。经典 RACE 技术在 PCR 扩增时一般都会利用巢式 PCR,以增加其扩增的特异性。

(2)高特异性 5′-RACE

高特异性 5′-RACE 是在反向 PCR 的技术上发展而来的。利用 5′-端磷酸化的基因特异引物,对 mRNA 进行逆转录形成 5′-端磷酸化的 cDNA 第一链,用 RNase H 降解掉 mRNA,单链 cDNA 在 T4 RNA 连接酶作用下环化。最后用已知区域设计两对特异性引物进行巢式 PCR,获得特异性的 5′-端序列。

5. 实时荧光定量 PCR 技术

实时荧光定量 PCR 技术(Real-time PCR)是 20 世纪 90 年代由美国 Applied Biosystems 公司推出的新技术。在普通 PCR 基础上添加了荧光染料或荧光探针,利用检测到的荧光信号实时检测 PCR 的整个进程。与普通 PCR 相比,其最大的优势就是可以实现对 PCR 反应中的初始模板进行定量,克服 PCR 的平台效应,定量更灵敏、更精确且特异性更高。目前,实时荧光定量 PCR 已广泛用于分子生物学、医学以及核酸药物评价等领域。根据所选用的荧光染料不同,可分为 SYBR Green I 方法和 TaqMan 探针法。

(1)SYBR Green I 方法

SYBR Green I 是目前最为常见的荧光染料,可与双链 DNA 小沟结合,与单链 DNA 链不结合。SYBR Green I 只在结合的双链中才可发光,单独游离状态下不发光。采用 SYBR Green I 染料法的荧光定量 PCR 技术通用性强,适用于所有的荧光定量 PCR 反应,但其也存在一定的非特异性。例如:当 PCR 反应体系中有引物二聚体或者非特异性扩增时,该染料也可以和这些非特异性扩增产物结合,发出荧光,从而干扰对特异性产物的准确定量。可以通过对 PCR 产物的溶解曲线进行分析,解决非特异性扩增的问题,从而保证荧光信号的特异性。

(2) Taq Man 探针法

Taq Man 探针法可实现单个核苷酸突变的分析,特异性强,因而目前使用广泛。该技术采用一对合适的荧光物质分别作为能量供体和能量受体,其中供体的发射光谱与受体的吸收光谱重叠。当它们的空间距离≤10nm 时,供体受到激发后产生的荧光能量可被受体吸收,导致供体荧光强度减弱而受体荧光强度增强。二者能量传递的效率与供体的发射光谱和受体的吸收光谱的重叠程度、供体与受体的跃迁偶极的相对取向以及供体与受体之间的距离等因素有关。定量 PCR 所涉及的荧光探针和荧光引物的检测与 FRET 原理密切相关。

## 二、构建文库获取目的基因

从生物材料,尤其是高等真核生物的大型基因组中分离特定的目的基因,难度极大。此时,可通过构建基因文库(gene library)来进行筛选。基因文库是通过克隆方法将某一基因组 DNA 或 mRNA 保存于适当的宿主菌或噬菌体中,形成转化子群。所有重组 DNA 序列的总和代表这个物种的全基因组序列。构建基因文库可以更好地分离目的基因。基因文库包括基因组文库(genomic library)和 cDNA 文库(cDNA bank)。基因组文库的构建涉及基因组 DNA 片段的克隆过程,cDNA 文库的构建则是基因编码区的克隆过程。

构建基因文库的目的不是为了保存,而是从中筛选克隆目的基因。常用的筛选方法有核酸杂交法和免疫学筛选法。用菌落或噬菌斑原位杂交法可以快速地筛选出含有目的基因的阳性克隆。杂交探针可以根据目的基因的序列来设计。如果是 cDNA 文库,可以用免疫学方法来筛选目的基因。由于筛选技术、探针及抗体等方面的原因,筛选得到的阳性克隆有一部分是假阳性,需要进一步采用 PCR 法、双酶切法、杂交等方法验证。

# 第二节 体外重组体的构建

## 一、载体的选择

在基因体外重组中,将外源 DNA 片段转入一个新的宿主细胞以进行复制。目的基因是否能够有效地导入细菌或细胞中,并在其中生存、大量繁殖以及高效表达,很大程度上都依赖于载体,因此载体的选择尤为重要。

载体(vectors)是一种具有特定功能的 DNA 分子,可以携带外源 DNA 片段或基因进入受体细胞,并使其在受体细胞中得以维持或表达。载体在基因工程中占有十分重要的地位。载体可以根据需要进行构建,或利用已构建成功的载体。目前构建成功并得以利用的载体数以千计,应根据不同的载体功能和不同的实验目的选择适合的载体。

### (一)克隆载体

克隆载体通常采用从病毒、质粒或高等生物细胞中获取的 DNA 作为克隆载体,在载体上插入合适大小的外源 DNA 片段,并注意不能破坏载体的自我复制性质。将重组后的载体引入宿主细胞中,并在宿主细胞中大量繁殖。常见的载体有质粒、噬菌粒、酵母人工染色体。

1. TA 克隆载体

TA 克隆载体是针对 PCR 产物专门设计的一种质粒载体(即 TA 载体)。大部分的 Taq E 酶在扩增后可在产物的 3′-末端增添一个非配对的脱氧腺嘌呤核苷(A)。利用该特点设计的 TA 载体,其 5′-端各带一个非配对的胸腺嘧啶脱氧核苷(T),能够直接和 PCR 产物进行连接。TA 载体使得 PCR 产物的克隆更加简便快捷。

2. 大肠杆菌质粒载体 pBR322 系列载体

目前在基因工程中广泛使用的 pBR322 及其衍生质粒载体是人工构建的一种载体,带有多种抗药性标记,且具有相对分子量低、拷贝数高等优点。pBR322 的构建来自三个亲本质粒:①pMB1:提供松弛型复制子;②pSC 101:提供 Tetr 基因;③pSF2124:提供 Ampr 基因。pBR322 的特征之一就是其含有两个抗性基因位点,即 Tetr 和 Ampr。每个抗性基因位点均含有独特的限制性位点,所以这两种抗性位点都可以作为筛选标记。当插入其中一个抗性基因位点时,其对应的抗性基因就发生插入失活,相应的抗性就会失活。例如:当选择 Bam HI 介导外源基因插入时,可使相应的四环素抗性失活;当选择 Pst I 介导外源基因插入时,可使相应的氨苄抗性失活。因此,我们可以分别选择两种来源于不同抗性位点的限制性内切酶介导外源基因插入,利用不同抗性基因的失活对重组体进行插入失活筛选。另外,pBR322 还有分子量小、拷贝数较高等特征，是基因克隆中的常用克隆载体。

为了使 pBR322 质粒具有更高的安全性、更广泛的适用范围，研究人员对 pBR322 进行了一系列改良，获得了很多类型的 pBR322 系列的衍生载体。这些改良载体各有特点，在基因工程操作中具有各自不同的使用价值，比如：pBR325、pBR327、pUC 系列载体等。

3. pUC 系列载体

pUC 系列载体是在 pBR322 系列载体的基础上构建的，加入了 5′-端多克隆位点的 lacZ′基因，从而增加了它的筛选特性。pBR322 载体有多个选择位点，可以进行插入失活等操作进而筛选出目的重组子，排除假阳性。但在操作中往往需要进行平板影印或者点种等，操作步骤较为烦琐，在一定程度上限制了其应用范围。pUC 系列的载体只需一步就可以鉴定重组细胞，是广受推崇的大肠杆菌克隆质粒。pUC 载体起源于 pBR22，保留了该载体的复制起点和氨苄抗性基因，且克隆位点存在于 lacZ′基因片段上，在 X-gal 的氨苄抗性平板筛选阳性克隆呈白色。

### （二）表达载体

在基因克隆等研究中，人们感兴趣的往往不是目的基因本身，而是它编码的蛋白产物。利用 DNA 重组技术将外源 DNA 片段和载体体外重组后导入相应的受体细胞中，可以合成此类蛋白，这样的载体就是表达载体。表达载体（expression vectors）是在克隆载体的基础上增加表达元件，如启动子、终止子、核糖体结合位点（ribosome binding site，RBS）等，使目的基因能够表达的载体。

1. 原核表达载体

原核表达系统是最早采用并进行研究的，也是目前掌握得最为成熟的表达系统。最常用的大肠杆菌的表达载体都是质粒型载体。表达载体种类繁多，不同之处在于表达元件的差异，根据表达方式的不同分为融合型蛋白表达载体、非融合型蛋白表达载体和分泌型表达载体等。融合型表达载体是以融合蛋白的形式表达外源目的基因，后期可以根据载体自身编码与目的基因融合表达的蛋白质或多肽的特征对目的蛋白进行分离和纯化。这些被表达的载体上的基因融合蛋白通常被称为表达标签，常用的有六聚组氨酸（polyHis-6）、蛋白质 A（protein A）等。非融合型表达载体没有表达标签蛋白，但经其表达的蛋白具有天然蛋白的生物学功能。分泌型表达载体不仅可以在细胞内表达目的基因，还能将其分泌到细胞外或细胞周质区中，能有效避免细胞内的蛋白酶对表达蛋白的降解，不影响蛋白的正确折叠。

（1）pGEX 系列载体

pGEX 系列载体融合型表达载体，如 pGEX-1XT、pGEX-2T 和 pGEX-3T 等。以 pGEX 为例，载体含有启动子 tac 及 lac 操纵基因 SD 序列、lacI 阻遏蛋白基因等，其表达标签为谷胱甘肽巯基转移酶基因，因此表达产物为谷胱甘肽巯基转移酶和外源目的基因产物的融合体。

(2)pET 系列载体

pET 系列载体为融合型表达载体。以 pET-28 为例,载体带有一个 N 端的 His/Thrombin/T7 蛋白标签,同时含有一个可以选择的 C 端 His 标签。

(3)pGEM-3Z 载体

pGEM-3Z 是一种与 pUC 系列十分相似的小分子质粒载体,含有一个编码氨苄青霉素抗性基因和一个 lacZ′基因。pGEM-3Z 载体具有来自噬菌体 T7 和 SP6 的启动子,为 RNA 聚合酶提供特异性的识别位点。这两个启动子分别位于 lacZ′基因多克隆位点两侧,当外源基因插入后,利用这两个启动子并加入纯化的 T7 或 SP6 RNA 聚合酶,即可转录出对应的 mRNA。

2. 真核表达载体

原核表达系统存在许多难以克服的缺点,如目的蛋白常常以包涵体形式存在,给后续的纯化工作带来了困难;通常使用的表达载体无法对表达时间及表达水平进行调控;目的蛋白质虽然具有正确的氨基酸序列,但因缺少翻译后加工而无法形成正确构象等。基于这种现状,人们应用基因工程技术创建了真核表达系统。与原核相比,该表达系统具有很多优点,如能诱导基因高效表达,并能严格调控基因的表达过程等。目前,基因工程研究中常用的真核表达系统包括酵母表达系统、昆虫表达系统和哺乳动物细胞表达系统。

(1)酵母表达系统

酵母是一类单细胞真核生物,既有完整的亚细胞结构和严密的基因表达调控机制,又具有生长迅速、营养要求简单和便于大规模培养等特点。因此,酵母表达系统具有巨大的经济价值,是基因工程常用的真核表达系统。

酵母表达系统的载体通常是穿梭载体,即此类载体既能在酵母菌中复制,也能够在大肠杆菌中复制,所以操作上更方便简捷,节约时间。一般酵母载体都以大肠杆菌质粒为基本骨架,同时还具有 DNA 复制起始区、选择标记、整合介导区、有丝分裂稳定区和表达盒等。常见的酵母表达载体有 pPICZαA 载体、pYI、pYR、pYC、pYE、YAC 等。

(2)pCMVp-NEO-BAN 载体

pCMVp-NEO-BAN 载体由 pBR322 骨架构成,还含有 CMVp 启动子、免 $\beta$-球蛋白基因内含子、聚腺嘌呤、氨苄青霉素抗性基因和抗 neo 基因,在大多数真核细胞内都能稳定地高水平表达外源目的基因。载体含有抗 neo 基因,可用 G418 进行筛选,从而建立稳定的、高效表达目的基因的细胞株。

(3)pEGFP-N1 载体

pEGFP 载体含有绿色荧光蛋白,在 pCMV 启动子的驱动下,可在真核细胞中高水平表达。载体骨架中的 SV40 origin 使该载体能在任何表达 SV40 T 抗原的真核细胞内进行复制。该载体也含有抗 neo 基因,可以用 G418 筛选,以建立稳定转染的真核细胞株。多克隆位点下游有 EGFP,可将外源基因插入这些位点,合成外源基因和 EGFP 的融合基因。

## 三、连接方式

外源 DNA 片段和载体分子的连接,主要依赖限制性内切酶、DNA 连接酶和其他修饰酶的作用。大多数限制性内切酶能切割 DNA 分子,形成黏性末端。不同限制性内切酶识别的靶位点具有特异性,产生特异的末端。用某种特定的限制性内切酶或同尾酶切割外源 DNA 片段和载体的多克隆位点,可以获得互补的黏性末端,这些末端可以直接进行连接,称为黏末端连接。若外源 DNA 分子为平末端,可以直接与同是平末端的载体相连,称为平末端连接。倘若外源 DNA 分子末端性质不明确,可以先进行末端修饰,处理成平末端后进行平末端连接,或者处理成黏性末端后进行黏末端连接。

### (一)黏末端连接

1. 同种酶产生的黏末端

利用同一种产生黏末端的限制性内切酶,同时消化外源 DNA 片段和载体片段,可以直接进行黏性末端连接。但此时会形成正反两个方向的两类重组体。同时,由于载体片段和外源基因片段两侧,是由同种限制性内切酶消化形成的黏性末端,所以会出现载体自连、外源基因自连、串联等现象,导致重组体情况复杂,给后续的筛选工作增添了一定的难度。

2. 两种酶产生的黏末端

利用两种不同的能产生黏末端的限制性内切酶,同时消化外源 DNA 片段和载体片段,使两者两端形成不同的黏性末端。这样可以有效避免载体分子和外源 DNA 分子的自连现象,因此这种方法也被称为定向连接。

### (二)平末端连接

利用一些能产生平末端的 Taq E 酶(如 Pfu)可以获得平末端扩增产物,直接进行平末端连接。同时,利用一些能产生平末端的限制性内切酶(如 Eco RV)也可以切割出平末端片段,直接进行连接。此外,采用聚合酶补平或 S1 核酸酶切平的方法都可以获得平末端 DNA 片段。平末端连接外源基因和载体不具有方向性,因此会存在外源基因正反向插入的现象。

### (三)修饰黏末端连接

黏末端连接具有高重组效率、外源 DNA 片段可定向插入,以及可通过酶切释放插入 DNA 片段的优点。因此,在很多情况下将具有不同的末端的载体和外源 DNA 片段修饰成黏末端,以便进行高效连接。

常见的需要修饰黏末端的情况包括:①载体与外源 DNA 分子没有匹配的末端以进行有效的连接,例如外源 DNA 分子必须用 Bam HI 酶切,但所用载体的多克隆位点中没有这个位点，因此必须用其他限制性内切酶进行消化。这样一来，载体和外源 DNA 片段就没有匹配的末端进行连接。②外源 DNA 是随机切割的基因组 DNA 或逆转录合成的 cDNA。因此，我们需要根据所选载体 DNA 分子的克隆位点，有针对性地将外源基因 DNA 片段或 cDNA 进行末端修饰。

一般克隆末端修饰的常用方式有同聚物加尾、衔接物或接头分子、PCR 法引入酶切位点等几种。

1. 同聚物加尾连接平末端 DNA 片段

分别在平端的外源基因和载体分子插入片段两侧用 5′-特异核酸外切酶或是能产生 3′-突出末端的内切酶消化，使其形成 3′-端突出的 DNA 分子。利用末端脱氧核苷酸转移酶在其 3′端添加单核苷酸链，外源基因和载体选择两种互补的碱基。如外源基因添加 poly(A)尾，载体则增加 poly(T)尾。这样，外源基因的两侧则是相同的 poly(A)尾，而载体两侧则是相同的 poly(T)尾。根据碱基互补配对原则，二者在连接时可以互补连接，形成体外重组分子。基因片段两侧具有相同的单链核苷酸尾巴，使其不会自身环化。但是在连接过程中，不能区分两个片段正反连接的不同情况，将会出现外源基因正反两个方向插入的情况。

2. 衔接物或接头分子连接平末端 DNA 片段

为了提高平末端的连接效率，可以采用插入衔接物或接头分子的方法。衔接物是一种人工合成的、具有一个或多个限制性内切酶识别位点的寡聚核苷酸片段，其与平末端连接后，必须用相应的限制性内切酶才能切出对应的黏性末端。接头分子是具有特定的黏末端的寡聚核苷酸片段，不需要再用限制性内切酶消化，直接带有黏性末端。

3. PCR 法引入酶切位点的连接

PCR 产物克隆方法常用有 T-A 克隆、平端克隆和引入酶切位点克隆法等。

T-A 克隆是利用大多数 Taq E 酶在扩增产物的 3′末端加脱氧腺嘌呤核苷酸(A)，然后与具有突出 T 尾巴的载体(T-载体)连接克隆。

引入酶切位点的克隆法，在设计 PCR 引物时如果在其 5′端加上相应的酶切位点序列，并不影响引物的特异性，那么 PCR 产物两端就会随着扩增而获得相应的酶切位点。理论上可以在 PCR 产物两端增加任何酶切位点，应用灵活广泛。必须注意的是，不能增加产物序列内部已含有的酶切位点。

## 第三节 重组基因导入受体细胞

构建好的、含有目的基因的重组 DNA 导入相应的宿主细胞进行繁殖，才能获得大量的重组 DNA 分子。将外源重组体导入宿主细胞可以借助生物载体通过转化、转导、转染，或借助物理化学等手段直接导入，比如显微注射、基因枪、电激转化等方法。转化、转染主要应用于细菌等原核生物和酵母菌等单细胞低等真核生物;而显微注射、基因枪、电激转化等主要用于高等动物植物细胞基因的导入。

## 一、重组DNA分子的转化或转染

### (一)转化

转化是指将质粒导入细菌细胞中,旨在扩增质粒或在细菌内表达质粒所携带的基因。一般而言,通过转化可将外源DNA导入感受态的细胞中,然后根据质粒所携带的抗性特征涂布于相关的含有抗性的平板,筛选携带目的基因的质粒。

转化常用的是化学转化法。很多细胞能自然发生转化,而其他细菌(如大肠杆菌)在自然状态下无法发生转化,但可通过人工方式使其处于易于接受外源DNA的状态,即成为感受态。在低温(0 ℃)和二价阳离子(如$Ca^{2+}$)的条件下时,处理对数生长期的大肠杆菌细胞。细菌细胞因低渗而吸水膨胀,此时的细胞称为感受态细胞。加入重组质粒会在感受态细胞表面形成抗DNase的羟基-钙磷酸复合物,经42 ℃短暂热激处理后,质粒进入感受态细胞中,一般一个细胞只允许一个质粒分子进入。进入细胞的质粒分子携带的抗性基因表达后,往往不足以分解筛选培养基中的抗生素,因此需要先富集培养1 h左右,使得质粒拷贝数增加,抗性基因得以充分表达,球形的感受态细胞得以恢复。最后通过含有抗生素的抗性平板筛选转化菌落。

### (二)转染

转染是指利用特定的生化、物理或病毒方法将DNA导入细胞内。根据方法和条件的不同,转染技术可以归纳为三类:生化方法转染、物理方法转染、病毒介导的转染。物理方法转染在后续介绍,这里着重介绍化学方法转染和病毒介导的转染。

1. 化学转染法

DEAE-葡聚糖法是最早应用于哺乳动物细胞的转染试剂之一,多采用阳离子多聚物,它与带负电的核酸结合后接近细胞膜而被摄取,用DEAE-葡聚糖已成功转染并用于瞬时表达的研究,但其稳定性不强。

磷酸钙法又名磷酸钙共沉淀转染法,先将DNA和氯化钙混合,然后加入PBS慢慢形成DNA磷酸钙沉淀,最后把含有沉淀的混悬液加到培养的细胞上,通过细胞的内吞作用摄入DNA。

脂质体法:阳离子脂质体和带负电荷的核酸结合后形成复合物,当复合物接近细胞膜时被内吞进入细胞质,随后DNA复合物被释放进入细胞核内。其转染效率较高,可用于不易转染的细胞系。

2. 病毒介导的转染

逆转录病毒通过侵染宿主细胞将外源基因整合到染色体中，以达到稳定转染的效果，一般用于特定的宿主细胞、难转染的细胞及原代细胞等。腺病毒则通过侵染宿主细胞将外源基因瞬时转染到宿主细胞内，一般用于难转染的细胞，但使用时需考虑安全因素。

## 二、重组体的体外包装及λ噬菌体的转导

噬菌体颗粒能将其 DNA 分子有效地注入寄主细胞内。体外包装噬菌体颗粒的转导，正是根据这一特性而设计出的，将外源重组 DNA 分子导入寄主细胞的方法，是一种使用体外包装体系的特殊转导技术。外源 DNA 片段插入噬菌体载体后，重组 λDNA 分子借助互补的 cos 位点连成串联体。两个 cos 位点之间的重组 λDNA 分子在不超过噬菌体有效包装的限度内，用体外提取的噬菌体头、尾、外壳蛋白将重组体 DNA 包装成具有侵染活性的噬菌体颗粒，然后感染相应的寄主细胞，经筛选获得最终的转化子。

野生型 λ 噬菌体在宿主细胞内随着 λ 的复制，同时合成外壳蛋白以及与包装相关的其他蛋白质，并且随时包装成噬菌体颗粒，一般不会积累多余的蛋白质。因此，野生型 λ 噬菌体感染的细胞中不能获得体外包装所需要的全部蛋白。为了制备用于体外包装系统的全部蛋白质，筛选到 D 基因缺失的 λ 噬菌体突变株（D-）和 E 基因缺失的 λ 噬菌体突变株（E-）。D-突变株感染的受体菌合成的系列蛋白质中缺少了 D 蛋白，E-突变株感染的受体菌合成的系列蛋白质中缺少了 E 蛋白；二者都不能把复制的 λDNA 分子包装成噬菌体颗粒，从而导致受体菌细胞中分别积累了除了 D 蛋白或 E 蛋白以外的所有包装外壳蛋白。当两种受体细菌细胞合成的蛋白质混合后，则达到 D 蛋白和 E 蛋白的互补，就能有效地体外包装 λDNA 分子。菌株 BHB2688 是 E 基因缺失的 λ 溶源菌，菌株 BHB2690 是 D 基因缺失的 λ 溶源菌；经诱导后可提取制备用于包装的全部蛋白质，成为 λDNA 分子体外包装系统。

体外包装技术是基因操作的一项重要技术，十分有效地提高了 λ 噬菌体载体的克隆效率。

## 三、直接转化技术

### （一）电激法

电激法是应用于大肠杆菌、酵母和动物细胞的一种直接转化技术。细胞膜的主要成分是具有极性头部和疏水尾部的磷脂双分子层，静息膜电位为 100 mV。当细胞处于外加电场中时，随着膜电位增高，就会在细胞膜上造成非对称穿孔，形成可逆的瞬间通道，外源基因可以由此进入。但是电压持续增大会对膜造成不可逆击穿，因此脉冲条件的选择影响转化率和存活率。电激法分为高压短时间程和低压长时程法，可以根据实验条件和材料的不同进

行选择。

### (二)显微注射法

显微注射法是使用极细的毛细管在显微镜下将目的 DNA 直接注射到动物细胞或植物原生质体的一种方法。该方法是作为基因转化的经典技术,其理论和技术方面的研究较为成熟,虽然操作较为烦琐,但是转化成功率很高。在动物细胞或卵细胞的基因转化以及细胞核和其他细胞器移植方面有广泛应用。由于植物细胞没有动物细胞的生长贴壁现象,需固定后才能注射,因此该方法在植物细胞基因转化方面的应用相对较少。

### (三)基因枪法

基因枪法的基本原理是将 DNA 包被在微小的金粉或钨粉表面形成微弹,然后在高压作用下将微弹射入细胞或组织。微弹上所携带的外源基因可以进入细胞,整合到染色体上并表达,从而实现细胞的转化。

## 第四节　重组体的筛选

导入外源 DNA 分子后能稳定存在的受体细胞称为转化子,未接纳载体或重组分子的则为非转化子;含有重组 DNA 分子的转化子被称为重组子,仅含空载体分子的称为非重组子;如果重组子中含有外源目的基因则称其为阳性克隆子或目的重组子,不含目的基因的称为非目的重组子。

实际上,在重组 DNA 分子的转化、转染或转导过程中,不是所有受体细胞都能成功导入重组 DNA 分子,因为重组率和转化率均不可能达到 100% 的理想极限。通常,只有少数重组 DNA 分子能进入受体细胞,且其中又只有少数吸纳了重组 DNA 分子的受体细胞能进行良好的增殖。因此,必须使用各种筛选与鉴定手段来区分转化子与非转化子、重组子与非重组子、目的重组子与非目的重组子。转化细胞的初步筛选和含重组 DNA 分子的克隆子的鉴定,直接关系到基因克隆和表达的效果,是基因克隆和基因工程操作中至关重要的环节。筛选的具体方法既可以通过施加外压力进行辨别,也可通过核酸杂交、免疫测定等方法直接鉴定。重组子的筛选方法可根据载体类型、受体细胞种类及外源 DNA 分子导入受体细胞的手段不同进行分类。

# 一、遗传表型直接筛选法

## (一)利用载体选择标记筛选转化子

基因工程载体 DNA 分子上通常携带有选择性遗传标记基因,转化或转染后可使宿主细胞呈现出特殊的表型或遗传学特性,据此来完成重组子的初步筛选。最常见的做法是将适量的转化后菌液涂布在选择性培养基上,在最适生长条件下培养一段时间后,观察菌落生长情况。由于标记基因与所对应的遗传表型与受体细胞具有互补性,在培养基中施加合适的选择压力,转化子会长出菌落,非转化子则不生长,这种方法称为正选择。在这个方法中,选择性培养基内加入了适量的选择物,该选择物由载体 DNA 分子上携带的选择标记基因所决定,一般与标记基因的遗传表型相对应,主要有抗生素和显色剂,对应的筛选方法包括抗药性筛选、插入失活筛选和显色互补筛选等。

1. 抗药性筛选

这是一种利用载体 DNA 分子上的抗药性选择标记进行筛选的方法。抗药性筛选通常采用正选择法,常用于重组质粒 DNA 分子的转化子筛选。重组质粒分子上携带有特定的抗药性选择标记基因,转化受体菌后能使后者在含有相应选择药物的培养基上正常生长,不含重组质粒 DNA 分子的受体菌则无法存活。例如,常见的质粒载体 pBR322 上携带有抗药性筛选基因——氨苄青霉素抗性基因 $Ap^r$ 和四环素抗性基因 $Tc^r$。当外源 DNA 插入到载体的 Bam H I 位点时,将转化反应物涂布在含有 Ap 的选择性培养基上,长出的菌落则为转化子;如果外源 DNA 插入 pBR322 的 Pst I 位点,可利用 Tc 进行转化子的正向选择。

常用的抗药性选择标记产物类型包括氨苄青霉素(ampicillin, Ap 或 Amp)、氯霉素(chloramphenicol, Cm 或 Cmp)、卡那霉素(kanamycin, Kn 或 Kan)、四环素(tetracycline, Tc 或 Tet)、链霉素(streptomycin, Sm 或 Str)。

2. 插入失活筛选

经过抗药性筛选获得的大量转化子,既有目的重组子,也有非目的重组子。进一步筛选可利用质粒载体的双抗药性再次进行。常用的做法是将 $Ap^r$ 的转化子影印至含抗生素 Tc 的平板上。由于外源 DNA 片段插入载体 DNA 的 Bam H Ⅰ位点,导致载体 $Tc^r$ 基因失活,因此待选择的重组子具有 $Ap^rTc^s$ 的遗传表型,非重组子具有的遗传表型为 $Ap^rTc^r$。这就表明,重组子只能在 Ap 板上形成菌落,Tc 板上无法生长;非重组子在两种平板上均可生长。比较两种平板上转化子的生长情况,即可在 Ap 板上挑出重组子。

3. 插入表达筛选法

利用外源基因插入特定载体后能激活筛选标记基因的表达进行转化子的筛选,其筛选策略与插入失活筛选相反。这类载体的筛选标记基因前设计连接有一段负调控序列,当插入使负调控序列失活，其下游的筛选标记基因才能表达。例如，pTR262 质粒载体，其 $Tc^r$ 基因的上游含有一段 λ 噬菌体 DNA 的 CI 阻遏蛋白编码基因及其调控序列，CI 基因表达的阻遏蛋白可以抑制 Tcr 基因的表达。当外源 DNA 片段插入 CI 基因的 Hind Ⅲ或 Bgl Ⅰ位点时，导致 CI 基因失活，Tcr 基因解除阻遏得以表达，因而阳性重组子为 Tcr 表型，质粒为 Tcs 型。转化后的细菌涂布平板，只有含有外源 DNA 插入片段的阳性重组子的转化菌可生长成菌落。

4. 显色互补筛选法

利用显色剂 X-gal(5-bromo-4-chloro-3-indolyl-β-galactoside，5-溴-4-氯-3-吲哚-β-D-半乳糖苷)进行筛选的方法。大肠杆菌基因组中具有乳糖操纵子 OlacZYA，能够翻译 β-半乳糖苷酶、乳糖通透酶和乙酰转移酶。如果培养基中存在诱导物异丙基-β-D-硫代半乳糖苷(isopropyl-β-D-thioagalactoside，IPTG)和 X-gal 时，可产生蓝色沉淀物，从而使菌落呈现蓝色。载体 DNA 上具有 β-半乳糖苷酶基因(lacZ)的缺失片段(lacZ′)，重组 DNA 分子转化 lacZ′互补性菌株，在含有 X-gal 和 IPTG 的培养基中得到的转化子呈现蓝色菌落，而 lacZ′互补菌落为白色。当 lacZ′区插入外源基因，转化 lacZ′互补性菌株，由于不能合成有功能的 β-半乳糖苷酶，在含有 X-gal 和 IPTG 的培养基中得到的转化子是白色菌落。该方法又被称为“蓝白斑筛选法”。显色标记基因通常只用于筛选重组子，而转化子的选择则主要依赖于抗药性标记或营养缺陷型标记。

### (二)利用报告基因筛选植物转化细胞

报告基因(reporter gene)是一类能在细胞、组织或器官处于特殊情况下表达的基因，且其表达产物易于检测和鉴定。在 DNA 重组技术中，载体携带的选择标记基因(selective gene)即为报告基因。在有选择压力的情况下，可利用报告基因在受体细胞内的表达，从大量非转化克隆中选择出转化细胞。报告基因还可与调控序列或某些目的基因构成嵌合基因，从而研究基因调控序列或对目的基因的表达情况的影响。常用的报告基因有抗生素抗性基因、编码某些酶类或其他产物的基因等，常用类型如下。

1. 抗生素抗性基因

新霉素(neomycin)、卡那霉素(kanamycin)、庆大霉素等都属于氨基环醇类抗生素。结构的相似性决定了它们可通过抑制原核细胞核糖体 70S 起始复合物的形成来阻碍蛋白质的合成，进而抑制细胞的生长。编码新霉素磷酸转移酶(neomycin phosphotransferase Ⅱ，NPT Ⅱ)的 npt Ⅱ基因，其编码序列来自大肠杆菌转座子 Tn5，可催化 ATP 上的 γ-磷酸基团转移到上述抗生素分子的特定基团上，阻碍抗生素与靶位点的结合从而导致抗生素失活。

潮霉素是链霉菌的产物，通过与核糖体的结合抑制原核生物和真核生物的生长。潮霉素磷酸转移酶(hygromycin phosphotransferase，HPT)可催化 ATP 上的 γ-磷酸基团转移至潮霉素分子上使之失活。利用潮霉素基因 hpt 作为报告基因可赋予植物抗潮霉素的能力。

氯霉素可选择性地与原核细胞核糖体的50S大亚基结合，抑制肽酰转移酶的活性，阻断肽键的形成，从而抑制细胞生长。氯霉素乙酰转移酶（chloramphenicol acetyltransferase，CAT）的编码基因cat来自大肠杆菌转座子Tn9。该酶通过催化乙酰辅酶A的乙酰基团转移至氯霉素上，导致氯霉素失活。与外源DNA共转化的cat基因能使转基因植株具有抗氯霉素的能力，且CAT酶活性检测的灵敏度很高。

2. 编码特殊酶的基因

β-葡萄糖酸苷酶（β-Glucuronidase，GUS）的编码基因gus也常用作报告基因进行筛选，与抗生素基因不同的是，它并非正选择标记。gus基因转化植物细胞后，可表达水解酶β-葡萄糖酸苷酶。后者催化特殊反应的进行，并通过荧光、分光光度和组织化学方法对反应产物进行检测，从而确定报告基因gus的表达情况，以此区分转化子和非转化子。此外，gus基因可与其他结构基因构成嵌合基因，用于确定外源基因在不同细胞、组织和器官或不同发育时期的表达情况。

萤光素酶（luciferase，LUC）是源自萤火虫的动物蛋白基因产物，能催化生物发光反应。该酶在ATP存在时，使荧光素转化为激活态的氧化荧光素，并发射光子，利用微光测定仪可快速灵敏地检测。通过检测LUC的表达量，可确定不同启动子的活性，测定与luc基因嵌合的目的基因的表达情况，也可用于研究真核生物基因的调控序列和基因的组织特异性表达。该检测方法具有迅速、灵敏度高、成本低的优点，且不会对人体健康和环境生态造成危害。

### （三）利用遗传选择标记筛选哺乳动物转基因细胞

常用于筛选哺乳动物转基因细胞的标记基因有胸腺核苷激酶基因（tk）、二氢叶酸还原酶基因（dhfr）及细菌的黄嘌呤-鸟嘌呤磷酸核糖基转移酶基因（ecogpt）。除此以外，用于植物转基因研究中的氯霉素乙酰转移酶基因（cat）和新霉素磷酸转移酶基因（npt Ⅱ）也可作为筛选哺乳动物转基因细胞的遗传选择标记。

胸苷激酶（thymidine kinase，TK）是核苷酸合成代谢途径中的一种酶，可把胸腺核苷转换为一磷酸胸苷，保证核苷酸的合成。胸苷激酶的编码基因tk几乎在所有的真核细胞中都能有效表达，因此可作为遗传标记，相应的受体细胞为遗传标记表型的缺陷型。

二氢叶酸还原酶（dihydrofolate reductase，DHFR）可催化二氢叶酸（DHF）还原成四氢叶酸（THF）。dhfr突变体细胞不能合成四氢叶酸，正常的核酸代谢途径被阻断，因而无法在基本培养基上生长。如果在培养基中加入次黄嘌呤和胸腺嘧啶核苷酸，突变体细胞可通过核苷酸的补救合成途径维持生长。

黄嘌呤-鸟嘌呤磷酸核糖基转移酶（XGPRT）是由大肠杆菌ecogpt基因编码的一种核苷酸代谢酶，可有效地把黄嘌呤转变为黄苷-磷酸（XMP），并最终形成鸟苷酸（GMP）。哺乳动物细胞中缺少这种酶，但存在其类似物次黄嘌呤-鸟嘌呤磷酸核糖基转移酶（HGPRT），该酶只能利用次黄嘌呤和鸟嘌呤，并催化次黄嘌呤转化为次黄嘌呤核苷酸（IMP）。根据这一差别,ecogpt 基因可作为哺乳动物基因转移的一种显性选择标记,以区分外源基因 ecogpt 表达产物与哺乳动物内源性 HGPRT 蛋白。

### (四)营养缺陷筛选

该筛选策略依据目的基因在受体细胞中表达产物的性质。某些目的基因的表达产物能降解特殊药物,从而使菌株获得抗性标记。另一些基因的表达产物可与特殊药物发生显色反应。根据是否出现抗性或特征性颜色反应,可以直接筛选出含目的基因的克隆子。

### (五)噬菌斑筛选

λ-噬菌体构建的载体系统对装载的外源 DNA 分子长度有要求,重组 DNA 分子大小必须为野生型 λ-DNA 长度的 78%~105%,否则无法在体外包装成有感染活性的噬菌体颗粒。重组 DNA 分子完成受体菌的转导后,转化子在培养基上裂解形成噬菌斑,非转化子可正常生长,从而得以区分。如果使用取代型 λ 载体进行重组,则噬菌斑中的 λ 噬菌体即为重组子,因为空载的 λ-DNA 分子不能完成包装,从而无法进入受体细胞产生噬菌斑。如果使用插入型 λ 载体,由于空载的 λDNA 大于包装下限,所以也能被包装成噬菌体颗粒并产生噬菌斑。此时筛选重组子可以利用 λ 载体上的筛选标记基因(如 lacZ′)。当外源 DNA 片段插入 lacZ′基因内时,重组噬菌斑无色透明,而非重组噬菌斑呈现蓝色。

## 二、重组子结构特征筛选法

### (一)快速裂解菌落鉴定分子大小

重组质粒由于有外源 DNA 片段的插入,与没有插入外源基因的空载体之间存在分子量的差异。快速裂解菌落法正是利用了这一差异来区分重组子和非重组子。常见的操作方法为转化后菌落培养一段时间后,按照裂解菌落、离心分离、吸取上清液进行琼脂糖凝胶电泳的流程进行操作。由于重组子含有外源基因片段,分子质量比空载体 DNA 分子大,迁移速率慢,电泳条带的位置靠后,从而分辨出重组子和非重组子。该方法只需获得质粒 DNA 分子的粗裂解液,即可通过电泳进行分离鉴定,操作简便、直观快捷。

### (二)限制性内切核酸酶酶切分析

快速裂解菌落法只能通过电泳判断载体 DNA 分子的大小,从而区分出重组子和非重组子。实际上,由于重组子中仍有部分插入的 DNA 分子的方向及大小不正确,这些非目的重组子与目的重组子无法区分,因而只能用于初步筛选。限制性内切核酸酶分析法不仅可以筛选和鉴定重组子,还可判断外源 DNA 片段的插入方向及分子质量大小等。操作方法为从菌落中随机挑选出少数菌落,采用煮沸法等快速提取质粒 DNA,限制性内切酶全酶解或部分酶解后进行琼脂糖凝胶电泳,根据所得的酶切图谱确定是否有外源基因插入以及外源基因的插入方向等,从而筛选出目的重组子。

## 三、核酸分子杂交分析

### (一)探针分子

探针分子是一段经过特殊标记的核酸片段,能够与待测的核酸片段互补结合,因此可用于检测核酸样品中的特定基因。探针可以是 DNA、RNA 分子。

1. 理想型探针的要求

理想的探针标记物应满足以下条件:①不影响探针的主要理化性质,如杂交特异性、杂交稳定性等;②检测灵敏度高、特异性强、背景低、重复性好;③操作简便、省时、经济;④化学稳定性高、易于长期保存;⑤安全无毒、无环境污染。

2. 探针分子的类型

根据核酸性质和检测目的的不同,探针分子可以分为基因组 DNA 探针、cDNA 探针、RNA 探针、人工合成的寡聚核苷酸探针几种类型。根据所带标记是否具有放射性,又可分为放射性探针和非放射性探针。

(1)放射性探针

常用于标记核苷酸的放射性同位素有$^{32}P$、$^{3}H$、$^{35}S$、$^{14}C$、$^{125}I$,其中以$^{32}P$、$^{3}H$、$^{35}S$ 最为常用。32P 的优点为高放射性、检测灵敏度高,缺点为分辨率低、半衰期短、不能长期保存。$^{35}S$ 的优点在于分辨力高,放射自显影本底低,但存在放射性较弱、灵敏度不如前者高的问题,适用于细胞的原位杂交。$^{3}H$ 的优点在于分辨率高,探针可长时间保存,但存在曝光时间长的问题,可用于制备高分辨力的原位杂交探针。标记物放射性的检测可通过盖革计数器和液体闪烁计数器等射线探测仪来完成。

(2)非放射性探针

常用的非放射性标记物有生物素(biotin)、地高辛(digoxigenin)、荧光素(fluorescein)、乙酰基氨基芴(AAF)、乙酰基氨基碘芴(AAIF)、汞离子、金颗粒、银颗粒及磺基,其中生物素、地高辛和荧光素的使用最为广泛。生物素(又称为维生素 H)是一种水溶性维生素,其结构中的戊酸羟基经化学修饰后可携带多种活性基团,通过与核苷酸或核酸分子发生偶联,使这些分子带上生物素标记。带有生物素标记的探针可通过生物素-抗生素蛋白的亲和系统检出,也可通过生物素-抗生素抗体的免疫系统检出。抗生素抗体蛋白可与酶、荧光素、胶体金等检测标记物结合,从而确定杂交复合体的位置等信息。地高辛是一种类固醇类的半抗原,可对尿嘧啶进行标记,利用与地高辛抗体的免疫结合,通过抗体带有的酶标记进行探针检测。由于该物质仅在毛地黄植物中存在，其他生物体内皆不存在抗地高辛的抗体，因而避免了其他半抗原存在的背景问题。荧光素是一类能在激发光作用下发射出荧光的物质，包括异硫氰酸荧光素、羟基香豆素、罗丹明等。荧光素与探针结合后，可通过荧光显微镜或免疫组织化学法检测，主要用于原位杂交技术。多数非放射性探针的敏感性和特异性较差，但具有无放射性污染、分辨率高、稳定性好、可长时间保存的优点。

3. 常见标记方法

(1)体外标记法

体外标记是在体外进行探针标记的方法，是目前使用最为广泛的标记方法，包括化学标记法和酶标记法两种。

①化学标记法

利用标记物的活性基团与核酸分子中的磷酸基团等发生化学反应，从而将标记物与探针分子直接相连。该方法标记均匀、操作简单快速，尤其适用于制备非放射性标记物的探针。常用的化学标记法有光敏标记法、化学衍生结合标记法和交叉相连标记法等。

a. 光敏标记法：这是一种常用的核酸探针的化学标记法，主要用于生物素和地高辛等非放射性标记物的探针制备。操作时先将光敏基团(多为芳香叠氮化合物)连接到生物素或地高辛分子上，获得光敏生物素/地高辛，再与待标记的核酸分子混合。一定时间的强光照射可使光敏生物素/地高辛与核酸之间形成稳定的共价键，从而制备出带有光敏标记的核酸探针。

b. 化学衍生结合标记法：该技术的核心是对核酸链的某些活性基团进行特定的化学修饰，如磺化、转氨、溴化等反应，从而获得核酸衍生物。这一衍生物再与生物素、地高辛等标记物结合，修饰后的核酸比未经修饰的核酸结合更为稳固。

c. 交叉相连标记法：高分子化合物，如细胞色素 c、组蛋白 H1 及大肠杆菌单链结合蛋白等，能与核酸进行结合。利用这一特性对探针进行标记的方法称为交叉相连标记法。

② 酶标记法

先将核苷酸带上标记物，通过酶促合成反应使带有标记的核苷酸掺入核酸序列，从而获得标记的核酸探针。该方法应用广泛，可用于制备所有放射性标记探针和部分非放射性标记探针。常用的酶法有 DNA 切口平移标记法、DNA 随机引物标记法、DNA 末端标记法及 PCR 标记法等。

a. DNA 切口平移标记法

这一技术涉及两种关键酶——DNA 聚合酶Ⅰ(DNA pol Ⅰ)、DNA 酶Ⅰ(DNase Ⅰ)。标记的基本原理如图 2-20 所示：DNase Ⅰ的内切核酸酶活性可在待标记的双链 DNA 分子上随机产生若干单链切口；DNA pol Ⅰ发挥 5′→3′外切核酸酶活性，切除 5′-端的最末一个核苷酸，同时利用 5′→3′聚合酶活性，将带有标记的单核苷酸底物掺入核酸链，填补缺口。该活性需要 $Mg^{2+}$存在才能发挥作用。利用 DNA pol Ⅰ具有的切除和合成两种活性，缺口不断向 3′-端移动，使标记物取代了原有的未标记核苷酸残基，从而获得高放射性标记的 DNA 探针。

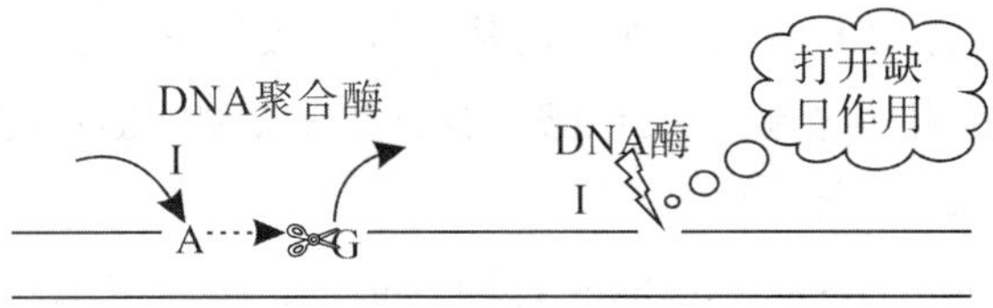


图 2-20 切口平移法标记核酸探针

b. DNA 随机引物标记法

随机引物指含有各种可能排列的寡核苷酸片段的混合物，一般为人工合成的、长度 6 个核苷酸残基的片段。将待标记的 DNA 模板与过量的随机引物混合，先煮沸使之变性再冷却复性，引物与单链 DNA 模板互补结合。在 Klenow 酶的催化下，根据模板链的核苷酸序列，按照碱基互补配对从随机引物的 3′-端掺入[$\alpha$-$^{32}$P]dNTP，从而形成放射性标记的 DNA 探针。这是一种对模板互补链进行探针标记的方法，模板链自身并没有被标记，与切口平移法有所不同。该方法操作简便、标记活性高、适用范围广，是一种较理想的核酸探针标记方法。

c. 末端标记法

末端标记法用于标记线性 DNA 或 RNA 的 5′-端或 3′-端，是一种非均一性标记。根据适用范围的不同，又可分为 3′-端突出的加尾标记法、3′-端隐蔽的填充标记法、5′-端标记法。末端脱氧核苷酸转移酶将带有标记的三磷酸脱氧核糖核苷加到 DNA 分子的 3′-OH 上，使 3′-端形成一个突出的、带有标记的“尾巴”，这样的方法称为 3′-端突出的加尾标记法。如果模板双链 DNA 的 5′-端突起，Klenow 酶或 T4 DNA 聚合酶可利用带标记的 dNTP 补齐末端，产生末端标记的探针，这样的方法叫作双链 DNA 3′-端隐蔽的填充标记法。利用 T4 多聚核苷酸激酶可将 $\gamma$-$^{32}$P 标记的 ATP 的 $\gamma$-磷酸基团转移到游离的 5′-OH 上，产生 5′-端标记的探针，这种方法称为 5′-端标记法。

d. PCR 标记法

聚合酶链式反应(polymerase chain reaction，PCR)可用于 DNA 片段的体外大量扩增。如果 PCR 反应系统中的某种 dNTP 带有标记，则 PCR 的扩增片段就成了带有标记的探针。

(2)体内标记法

体内标记法是以标记化合物作为代谢底物，通过活体生物或活细胞的体内代谢来完成核酸分子标记。例如，在培养基中加入$^{3}$H-胸苷，培养基上生长的菌落 DNA 分子就会带上此标记。该方法受到的限制因素较多，且标记活性不高，从而限制了其使用范围。

### (二)核酸分子杂交技术

1968 年，华盛顿卡内基学院的 Roy Britten 及其同事创建了核酸分子杂交技术。其原理是：具有互补序列的两条单链核酸(DNA 或 RNA)在适宜的温度、离子强度等条件下，可根据碱基互补配对原则退火重新缔结形成双链。

将核酸分子杂交技术用于重组子筛选时，杂交的两个分子是序列已知的、带有标记的核酸片段(即探针分子)和待测的核酸序列。这是一种依赖于重组子结构特征进行的筛选方法,也是应用最广泛的重组子筛选方法,现已发展出多种类型和形式的操作技术。

1. Southern 杂交技术

1975 年,英国人 Edwin Mellor Southern 首创 Southern 印迹技术,又称为 Southern 杂交。该技术通过凝胶电泳分离不同大小的 DNA 片段,利用毛细管作用原理转移并结合到适当的膜上,再与标记的 DNA 探针杂交,对转移的 DNA 片段进行检测。

具体操作步骤如图 2-21 所示。首先提取基因组 DNA 分子,采用限制性酶切的方式将长 DNA 降解成大小不同的片段,琼脂糖凝胶电泳分离酶切片段。电泳后的凝胶进行预处理提高转移率:先浸泡在 0.2~0.25 mol/L 稀 HCl 溶液中脱嘌呤,再用 0.5 mol/L 的 NaOH 溶液进行碱变性。由于脱嘌呤位点发生碱水解促使 DNA 分子断裂成短片段,转移效率因而得以提高。预处理后直接进行转膜,常用的杂交膜有硝酸纤维素膜、尼龙膜等。传统的转膜方式是在凝胶上覆盖一张硝酸纤维素滤膜,再加上一叠干燥滤纸或吸水纸,最后压一重物。由于干燥滤纸或吸水纸的虹吸作用,凝胶中的单链 DNA 随着电泳缓冲液一起转移到滤膜上,这与 DNA 片段在凝胶中的原位置保持一致,即呈现原谱带模式。虽然预处理方法可提高转移率,但传统 Southern 印迹转移法在转移大分子 DNA 片段时的效率仍旧不高。近年来发展了一些新的转移方法,如电转移法、真空转移法等,大大提高了转移效率,且操作简单、耗时短。原位转膜后需将 DNA 分子稳定地固定在硝酸纤维素膜上,常用的方法为高温(80 ℃)下烘烤 1~2 h,也可采用短波紫外线交联法。固定后的滤膜转移至加有过量探针的溶液中进行核酸杂交。探针常用放射性同位素或地高辛标记:放射性标记灵敏度高、效果好;地高辛标记没有半衰期、安全性好。探针是与靶 DNA 序列互补的单链 DNA,杂交后可牢固结合在膜上。接下来的漂洗可去除未杂交的探针分子,经放射自显影或显色反应后,便可鉴定出与探针杂交的靶 DNA 分子,从而筛选出含有外源 DNA 片段的理想重组子。

Southern 杂交具有操作简便、结果灵敏、特异性高等优点。利用该技术,可进行克隆基因的酶切、图谱分析,对基因组中的靶基因进行定性和定量分析,以及基因突变分析和限制性片段长度多态性分析。目前,它广泛用于遗传病诊断、DNA 图谱分析及 PCR 产物分析等方面。

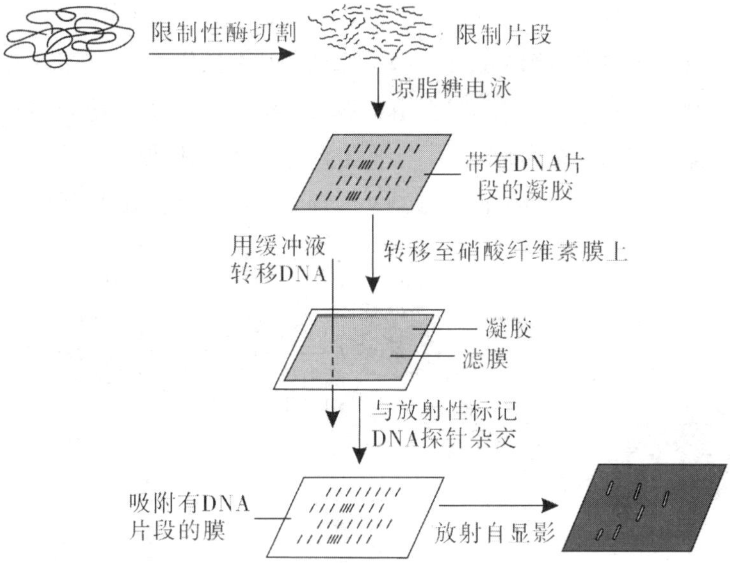


**图 2-21 Southern 杂交技术步骤**

2. Northern 杂交技术

1977 年,斯坦福大学的 James Alwine、David Kemp 和 George Stark 在 Southern 杂交的基础上发展了一种新的核酸杂交方法,用于检测 RNA 分子,称为 Northern 印迹(Northern blotting)。

Northern 杂交的基本步骤和操作与 Southern 杂交相似:提取总 RNA 或 mRNA 分子后直接通过电泳技术分离不同片段,再转移至固相支持物上进行核酸杂交。与 Southern 杂交的差异主要为以下三个方面:第一,总 RNA 不需要进行酶切,以各个 RNA 分子的形式存在,可以直接应用于电泳;第二,由于碱性溶液使 RNA 水解,因此不能进行碱变性,而是采用甲醛、乙二醛、羟甲基汞、尿素和甲酰胺等进行变性电泳;第三,Northern 杂交主要用于检测目的是基因在组织细胞中有无表达及表达水平的高低,也可检测目标 mRNA 分子的大小。

3. 斑点杂交和狭缝杂交

这两种技术也是在 Southern 杂交的基础上发展起来的,是用于快速检测 DNA 或 RNA 样品中是否含有目的基因。斑点杂交(dot blotting)与狭缝杂交(slot blotting)的基本原理和操作步骤基本相同:都是通过特殊的加样装置将变性的 DNA 或 RNA 样品直接转移到适当的杂交滤膜上,然后与核酸探针分子杂交,以检测核酸样品中是否存在靶 DNA 或 RNA。如果杂交滤膜上的核酸样品呈现圆斑状,则为斑点杂交;狭线状则为狭缝杂交(又叫狭线杂交),两者的点样模具不同。斑点杂交主要用于基因组中靶基因及其表达情况的定性和定量研究,如基因缺失或拷贝数改变后的检测,也可用于粗提核酸样品的检测。一张滤膜上可同时进行多个样品的检测,且不需要电泳和印迹转膜,具有简单、快速、经济的优点,但也存在特异性不高、假阳性占比较高的缺点。

4. 菌落原位杂交和噬菌斑原位杂交

1975 年,Grunstein 和 Hosness 等对 Southern 杂交技术进行了改进,创建了菌落原位杂交技术。1977 年,Benton 和 David 在方法上进一步做出改进,创立了用于筛选含有克隆 DNA 的噬菌斑的杂交技术,即噬菌斑原位杂交技术。技术原理和基本操作步骤如图 2-22 所示。菌落培养一段时间后,直接将菌落或噬菌斑印迹到硝酸纤维素膜上,在原位进行溶菌、变性处理、杂交,通过放射自显影检测菌落杂交信号,并与平板上菌落对位,挑取阳性克隆。这两项技术的特点在于无须进行核酸分子的分离纯化、限制性内切酶消化和凝胶电泳,操作简单、快速。

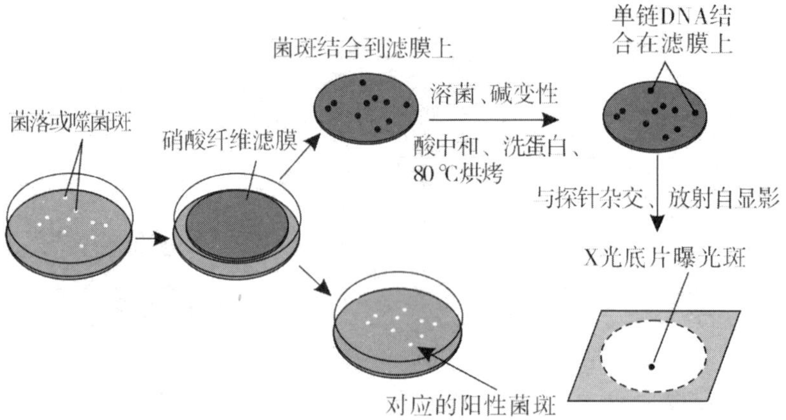


**图 2-22　菌落(噬菌斑)原位杂交技术原理**

### (三)影响核酸杂交的因素

1. 探针分子的影响

探针的长度、浓度、序列对杂交都有重要影响。较长的探针可形成较为稳定的杂交分子,但探针越长,杂交所需时间也越长。一般来说,探针的长度最好在 50~300 个碱基之间,不超过 500 个碱基。在一定范围内,探针分子的浓度越高,与互补核酸链碰撞的概率越大,复性速度就越快。探针的浓度取决于标记的类型和非特异性结合的物质。放射性探针浓度为 5~100 ng/mL,非放射性探针浓度为 25~1 000 ng/mL,原位杂交探针浓度为 500~1 000 ng/mL。探针分子与目的序列的同源性越大,杂交分子越稳定,可检测信号也越强。

2. 核酸分子的影响

核酸分子的复杂性越高,杂交所需要的时间越长,特异性越高。核酸分子与探针分子的同源性越高,形成的杂交分子越稳定,检测信号越强。

3. 温度、pH 值和离子强度的影响

杂交反应中,双链核酸的变性与复性主要受到温度的控制。温度偏高不利于复性,但能降低错配,减少非特异性背景。温度偏低则不利于某些区段局部双链的解离。离子强度越高,杂交反应越快,高浓度的盐有利于杂合双链的稳定。因而杂交体系中往往加入单价离子的盐,因为单价阳离子可与核酸链上的磷酸基团发生静电反应,降低核酸链之间的静电斥力,维持双链 DNA 的稳定。

此外,杂交加速剂、漂洗液的组成、变性剂甲酰胺等因素都对核酸的杂交具有影响作用。

## 四、免疫化学检测分析

如果待测重组克隆子没有任何可供选择的基因表型特征,也缺乏理想的核酸杂交探针,但目的基因在宿主细胞内表达出了蛋白,这种情况下即可采用免疫学方法进行重组子的筛选。该方法使用抗体探针对目的基因表达产物进行检测,具有专一性强、灵敏度高的优点。

### (一)抗体检测法

根据抗体上的标记是否具有放射性,可分为放射性抗体检测法和非放射性抗体检测法。

1. 放射性抗体检测法

Broome 和 Gilbert 于 1978 年设计出免疫学筛选方法,现已成为常规的检测法。基本原理和操作过程为:转化后的菌体在培养基上长成菌落,影印到另一琼脂糖培养基上继续进行培养。待影印平板的菌落长出后再裂解菌落,则阳性菌落产生的抗原会释放出。吸附了未标记的免疫球蛋白 IgG 分子的聚乙烯薄膜覆盖在琼脂平板表面,形成抗原-抗体复合物。取下薄膜,再用$^{125}$I 标记的 IgG 进行标记处理。漂洗聚乙烯薄膜,去除过剩的$^{125}$I-IgG,干燥后经放射自显影,获得所需的重组克隆。以上方法中,目的蛋白作为抗原,未标记的抗体为第一抗体,放射性标记的为第二抗体(抗第一抗体特异性抗原基的抗体)。第一抗体首先吸附到固体支持物上,与抗原结合后在支持物表面形成抗体-抗原复合物。该方法十分灵敏,可检测出含量很低的抗原。

Broome 和 Gilbert 还创建了另一种放射性抗体检测法——双位点检测法,用于鉴定含有融合多肽或表达融合蛋白的菌落。基本原理和操作为:含有重组质粒 DNA 的菌落可以产生由蛋白 X 和蛋白 Y 融合形成的融合多肽 XY。可将抗 XY 融合多肽中蛋白质 X 部分的抗体固定在支持物上,再把抗蛋白质 Y 的抗体在体外用$^{125}$I 标记,作为检测抗体。由于第一种抗体只与蛋白质 X 结合。标记的第二种抗体只与蛋白质 Y 结合。因此,只有含融合蛋白 XY 的克隆才能呈现阳性反应,从而准确地从转化子菌落中检测出重组 DNA 分子。

2. 非放射性抗体检测法

近年来,非放射性标记物的应用极大地推动了非放射性抗体分析技术的发展。目前使用广泛的、偶联于第二抗体上用于检测的非放射性标记物,包括辣根过氧化物酶(HRP)、碱性磷酸酶(AP)和生物素,因而这些方法又称为酶联免疫吸附测定法(enzyme-linked immunosorbent assay ,ELISA)。

ELISA 是一种广泛应用于医学、生命科学等领域,集免疫学原理、抗体和抗原吸附固相载体技术、抗原-抗体-酶-底物复合物化学的显色反应为一体的测定法。1971 年,Engvall 和 Perlmann 首度采用 ELISA 技术对 IgG 进行定量。这一方法的基本原理是:抗原或抗体结合到某种固相载体表面,并保持其免疫活性。使抗原或抗体与某种酶连接成酶标抗原或抗体,这种酶标抗原或抗体既保留其免疫活性,又保留酶的活性。在测定时,把受检标本和酶标抗原或抗体按不同的步骤与固相载体表面的抗原或抗体起反应。用洗涤的方法使固相载体上形成的抗原抗体复合物与其他物质分开,最后结合在固相载体上的酶量与标本中受检物质的量成一定的比例。加入酶反应的底物后,底物被酶催化变为有色产物,产物的量与标本中受检物质的量直接相关,故可根据颜色反应的深浅进行定性或定量分析。由于酶的催化效率很高,故可极大地放大反应效果,从而使测定方法达到很高的敏感度。这是目前定量最准确的技术,是检测分泌性蛋白的首选方法之一。该方法具有操作简单、快速、定量准确的优点,但操作中用于测定的酶标仪价格昂贵。

### (二)转译筛选法

根据筛选策略的不同,转译筛选法可分为杂交抑制转译(hybrid arrested translation)和杂交选择转译(hybrid selected translation)。

1. 杂交抑制转译法

在体外无细胞的转译体系中,目的基因转录出的产物 mRNA 如果与 DNA 分子杂交,将抑制其翻译过程。从转化子菌落或噬菌体群体中制备质粒 DNA,变性成单链 DNA 后,促使 DNA 与 mRNA 杂交,形成杂种分子,通过控制实验条件抑制 DNA 复性和线性质粒的环化。从杂交混合物中回收核酸,加入含有 $^{35}S$ 标记的无细胞转译体系进行体外转译。转译合成的蛋白质带有标记,可通过凝胶电泳和放射自显影进行分析。其结果与未经杂交处理的 mRNA 的表达产物进行比较,并找出差别。如果杂交组缺少某种蛋白(被杂交抑制的 mRNA 的产物),表明供杂交用的克隆子群体中含有目的基因。将整个群体划分为若干更小的群体,重复以上实验过程,最后鉴定出含有目的基因的单一克隆子。本方法适用于转录水平高的 mRNA 分子,即待检测的 mRNA 丰度较高。

2. 杂交选择转译法

又称杂交释放转译法(hybrid released translation),是一种更为复杂的阳性重组子筛选法,可用于低丰度 mRNA 产物的重组子的检测。杂交选择转译法的核心是通过杂交手段选择目的 mRNA 进行体外翻译,并不抑制目的 mRNA 的体外翻译。

基本操作为:从克隆文库中挑取转化菌落或噬菌体群体,分离制备质粒 DNA 分子,处理后结合于硝化纤维素膜,用同一菌落或噬菌体群体的 mRNA 或细胞总 RNA 进行杂交。洗脱后,分离出与 DNA 分子杂交的 mRNA。用于杂交的 DNA 分子也可不采用固相支持物,改为溶液中进行杂交,则后期的分离采用柱层析方式。回收杂交的 mRNA 分子,加入无细胞体系中进行表达,通过凝胶电泳分析或根据生物活性鉴定合成的带有放射性标记的多肽产物。获得的呈现阳性反应的克隆群体,再分成小库,划线培养得到一个或数个呈阳性反应的单菌落重组子。以上两种方法都需要先分离纯化重组 DNA 分子,再将转录出的 mRNA 在体外进行翻译,操作步骤较为复杂、繁琐,不属于常用方法,仅在其他方法不适用的情况下才会采用。

### (三)免疫沉淀法

免疫沉淀法(immuno-precipitation, IP)是一种研究蛋白质间交互作用的生物技术。该技术将蛋白质视为抗原,利用抗体与之特异性结合的特性来进行研究。这项技术可从含有上千种蛋白质的样品中,分离并浓缩出特定蛋白质,也可用于筛选含目的基因的克隆子。在生长有转化子菌落的培养基中,加入与目的基因产物相对应的标记抗体。如果菌落会产生与抗体相对应的抗原蛋白(目的基因产物),则其周围会形成由抗体-抗原沉淀物(即沉淀素)构成的白色圆圈。该方法操作简单,但灵敏度不高,主要用于研究蛋白质的相互作用,而在筛选克隆子方面的实用性较差。

## 五、PCR 筛选法

由于外源 DNA 插入载体分子时,其插入位点两侧序列为已知,可设计一对与插入位点两侧已知序列互补的引物,以初选出的阳性克隆中提取的少量质粒 DNA 为模板进行 PCR。通过对 PCR 产物的电泳分析,即可确定是否为重组子菌落。PCR 筛选法不仅可以迅速扩增插入片段,还可同时用于 DNA 序列测定,目前已得到广泛的应用。

# 第五节　外源基因的表达与调控

靶基因与表达载体重组后,被导入适宜的受体细胞并在其中高效表达,进而产生靶蛋白。外源基因的表达系统由携带外源基因的表达载体、受体细胞两个要素共同构成,根据细胞类型的不同,可分为真核细胞基因表达系统和原核细胞基因表达系统。

## 一、原核细胞基因表达系统

原核生物作为基因表达系统广泛应用于基因工程领域,其优点主要在于:①生长快、培养周期短;②基因组结构简单、易于操作和分析;③代谢途径和基因表达调控机制清晰、易于操作和控制;④通过发酵能获得大量表达产物,可用于大规模工业生产。该系统的缺点也很明显:①缺乏真核生物的转录后加工机制,不宜表达真核生物的基因;②原核细胞也不具备真核生物的蛋白质加工系统,表达出的靶蛋白不能正确折叠和修饰,因而不能形成稳定的空间构象;③内源蛋白酶会降解表达的外源蛋白,使表达产物量不能在表达系统中稳定积累。目前,应用广泛的原核细胞表达系统包括大肠杆菌表达系统、芽孢杆菌表达系统、蓝藻表达系统和链霉菌表达系统。随着基因工程技术的发展,越来越多的原核生物被用作外源基因表达系统。

### (一)大肠杆菌基因表达系统

大肠杆菌系统是目前研究得最为深入、应用最为广泛的基因表达系统。作为一种成熟的基因表达系统,大肠杆菌不仅被广泛应用于分子生物学研究的各个领域,如基因分离克隆、DNA 序列分析、基因表达产物功能鉴定等,而且许多产业化的基因工程产品也是利用大肠杆菌表达系统生产的。

大肠杆菌是一种革兰氏阴性菌,它作为基因表达系统具有独特的优势:①遗传背景尤其是基因表达调控的分子机制,已经研究得较为清晰,因此基因表达控制过程易于控制和操作;②目的基因表达水平高;③拥有各类适用的寄主菌株和不同类型的载体系列,适用范围广;④繁殖迅速、培养周期短、操作简单、成本低廉且安全性高,易于进行工业化批量生产。

1. 大肠杆菌基因表达载体

大肠杆菌基因表达载体由 DNA 复制及重组载体的选择系统(包括复制子和选择标记)、外源目的基因的转录系统和蛋白质的翻译系统三个部分组成。

这类表达载体大多为质粒表达载体,含有可有效进行复制的复制子。常见的复制子有以 pMB1、p15A、ColE1 为代表的松弛型复制子和以 pSC101 为代表的严谨型复制子。由于质粒的不相容性,在同一个大肠杆菌细胞内,含同一类型复制子的不同质粒载体不能共存,而含不同类型复制子的质粒载体可以共存。大肠杆菌表达载体的选择标记一般是显性标记或营养缺陷型标记。绝大多数质粒载体都使用抗生素抗性标记,大肠杆菌表达载体上一般都带有一个以上的抗性基因,如抗氨苄青霉素、四环素、氯霉素和链霉素的基因。这些抗性基因赋予菌株特殊的抗性,可在含有该抗生素的培养平板上生长,从而得以筛选。在构建载体的过程中,选择哪种抗生素抗性基因,需考虑该基因是否适应宿主细胞的正常代谢活动。

外源目的基因的转录系统包括启动子、调节基因和终止子。启动子和终止子因宿主不同而不同,原核细胞与真核细胞之间的差异更大。构建表达载体时,为实现高效表达,应选择强启动子和强终止子。调节基因产物可使目的基因在宿主培养到最佳状态时进行转录,保证了转录的有效进行。如果表达产物对宿主细胞有一定的毒害性,控制转录的时机就尤为关键。

蛋白质的翻译系统包括核糖体结合位点、翻译的起始密码子和终止密码子。①构建表达载体时,为保证高效的翻译效率,要尽可能使 SD 序列(核糖体结合位点)与 16s rRNA 序列完全互补配对;②将几个终止密码子串联在一起,保证翻译可有效终止;③保证外源基因的同义密码子和基因组的同义密码子一致,即同义密码子中高频使用的密码子在外源基因和基因组中是同一个。

2. 常见的大肠杆菌表达系统

真核生物基因在原核细胞大肠杆菌表达系统内表达时,产物重组的异源蛋白并不稳定,非常容易降解,主要原因有三个:①包括大肠杆菌在内的原核细胞,没有复杂的翻译后加工,也缺乏蛋白质的折叠系统;②大肠杆菌不具备类似真核细胞的亚细胞结构,也缺乏表达产物稳定因子;③大量的异源蛋白在大肠杆菌细胞中积累,形成高浓度的微环境,导致蛋白质分子之间的作用增强。这些都会造成产物的不稳定。为了提高靶蛋白产量,必须构建表达型的大肠杆菌工程菌株。目前应用广泛的表达系统主要包括 Lac 和 Tac 表达系统、PL 和 PR 表达系统、T7 表达系统等。

Lac 和 Tac 表达系统是以乳糖操纵子调控机理为基础构建的表达系统,包括调节基因、结构基因、调控序列三个组成部分。其调控方式既有乳糖阻遏物介导的负调控,也有 cAMP 及其受体蛋白介导的正调控机制。异乳糖和异丙基-β-硫代半乳糖苷(IPTG)对该系统还具有诱导调控作用。当含 lac 启动子和 tac 启动子的多拷贝表达载体转移到大肠杆菌后,乳糖阻遏蛋白不能阻遏所有 lac 结构基因的表达。为更好地调控外源基因在大肠杆菌基因表达系统中的表达,许多实验室对宿主菌进行改造,如对调节基因 lacI 进行诱变,或构建阻遏蛋白温度敏感突变体宿主菌和表达载体。PL 和 PR 表达系统是以 λ 噬菌体早期转录启动子 PL 和 PR 构建的。启动子 PL、PR 具有很强的启动转录能力,这两种表达系统利用温度敏感突变体 cI857 的基因产物来调控 PL、PR 启动子的转录:它在较低温度(30 ℃)时以活性形式存在,在较高温度(42 ℃)时失活。该系统的优点在于诱导时无须加入化学诱导剂,且成本低廉;缺点为热刺激会导致热休克蛋白的表达激活,其中的蛋白水解酶可能降解表达的靶蛋白,导致产量降低。T7 表达系统是利用大肠杆菌的 T7 噬菌体转录元件所构建的表达系统。T7 的 RNA 聚合酶活性很高,只能选择性激活 T7 噬菌体启动子的转录。

3. 大肠杆菌表达系统表达的蛋白质

外源基因在大肠杆菌中表达出的产物的主要类型有包涵体蛋白、融合蛋白、寡聚型外源蛋白、整合型外源蛋白和分泌性蛋白。这些表达产物可能存在于细胞质、细胞周质或分泌到胞外进入培养基中。

(1)包涵体蛋白

指一定条件下,外源基因的表达产物在大肠杆菌中积累并致密地集中在一起所形成的无膜的裸露结构,被称为包涵体蛋白。大多数的包涵体以可溶性和不可溶性两种形式存在于细胞质内,也有少数位于细胞周质。它们基本上由蛋白质组成,其中大部分(50%~95%)是外源基因的表达产物。由于该表达系统缺少转录后修饰和翻译后修饰系统,这些蛋白质虽然具有正确的氨基酸序列,但由于空间构象的错误,一般而言并不具有生物学活性。除蛋白成分外,包涵体还有 DNA、RNA 和脂多糖等非蛋白分子,以及受体细胞本身的表达产物,比如 RNA 聚合酶、核糖体蛋白等。以包涵体形式表达的外源蛋白具有水不溶性,密度大于其他蛋白,通过离心的方法即可分离出。除易于分离纯化的特点外,还具有高效表达、对蛋白酶表现出良好抗性的优点。

(2)融合蛋白

将外源基因与受体菌自身蛋白编码基因拼接在一起,作为同一阅读框进行表达得到的蛋白即为融合蛋白。两个基因的阅读框并不改变,受体菌蛋白通常位于 N 端,外源蛋白位于

C端。通过在DNA水平上人工设计引入蛋白酶切割位点或化学试剂特异性断裂位点，纯化后的融合蛋白可断裂释放出目的蛋白。以融合蛋白形式存在的外源基因表达产物，稳定性大幅度增加、表达效率高且易于分离纯化。

（3）寡聚型外源蛋白

是多个外源目的蛋白基因串联在一起，克隆到质粒载体上表达出的蛋白称为寡聚型外源蛋白。载体上不仅携带有目的基因，也有选择标记基因、抗性基因等。串联构建的方式不仅导致目的蛋白的大量积累，也会引起非目的蛋白（如抗性基因产物）的积累。该方法构建的关键是只提高外源蛋白的表达量，避免重组质粒携带的抗性基因过度表达。根据构建方法、表达产物的后加工程序以及适用范围的不同，分为以下三种类型。

①多表达盒型重组策略：每个表达单元都包含独立的启动子、终止子、SD序列、起始密码子和终止密码子，形成独立转录与串联翻译的表达单位。也就是说，各个表达单元的转录及翻译过程完全独立，彼此互不影响。该方法表达的外源蛋白无须裂解处理，适合表达相对分子质量较大的蛋白质。

②多顺反子型重组策略：多拷贝外源基因有各自的SD序列、翻译起始信号和终止信号，但转录是在共同的转录启动子和终止子控制下进行的。即是说，外源基因的转录处在同一调控模式，而翻译的调控模式则各自独有。该方法表达的外源蛋白分子是相互独立的，适合表达中等大小分子量的蛋白。

③多编码序列型重组策略：多个外源基因串联在一起，共用一套转录调控元件和翻译起始、终止密码子。即是说，外源基因的转录和翻译都处在相同的调控机制下。各编码序列相邻的边界处引入蛋白酶的酶切位点或可被化学断裂的位点。该方法特别适合表达外源小分子蛋白或多肽。

（4）整合型外源蛋白

是表达的外源基因整合到染色体的非必需编码区上表达出的蛋白。在这种情况下，外源基因成为染色体结构的一部分，从而进行稳定的遗传，防止了外源基因随质粒丢失的情况。外源基因与宿主染色体的整合是依据DNA同源区交换的原理，因此待整合的外源基因两侧必须分别装载一段与染色体DNA完全同源的序列。此外，为保证重组异源蛋白的高效表达，待整合的外源基因应该加装可控的表达元件和选择标记基因。

（5）分泌型蛋白

是分泌型蛋白的信号肽编码序列拼接到外源基因上，使外源蛋白表达后通过运输或分泌的方式进入细胞周质或培养基中。分泌型重组蛋白按适当方式折叠，利于形成正确的空间构象，具有较好的生物学活性或免疫原性。此外，这类的蛋白质产物较稳定，不易被蛋白酶降解，同时简化了发酵处理后的纯化工艺。但外源的分泌型蛋白其产量通常不高，某些情况下信号肽不能被切割，或切割的位置不正确。

4. 在大肠杆菌中高效表达目的基因的策略

（1）优化表达载体

表达载体上与转录、翻译等基因表达过程相关的核心序列包括启动子、终止子、SD序列等元件,通过选择及改造这些元件可实现高效表达。增加基因的剂量,即选用高拷贝载体也可达到这一目的。

①筛选强启动子,加装到表达载体:Plac、Ptrp、Ptac、PL、PrecA 是在大肠杆菌表达载体上应用最广泛的启动子。根据-10 区和-35 区的保守序列,以及两个核心序列之间、-10 区域与转录起始位点之间的序列长度的保守性,重新构建新型杂合启动子,以满足不同外源基因表达的要求。

②加载强终止子:过长的转录产物不仅会影响 mRNA 的翻译效率,也使转录速率大幅度降低。因此,重组表达质粒的构建必须合理设置强终止子。

③改造 SD 序列:一般而言,mRNA 与核糖体的结合程度越强,翻译起始效率越高,而结合程度主要取决于 SD 序列与 16S rRNA 的碱基互补性。SD 序列与起始密码子之间的精准距离,决定着起始密码子 AUG 是否正好位于核糖体的 P 位。要提高表达效率,可通过改造 SD 序列使之与核糖体 16S rRNA 完全互补、调整 SD 序列与起始密码子之间的间隔序列的长度、防止核糖体结合位点附近序列形成二级结构。

④选用高拷贝表达载体增加基因剂量:目前实验室广泛使用的表达型载体往往在每个大肠杆菌细胞中高达数百甚至上千个拷贝。

(2)提高稀有密码子 tRNA 的表达

大肠杆菌细胞中,密码子的使用具有偏好性,同义密码子的使用频率与细胞内对应的 tRNA 的丰度呈正相关。利用这一特性,可通过点突变或基因化学合成的方法,将外源基因中的稀有密码子更换为受体细胞中高频出现的同义密码子。

(3)提高 mRNA 的稳定性

基因的表达水平主要由转录效率、mRNA 稳定性以及 mRNA 翻译起始频率决定。在实际应用中,转录和翻译已被广泛优化,而转录物 mRNA 的稳定性则较少被涉及。提高稳定性的根本方法是减少核酸酶对 mRNA 的攻击或增加 mRNA 对核酸酶的抗性。具体实施手段包括:①选用 RNase 缺陷型菌株作为受体菌,以避免转录产物的降解;②通过改变外源 mRNA 的结构,例如引入有效的 5′-端和 3′-端稳定序列,以此作为阻碍核酸酶攻击的屏障。

(4)提高外源基因表达产物的稳定性

具体方法包括:①选用蛋白水解酶缺失的菌株;②将外源基因产物转运到细胞周质或培养基中;③改造外源蛋白中易于被蛋白酶降解的序列;④增加外源蛋白的稳定因子表达量。

(5)优化发酵过程

发酵过程受多种生物学因素影响,例如温度、pH、培养基成分及溶氧条件等。此外还可以通过优化发酵工艺来实现,例如选择适合的发酵系统或生物反应器等。

### (二)芽孢杆菌基因表达系统

芽孢杆菌基因系统是目前研究得较为透彻且广泛应用的一种基因表达系统。枯草杆菌作为一种革兰氏阳性菌,其细胞壁仅含肽聚糖和磷壁质,并没有内毒素。作为基因表达系统,它具备外源蛋白易于分离纯化、表达的外源蛋白不会形成包涵体、无致病性等优点,因此在工业生产中得到了广泛应用。

1. 芽孢杆菌基因表达载体

芽孢杆菌表达载体上的复制子,根据来源可分为两大类。一种来源于金色葡萄球菌的复制子,比如 pUB110、pC194 和 pE194。含有这类复制子的表达载体具有高拷贝数的特点,但稳定性差。另一种则来源于短小芽孢杆菌的复制子,如 pHY481 和 pWT481,它们的特点在于稳定性好,但拷贝数较低。

芽孢杆菌的一个典型特点在于其细胞中含有多种 $\sigma$ 因子,不同 $\sigma$ 因子识别不同基因的启动子序列,也决定着芽孢杆菌选择怎样的生活方式。

常用的芽孢杆菌表达载体包括以下三类。

(1)自主复制型质粒载体

芽孢杆菌中的天然质粒一般不带抗性标记,只有 pBC16 等极少数才带有抗性标记。带有抗性标记的载体质粒多来自其他革兰氏阳性菌,如 pUB110、pC194、pE194 等。这类的载体以天然质粒为基础构建,包括双标记质粒、穿梭质粒、探针质粒,具有相对分子质量小、有唯一的酶切位点、较高的拷贝数、适合筛选的抗性标记等特点。

(2)整合质粒载体

在大肠杆菌质粒载体基础上构建,不含有在芽孢杆菌中进行复制的起始序列,转移到芽孢杆菌受体细胞后无法进行自主复制。但这类载体含有芽孢杆菌的抗性标记以及待整合的目的基因,能通过同源重组整合到宿主染色体上,随着细胞染色体一起复制,解决了芽孢杆菌中质粒不能稳定遗传的问题。

(3)噬菌体载体

以噬菌体为基础构建,典型的代表有 $\varphi$105 噬菌体、SP$\beta$ 噬菌体、sppl 噬菌体。

2. 常见的芽孢杆菌表达系统

目前应用较多的主要有枯草芽孢杆菌(*Bacillus subtilis*)、短小芽孢杆菌(*Bacillus pumilus*)、地衣芽孢杆菌(*B. licheniformis*)、嗜碱芽孢杆菌(*B. alcalophilus*)、淀粉芽孢杆菌(*B. amyloliquefaciens*)、苏云金芽孢杆菌(*B. thuringiensis*)等。

芽孢杆菌作为外源基因表达系统的优点在于:①芽孢杆菌是一类非致病微生物、安全性高,因而可用于食品、药物等工业生产;②能直接将分泌蛋白释放到培养基中,利于后期的分离纯化过程,这是优于大肠杆菌表达系统的;③该系统具有高效的分泌目的蛋白的能力,多数情况下重组蛋白具有天然构象和生物活性;④芽孢杆菌生长迅速,培养条件简单,遗传背景清晰,具备良好的工业生产基础。

开展芽孢杆菌表达系统研究的时间及深度皆不如大肠杆菌表达系统,因而仍有不少问题有待解决:①能自发形成感受态的菌株较少,感受态持续时间短,分子克隆的效率低;②芽孢杆菌会分泌各种蛋白酶,导致目的蛋白降解,产物产量下降;③芽孢杆菌细胞内存在限制和修饰系统,质粒不稳定;④如果目的蛋白对细胞有毒,分泌到培养基中会影响细胞的正常生长,导致目的基因无法得到有效表达。

3. 芽孢杆菌表达系统表达的蛋白质

分泌型蛋白利用芽孢杆菌系统进行表达可达到很高的表达水平,目前已广泛用于工业生产。主要的产品类型包括:①耐热性酶制剂,如耐高温的 $\alpha$-淀粉酶;②多肽类药物,如白细胞介素、人表皮生长因子、胰岛素原等;③杀虫蛋白,如 Bt 蛋白、蛋白酶抑制剂、植物凝集素。

4. 在芽孢杆菌中高效表达目的基因的策略

(1)提高质粒载体的稳定性

芽孢杆菌表达系统中的质粒载体本身存在不稳定性,是影响目的基因高效表达的根本因素。某些质粒载体会在细胞内进行滚环复制,从而产生大量的单链 DNA 分子,这些单链 DNA 的存在可能导致质粒丢失。某些质粒载体含有染色体 DNA 的同源序列,在细胞分裂时容易发生同源交换,导致质粒的丢失。此外,噬菌体编码的某些基因可使重组质粒的转化率大幅下降,同时增加了对外源基因的排斥性。提高稳定性的根本方法是构建新型质粒载体,如去除载体与宿主染色体的同源序列,或通过构建整合型质粒将外源 DNA 整合到染色体 DNA 上。

(2)灭活芽孢杆菌胞外蛋白酶

枯草芽孢杆菌能分泌多种胞外蛋白酶,这些酶的降解作用不利于表达产物的积累。利用体外缺失或体内同源交换的方法,使蛋白酶的编码基因失活,获得所需的突变菌株。也可选用自身的胞外蛋白酶活性较低的菌株,如短小芽孢杆菌,来表达目的蛋白。该菌株在合成分泌型目的蛋白的同时还可生成一种蛋白酶抑制剂,抑制蛋白酶活性,从而实现外源基因的高效表达。

### (三)蓝藻基因表达系统

蓝藻是一类典型的原核生物,在细胞结构、生理代谢和遗传进化等方面有其独特性质,是近年来被深入研究且广泛应用的一种表达系统。作为革兰氏阴性菌的蓝藻,种类繁多、分布广泛、无毒无害、富含蛋白质等营养物质,能够完成光合作用、自生固氮、放氢等生理生化功能。随着研究的深入,特别是在表达药物活性肽方面的重要作用,蓝藻已成为一种越来越重要的外源基因表达系统。

1. 蓝藻外源基因表达载体

适用于蓝藻细胞的载体主要是一些穿梭质粒和基因整合平台系统供体质粒表达载体,如 pZL、pPKE2、pPKET、Ppkeut 和 pPREUT 等。这些载体上组装有多种不同启动子的基因表达盒,如 $\lambda$ 噬菌体的 PL 启动子和 PR 启动子、金属硫蛋白基因启动子 SmtO-P 和热休克基因 groESL 的启动子等,可使外源基因高效表达。

2. 常见的蓝藻表达系统

蓝藻的类型丰富多样，可用于外源基因表达的种类也很多。应用较多的类型有单细胞蓝藻 Synechococcus 属的 PCC6301、PCC7942、PCC7943、PCC7002、PCC3609，Synechocystis 属的 PCC6714、PCC6803、PCC6906 和少数丝状蓝藻等藻株。

蓝藻作为表达外源基因的受体菌，同时具备了微生物和植物的优点：①作为原核生物的一种，细胞内不含叶绿体 DNA 和线粒体 DNA，只有裸露的染色体 DNA，遗传背景简单，便于基因操作和外源 DNA 的检测；②蓝藻是革兰氏阴性菌，细胞壁主要由肽聚糖组成，便于外源 DNA 的转化；③蓝藻营光合自养生长，培养条件简单；④许多种类的蓝藻都含有内源质粒，为构建蓝藻质粒载体提供了极好的条件；⑤蓝藻富含蛋白质，多数类型无毒，已广泛应用于食品和保健品的工业生产。目前已成功将一些重要药物的基因转入蓝藻，用于药物生产。

3. 蓝藻表达系统表达的蛋白质

目前，已有多种外源目的基因在蓝藻细胞中得到了有效表达，例如小鼠金属硫蛋白基因、人肝金属硫蛋白突变体基因、人肿瘤坏死因子基因以及人尿激酶基因以及人超氧化物歧化酶基因等。

4. 在芽孢杆菌中高效表达目的基因的策略

蓝藻作为外源基因表达系统具有多种优点，但其过低的表达量，特别是与大肠杆菌表达系统相比的巨大差异，已成为限制其进一步应用和发展的主要障碍。提高目的基因在蓝藻中的表达量是推动该系统应用的关键，具体途径包括：

(1) 构建在蓝藻细胞中稳定性好的表达载体系统。

(2) 组装含有强启动子的外源基因表达盒。

(3) 实现外源基因的融合表达。

### (四) 链霉菌表达系统

链霉菌能产生多种生理活性物质，链霉菌表达系统在发酵工业中的应用历史悠久、使用广泛。作为一种广泛分布于土壤中的革兰氏阳性菌，链霉菌作为外源基因的受体细胞具有以下优点：①非致病菌性，不产生内毒素；②其生理生化代谢途径的机制已被清晰研究，易于调控；③可实现高密度培养，且表达外源蛋白的时间较长；④具备外源蛋白的分泌表达能力；⑤利用链霉菌的发酵技术历史悠久，拥有良好的工业化基础。

1. 链霉菌外源基因表达载体

链霉菌基因启动子的结构具有多样性，根据其与大肠杆菌启动子核心序列（-10 区和-35 区）的差异，分为三类：①与大肠杆菌的-10 区、-35 区相似的启动子，可被大肠杆菌的 RNA 聚合酶识别，可在大肠杆菌中进行表达；②仅与-10 区相似，而-35 区序列不相同的启动子；③与-10 区、-35 区序列均不相同的启动子。终止子位点具有较长的不完全互补的反向重复序列，核糖体结合位点则与其他原核生物的 SD 序列相似。此外，链霉菌对编码蛋白质的密码子具有显著的偏爱性。

2. 常见的链霉素表达系统

链霉菌基因表达系统的宿主菌主要有变铅青链霉菌(streptomyces lividans)、天蓝色链霉菌(streptomyces coelicolor)。变铅青链霉菌作为外源基因表达的受体细胞具有如下优点:①遗传背景清楚,不含内源性质粒;②对外源DNA无明显的修饰作用;③可以高效表达其他来源的基因,如大肠杆菌或芽孢杆菌的基因;④具有高效的异源蛋白分泌系统,且内源蛋白酶和外源蛋白酶合成量低。天蓝色链霉菌是整个链霉菌属中分子遗传机制研究最为清楚的,但具有较强的修饰系统,很大程度上限制了其应用。实际应用中,都是以变铅青链霉菌作为外源基因表达的受体菌系统。

3. 链霉菌表达系统表达的蛋白质

(1)抗生素类蛋白的表达

链霉菌能产生多种抗生素,与这些物质合成相关的基因通常以基因簇的形式存在于染色体上。阻断负调控或克隆目的基因都可以提高目的抗生素蛋白的产量。目前已有十多个与抗生素合成相关的基因被克隆和表达。此外,将不同的生物合成基因克隆进行表达已经获得了杂合抗生素。

(2)分泌型蛋白的表达

链霉菌的信号肽是一段位于N端,由26~56个氨基酸残基组成的序列。这段序列中有3个特征区是外源蛋白分泌表达所必需,改造这段序列可以大大提高表达的能力。已在变铅青链霉菌中进行表达的分泌蛋白包括多种来源于放线菌属、金黄色葡萄球菌、大肠杆菌以及真核生物的基因。

4. 在链霉菌中高效表达目的基因的策略

(1)对启动子的序列、结构进行修饰或改造

启动子的结构和序列对外源基因的表达有着很大的影响,可采用插入GC碱基对的方式提高转录效率。启动子区域是重要的基因表达调控区域,可与多种调控因子结合,结构的修饰和改造可改变两者之间的相互作用。增强转录激活因子的结合或解除抑制因子的结合,都可促进外源基因的表达。

(2)优化外源蛋白的信号肽序列

信号肽序列的电荷数对目的蛋白的分泌表达效率有很大的影响。此外,信号肽与目的蛋白之间的距离以及两者之间的空间构象都会影响外源蛋白的分泌效率。

(3)稀有密码子、终止子和SD序列的改造

链霉菌在密码子使用上具有明显的偏好。将外源基因中的稀有密码子替换为受体菌株常使用的主密码子,可显著提升外源基因的表达水平。SD序列是mRNA分子与核糖体的结合位点,其结合能力与宿主细胞类型紧密相关。根据这一特性,我们可以对SD序列进行改造,以增强其与核糖体的结合能力。此外,对终止子进行改造可提高RNA聚合酶的利用率,

同时增加 mRNA 的稳定性。

(4)优化发酵条件

发酵工艺、培养基成分、温度、pH 值和溶氧量等条件,都会影响外源基因的表达效果。

## 二、真核细胞基因表达系统

在真核生物中,真菌、酵母菌、植物细胞、昆虫细胞和哺乳动物细胞现已被广泛用作基因表达的受体,并构建了一系列基因表达载体。真核细胞基因表达系统不仅能表达 cDNA,还能表达真核基因组 DNA。然而,这个系统也存在操作技术难度大、费时且成本较高的缺点。

### (一)酵母基因表达系统

酵母是真核生物基因表达系统中最理想的系统。酵母是一种进行无性繁殖的单细胞真核生物,其作为表达系统的优势如下:①其基因组全序列测定已经完成,遗传背景和表达调控机制得到了较为清晰的研究,便于进行基因操作;②不含毒素和特异性病毒,安全;③作为真核生物,酵母具备蛋白质翻译后的加工和修饰系统;④其表达的目的外源蛋白可以分泌到培养基中,这有利于蛋白质的分离纯化;⑤相关技术简单、成熟且成本低廉,可用于大规模工业生产。

1. 酵母外源基因表达载体

人工构建的酵母基因表达载体是在酵母的野生型质粒基础上改建的,不仅加载了原核生物质粒载体上的特殊序列,如抗性基因、复制子等,还加载了宿主染色体 DNA 上的自主复制子结构(ARS)、着丝粒序列(CEN)、端粒序列(TEL)。因而,常用的酵母基因表达系统载体既能在酵母菌中复制,也能在大肠杆菌中复制,是一种穿梭质粒。这类载体采用的选择性标记可以是营养缺陷型选择标记,也可以是显性选择标记。CEN 序列决定了载体在子细胞中的分配,保证表达载体在宿主细胞分裂时能够平均分配到子细胞中去。表达盒是酵母表达载体的重要元件,由启动子区域(包括启动子序列、上游激活序列、上游阻遏序列、TATA 序列)、酵母的分泌信号序列、终止子序列组成。

常见的酵母基因表达载体的种类包括自主复制型质粒载体、整合型质粒载体、着丝粒型质粒载体、酵母人工染色体。

2. 常见的酵母表达系统及其表达的蛋白质

(1)酿酒酵母

酿酒酵母(Saccharomyces cerevisiae)是应用最早的酵母表达系统宿主菌。已利用该系统表达了多种外源基因产物,如人胰岛素、人粒细胞集落刺激因子、乙型肝炎疫苗,在酿酒工业、医药生产等领域应用广泛。但该系统存在乙醇积累过多,影响产物积累、分泌能力有待提高等缺陷。

(2)巴斯德毕赤酵母

巴斯德毕赤酵母(pichia pastoris)的表达能力更强,已有数十种重组异源蛋白通过该系统成功表达,包括乙型肝炎表面抗原、人肿瘤坏死因子、人表皮生长因子和链激酶等。该受体菌株是 AOX1 基因的缺陷型,载体通常带有 AOX1 的强启动子,可高效表达外源基因。目前,对毕赤酵母的研究还不够深入,进行遗传改造还存在一些困难,且该菌株的发酵周期较长,都是亟待解决的问题。

(3)乳酸克努维酵母

乳酸克努维酵母(kluyveromyces lactis)也是较早开始应用的类型,工业上用于发酵生产 $\beta$-半乳糖苷酶,现已有多种外源蛋白利用该系统进行表达,如人白细胞介素-1$\beta$、牛凝乳酶等。乳酸克努维酵母表达的分泌型外源蛋白产量高、构象正确,载体在受体菌中可稳定存在、不会丢失。

3. 在酵母菌中高效表达目的基因的策略

(1)选择合适的受体细胞系统;

(2)提高表达载体在细胞中的拷贝数;

(3)提高外源基因转录水平。

### (二)植物基因表达系统

植物基因表达系统是一类非常特殊的表达系统。外源基因转入植物细胞后,转基因受体细胞经过诱导和分化可以发育成完整植株。这样的植株是一个独立的生命体系,能进行光合作用,可根据环境变化进行自我调节,且培养条件简单、生产成本低廉。

1. 植物外源基因表达载体

目前使用的大多数植物基因表达载体是以 Ti 质粒为基础构建的,核心元件包括启动子区域、T-DNA、选择标记基因或报告基因、终止子区域。常见的启动子类型包括组成型启动子、诱导型启动子和组织特异性启动子。外源基因转移到植物细胞后可整合到染色体 DNA 上,从而进行稳定的遗传和表达,也可以质粒形式存在,随着细胞分裂而丢失。T-DNA 是外源基因转移和整合到染色体上不可或缺的元件。T-DNA 中与外源基因整合相关的序列是一段位于两端、长为 25bp 的保守正向重复序列,称为边界序列。T-DNA 的两端还有真核基因表达的信号,如 TATA 盒之类的正调控序列、poly(A)加尾的信号序列。植物表达系统中常用的终止子密码是 TGA 和 TAA。终止子序列不仅影响外源基因的转录活性,也决定着 mRNA 在细胞中的稳定性。某些内含子能通过增加活性 mRNA 的含量来促进基因表达的增强。

2. 常见的植物基因表达的受体系统

常见的植物基因表达的受体系统主要分为愈伤组织再生系统、直接分化再生系统、原生质体再生系统、胚状体再生系统和生殖细胞受体五大类型。为了使外源基因在受体细胞中高效表达,良好的受体系统应具备以下特点:①高效稳定的再生能力;②较高的遗传稳定性;

③稳定的外植体来源;④对选择性抗生素具备高敏性;⑤对农杆菌侵染敏感,能有效接受外源基因。

3. 在植物中高效表达目的基因的策略

(1)构建高效表达的转化载体

构建植物基因表达载体时,应根据组织特异性选择合适的强启动子,加载上游和下游调控序列,并正确插入内含子。

(2)加装适当的增强子

增强子需要与特殊的蛋白结合才能发挥作用,因此大多数增强子具有组织特异性。针对不同的植物受体系统,应选择相应来源的增强子才能实现表达的有效增强。

(3)防止外源基因的失活

基因的重复拷贝、DNA 的甲基化、染色质结构重排和转录后产物不稳定等因素都可能造成外源基因沉默。可通过改变转化方法、分离单拷贝转基因个体、构建含有核基质支架附着区的转化载体等方式,来提高基因表达效率。

## (三)哺乳动物细胞基因表达系统

哺乳动物细胞在结构、功能和基因的表达机制上皆与原核细胞截然不同,与其他的真核细胞也存在一定差异,这由其复杂性决定。具有重要生理功能的酶、结构蛋白等复杂蛋白质的功能,依赖于其特殊的三维构象。由于原核细胞不具备转录后加工、翻译后修饰的系统,将会导致真核基因在这样的表达系统中生成的产物虽具有正确的氨基酸序列,但缺乏正确的构象,通常不具有正确的生理活性。因此,哺乳动物细胞基因表达系统的建立对研究蛋白质的结构与功能具有重要的作用。

1. 哺乳动物基因表达载体

哺乳动物基因表达载体通常包含以下四类核心元件:①能够在哺乳动物细胞中完成转录的元件,这些元件包括启动子、增强子、终止子、加尾信号以及内含子剪切信号等;②调控基因表达的元件;③用于筛选转化子的选择标记;④可以在细菌中进行复制和筛选的元件。

根据来源的不同,哺乳动物基因表达载体主要分为质粒载体和病毒载体两种。质粒载体不包含真核复制起始序列,而只含有原核细胞的复制子。这类载体被转移到受体细胞后,它们会整合到细胞的基因组中,并以较低的水平表达。来源于不同质粒的选择标记各不相同,可以通过不同的方式来筛选转化子,比如 pTK2、pHyg 和 pRSVneo 等。常用的病毒载体包括 SV40 衍生的表达载体、牛乳头瘤病毒衍生载体、人疱疹病毒衍生的表达载体、人腺病毒衍生的表达载体以及反转录病毒衍生的表达载体等。

2. 哺乳动物基因表达的受体细胞

为了确保外源基因转化后能实现高效表达,哺乳动物基因表达的受体细胞需具备来源广泛、转化效率高以及表达效果良好的特点。大多数动物细胞在培养时会展现出表面接触抑制现象,因而通常会选择与正常细胞生理特征相近的肿瘤细胞作为受体细胞。目前,常用的哺乳动物基因表达系统的受体细胞包括 CHO-K1 细胞、COS 细胞以及鼠骨髓瘤细胞等。

3. 在哺乳动物中实现目的基因高效表达的策略

(1)改进表达载体,以提升外源基因的表达水平和产量

启动子的特性对基因表达水平产生直接影响。因此,应选择哺乳动物细胞内源性强的启动子。自我复制型载体能在受体细胞内以附加体的形式进行自我复制,所以,构建这类载体可以提高表达量。此外,将外源基因与选择标记基因的表达相结合也是一种有效策略,当细胞在选择压力下培养时,两种基因产物都能获得高表达。另外,增加外源基因的拷贝数是提高目的蛋白产量的一个直接的方法。

(2)改造或构建新的宿主细胞

宿主细胞的特性对外源基因的表达起着决定性的作用。我们可以根据表达载体和外源目的蛋白的特性对宿主细胞进行相应的改造,或者构建全新的宿主细胞系统。

(3)抑制细胞凋亡

在生物反应器中,细胞凋亡受到细胞培养条件的显著影响。为抑制细胞凋亡,延长细胞周期,进而达到提高目的蛋白产量的目的,我们可以采取多种策略,比如加入抗氧化剂、向宿主细胞中转入抗细胞凋亡基因,以及为细胞提供充足的营养和氧源等。

(4)提高目标蛋白糖基化水平

哺乳动物蛋白的一个重要特征是糖基化,它决定了蛋白质的特性。提高表达蛋白的糖基化水平有助于产物积累。具体策略包括:改造宿主系统,比如引入糖基化酶;寻找新的宿主细胞类型,以使其表达的蛋白尽可能与人类天然蛋白质的糖基化相同或相似;改进哺乳动物细胞的表达条件。

# 第三篇

## 实 验 部 分

# 实验一 糖类的提取分离与薄层层析分析

## 一、目的

1. 了解并初步掌握从水果中分离提取单糖、蔗糖及淀粉的基本原理。
2. 学习并掌握薄层层析的一般操作及定性鉴定的方法。

## 二、原理

薄层层析(thin layer chromatography, TLC)是在均匀涂布有吸附剂或支持介质的薄层上进行的。它是一种广泛应用于多种物质(如氨基酸、多肽、核苷酸、脂肪酸、脂肪类、糖类、磷脂和生物碱等)的分离和鉴定的层析方法。本实验中,我们将从水果中提取单糖、双糖和多糖组分,并采用硅胶G薄层层析法对糖类成分进行分析。

### (一)单糖及多糖的提取

单糖是指不能水解为更小分子的糖。单糖种类繁多,其中葡萄糖分布最广,普遍存在于各种水果、谷类、蔬菜和动物血液中。由于单糖分子含有多个羟基,因此其水溶性强,特别是在热水中溶解度很大;在乙醇中也有良好的溶解性,但不溶于乙醚、丙酮等有机溶剂。蔗糖等双糖分子同样易溶于水和乙醇。因此,可用热水或乙醇来提取单糖和双糖。

多糖是由多个单糖分子失水缩合而成的大分子化合物。在自然界中,其分子结构复杂而多样,有不溶性的结构多糖,比如植物纤维素、半纤维素,动物的几丁质等;另有一些为贮存物质,如淀粉、糖原等;还有一些多糖具有复杂的生理功能。多糖中的淀粉不溶于冷水及乙醇,但可溶于热水形成胶体溶液。因此可用乙醇提取单糖及低聚糖,然后提取淀粉等多糖。

### (二)薄层层析

薄层层析的主要原理是根据各组分在溶剂中的溶解度不同和吸附剂对样品各组分的吸附能力的差异,最终将混合物分离成一系列的斑点。

糖的分离鉴定可用吸附层析或分配层析。吸附层析常用的吸附剂为硅胶,分配层析常用的支持剂是硅藻土。在吸附剂或支持剂中添加适宜的黏合剂后再涂布于支持板上,可使薄层粘牢在玻璃板(或涤纶片基)这类基底上。硅胶G是一种已添加了黏合剂–石膏($CaSO_4$)的硅胶粉。糖在硅胶G薄层上的移动速度与糖的相对分子质量和羟基数等有关,经适当的溶剂展开后，糖在硅胶 G 薄板上的移动距离为戊糖>己糖>双糖>三糖。若采用硼酸溶液代替水调制硅胶 G 制成的薄板可提高糖的分离效果。

薄层层析的展层方式有上行、下行和近水平等。一般常采用上行法，即在具有密闭盖子的玻璃缸（即层析缸）中进行，将适量的展层溶剂倒于缸底，把点有样品的薄层板放入缸中即可（如图 3-1 所示）。保证层析缸内有充分展层溶剂的饱和蒸汽是实验成功的关键。

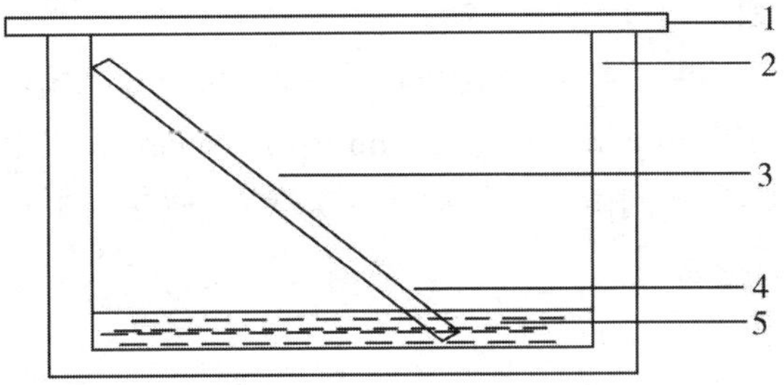


1—缸盖；2—层析缸；3—薄层板；4—点样处；5—展层溶剂。

**图 3-1　密闭式展层缸**

## 三、器材与试剂

### （一）试剂

1. 标准糖溶液：取果糖、葡萄糖、蔗糖、甘露糖，分别用 75% 乙醇配制成 10 mg/mL 溶液。

2. 标准糖混合溶液：取上述各种糖，混合后用 75% 乙醇配制成 10 mg/mL 溶液。

3. 0.1 mol/L 硼酸（$H_3BO_3$）溶液。

4. 展层溶剂：①乙酸乙酯：乙酸：水 = 2：1：1；②氯仿：甲醇 = 60：40（v/v）。

5. 苯胺-二苯胺显色剂：1 g 二苯胺，1 mL 苯胺和 85% 磷酸 5 mL 溶于 50 mL 丙酮。

6. 1 mol/L $H_2SO_4$。

7. 1 % 碘-碘化钾（I-KI）溶液：将碘化钾 20 g 及碘 10 g 溶于 100 mL 蒸馏水中，使用前应该稀释 10 倍。

8. $BaCO_3$。

### （二）器材

电吹风，层析缸（带密封盖）、烘箱、硅胶 G、毛细管（Φ0.5 mm）、喷雾器、干燥器、玻璃板（5 cm×10 cm）、玻璃棒、烧杯、直尺、铅笔。

### （三）实验材料

新鲜葡萄或苹果。

## 四、操作步骤

### (一)糖类的提取

1. 还原糖及蔗糖的提取

称取 25 g 新鲜葡萄或苹果(去核),将其磨碎后转入 250 mL 三角烧瓶中,加入 80% 乙醇 50 mL,放在 50 ℃水浴中抽提 30 min。5 000 r/min 离心 10 min,收集上清液,沉淀用 85% 乙醇适量再提取 1~2 次(视样品不同确定反复抽提的次数)。收集合并所有上清液,沉淀部分烘干,留待提取测定淀粉等多糖用。

2. 淀粉的水解

取乙醇提取后的沉淀物 0.5 g,放入三角烧瓶中,加 20 mL 1mol/L $H_2SO_4$,盖上表面皿,在沸水浴锅中加热水解,并经常摇动。1.5~2 h 后,取一滴水解液放在白瓷板上,加 1 滴 1%I-KI 溶液,检查淀粉是否水解完全。如为紫蓝色,则说明水解不完全,再继续水解 0.5 h,直至水解液对 I-KI 不显色为止。

样品冷却后,小心将三角烧瓶中的水解液转移至 100 mL 烧杯中,并用蒸馏水冲洗三角烧瓶 3 次。加 $BaCO_3$ 中和至中性,过滤或离心。上清液水浴蒸发浓缩后用于 TLC 分析。

### (二)硅胶 G 薄层层析分析

1. 硅胶 G 薄层板的制备

将制备薄层用的玻璃板预先用洗液洗干净并烘干,玻璃板要求表面光滑。称取硅胶 G 粉 6 g,加入 12 mL 0.1 mol/L 硼酸溶液,用玻棒在烧杯中慢慢搅拌至硅胶浆液分散均匀、黏稠度适中,然后倾倒在干净、干燥的玻璃板上。倾斜玻璃板或用玻棒将硅胶 G 由一端向另一端推动,使硅胶 G 铺成厚薄均匀的薄层。待薄板表面水分干燥后置于烘箱内,待温度升至 110 ℃后活化 30 min。冷却至室温后取出,置于干燥器中备用(注意:避免薄板骤热、骤冷使薄层断裂或在展层过程中脱落)。制成的薄层板,要求表面平整,厚薄均匀。

2. 点样

取制备好的薄板一块,在距底边 1.5 cm 处划一条直线,在直线上每隔 1.5~2 cm 作一个记号(用铅笔轻点一下,不可将薄层刺破)。用管口平齐的毛细管吸取标准样(葡萄糖、果糖、蔗糖、甘露糖)及糖的提取和水解液量 5~50 μg,点样体积 1~5 μL,可分次滴加,控制点样斑点直径不超过 2 mm。在点样过程中可用吹风机冷热风交替吹干样品。

3. 展层

将已点样的薄板点样一端放入盛有展层溶剂的层析缸中,展层溶剂液面不得超过点样线。层析缸密闭,自下向上展层。当展层溶剂到达距薄板顶端约 1 cm 处时取出薄板,前沿用铅笔或小针做记号,于 60 ℃烘箱内烘干或晾干。

4. 显色

将苯胺-二苯胺显色剂均匀喷雾在薄层上,电吹风加热至层析斑点显现。此显色剂可使各种糖显现出不同的颜色。

## 五、结果处理

样品中糖的定性鉴定，薄层显色后，根据各显色斑点的颜色及相对位置，测算 $R_f$ 值。

$$R_f=\frac{\text{原点到层析斑点中心的距离}}{\text{原点到展层溶剂前沿的距离}}$$

将混合样品图谱与标准样品图谱相比较，或通过混合样品与标准样品 $R_f$ 值的比较，确定混合样品中所分离的各个斑点分别为何种糖。

## 六、注意事项

1. 自植物中提取糖类时，一般都是利用水和醇进行抽提。因此，能溶于水的色素、蛋白质、丹宁、果胶、有机酸等也会随同糖一起被提取出来，从而干扰糖的分析。为了除去干扰物，可使用澄清剂，比如中性醋酸铅、碱性醋酸铅、氢氧化钡等。

2. 植物体内有许多能水解糖的酶，因此在分离糖时必须适当地破坏或抑制酶的活性，方能提取天然状态下的糖类。比如：采集的新鲜材料应迅速加热干燥或冷冻保存等；使用新鲜材料提取时，宜用沸水和提高乙醇的浓度至 85%；如果材料的脂类和色素含量很高，可用石油醚浸提除去脂和色素。

3. 由于糖是多羟基化合物，极性强、容易吸附，故多采用无机盐水溶液制备硅胶薄板，使硅胶薄层吸附能力降低，斑点集中，从而改善分离效果，样品承载量也有显著提高。

4. 制备薄板时，薄板的厚度及均一性对样品的分离效果和 $R_f$ 的重复性影响很大。普通薄层厚度以 250 μm 为宜。若用薄层层析法制备少量的纯物质时，则薄层厚度可稍大些，常见为 500～750 μm，甚至 1～2 mm。

5. 活化后的薄层板在空气中不能放置太久，否则会因吸潮降低活性。

6. 用于薄层层析的样品溶液的质量要求非常高，样品中必须不含盐，因为盐分会引起严重的拖尾现象，有时甚至得不到正确的分离结果。

7. 样品溶液应具有一定的浓度，一般为 1～5 μg/μL。样品太稀，点样次数太多，就会影响分离效果，因此必须进行浓缩处理。

## 七、思考题

1. 薄层层析与其他层析法比较有哪些优点？
2. 本实验在操作过程中有哪些方面是实验成功的关键？
3. 分析本实验的层析图谱。

# 实验二　3,5-二硝基水杨酸比色法测定还原糖和总糖含量

## 一、目的

1. 掌握3,5-二硝基水杨酸比色法测定还原糖的基本原理及操作方法。
2. 熟悉分光光度计的原理和使用方法。

## 二、原理

还原糖的测定是糖定量测定的基本方法。还原糖是指含有自由醛基或酮基的糖类,所以各种单糖都是还原糖,而双糖并非全是还原糖,例如,麦芽糖和乳糖是还原糖,蔗糖是非还原糖,多糖则为非还原糖。多糖在水中不溶,据此可将它与可以溶解的单糖及双糖分开。

在碱性条件下,还原糖与3,5-二硝基水杨酸(DNS)共热,3,5-二硝基水杨酸被还原为棕红色的3-氨基-5-硝基水杨酸。

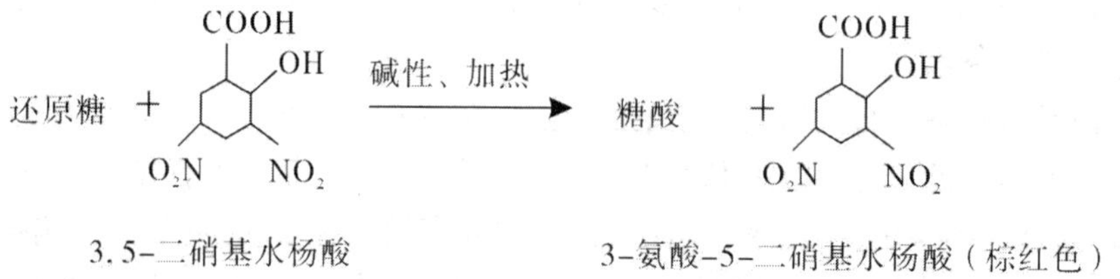


在一定范围内,还原糖的含量与反应液棕红色深浅程度成正比关系。在540 nm波长下测定棕红色物质的吸光度值,通过查阅标准曲线,便可计算出样品中还原糖的含量。

将样品酸水解,可以使不具有还原性的双糖和多糖彻底水解,生成有还原性的单糖,再进行测定,从而可求出样品中总糖的含量。

多糖水解时,每个单糖残基上加了1分子水,因而在计算时,需要扣除加入的水量。当样品中多糖含量远远大于单糖含量时,则比色测定所得总糖的含量应乘以折算系数(1-18/180=0.9),这样计算出的总糖含量比较接近实际值。

## 三、器材与试剂

### (一)器材

刻度试管、研钵、分光光度计、锥形瓶、容量瓶、移液管、恒温水浴、沸水浴、离心机(过滤法不用此设备)、电子天平。

### (二)试剂

1. 0.5 mg/mL 葡萄糖标准溶液：准确称取 0.5 g 干燥恒重的分析纯葡萄糖，置于小烧杯中，用少量蒸馏水溶解后，定量转移到 1 000 mL 的容量瓶中，以蒸馏水定容至刻度，摇匀，冰箱中保存备用。

2. 3,5-二硝基水杨酸试剂：将 6.3 g 3,5-二硝基水杨酸和 262mL 2mo1/L NaOH 溶液，加到 500 mL 含有 182 g 酒石酸钾钠的热水溶液中，再加 5 g 结晶酚和 5 g 亚硫酸钠，搅拌溶解冷却后加蒸馏水定容至 1000 mL，贮于棕色瓶中备用。

3. 碘-碘化钾溶液：称取 5 g 碘和 10 g 碘化钾，溶于 100 mL 蒸馏水中。

4. 酚酞指示剂：称取 0.1 g 酚酞，溶于 250 mL 70% 乙醇中。

5. 6 mol/L HCl：取 250 mL 浓盐酸(35%～38%)，用蒸馏水稀释到 500 mL。

6. 6 mol/L NaOH：称取 24 g 氢氧化钠溶于 100 mL 蒸馏水中。

7. 70% 乙醇。

8. 80% 乙醇。

### (三)实验材料

果蔬品、山芋粉或食用面粉等。

## 四、操作步骤

### (一)绘制葡萄糖标准曲线

取 6 支试管，编号，按表 3-1 所示加入试剂，配成一系列不同浓度的葡萄糖溶液。

表 3-1　葡萄糖标准曲线配制

| 试剂 | 管号 | | | | | |
|---|---|---|---|---|---|---|
| | 0 | 1 | 2 | 3 | 4 | 5 |
| 0.5 mg/mL 葡萄糖标准溶液/mL | 0 | 0.1 | 0.2 | 0.3 | 0.4 | 0.5 |
| 蒸馏水/mL | 0.5 | 0.4 | 0.3 | 0.2 | 0.1 | 0.0 |
| 3,5-二硝基水杨酸/mL | 0.5 | 0.5 | 0.5 | 0.5 | 0.5 | 0.5 |
| 沸水浴中加热 5 min，取出后立即用冷水冷却至室温 | | | | | | |
| 各管加蒸馏水 4 mL，充分混匀，比色 | | | | | | |
| 葡萄糖含量/mg　$A_{540}$ nm | 0 | 0.05 | 0.10 | 0.15 | 0.20 | 0.25 |

用 0 号试管空白调零,将各管在 540 nm 波长下进行比色测定,分别读取 0~5 号管的吸光值 $A_{540}$。

### (二)样品中还原糖的提取

1. 还原糖水提取法

准确称取 4 g 新鲜植物样品,捣碎成匀浆(如为细粉样品,可准确称取 0.5 g)。用少量蒸馏水洗入 200 mL 锥形瓶中,然后加入 30 mL 蒸馏水,搅匀,置于 80 ℃水浴中保温 30 min,不时搅动,使还原糖浸出。冷却后定容至 50 mL。离心或过滤,上清液或滤液即为还原糖待测液。若样品呈酸性,需用稀碱调至中性。

2. 还原糖乙醇提取法

对含有大量淀粉和糊精的样品,若用水提取会使部分淀粉、糊精溶出,而且过滤困难,宜采用乙醇溶液进行提取。将研磨成糊状的样品用 80% 乙醇溶液 100 mL 洗入蒸馏瓶中,装上回流冷凝管,接通冷凝水,在 80 ℃水浴上保温提取,可分 2~3 次提取。提取的上清液一并倒入另一蒸馏瓶,在 85 ℃水浴上蒸去乙醇。用水洗入 50 mL 容量瓶中,定容至刻度,摇匀,作为还原糖待测液。用乙醇溶液作为提取剂时,因为蛋白质不会溶解,所以不必去除蛋白质。

### (三)样品中总糖的水解和提取

准确称取 0.3~0.5 g 样品,置于 100 mL 的锥形瓶中,加入 10 mL 6mol/L HCL 及 15 mL 蒸馏水,置于沸水浴中加热水解 30 min,可用碘-碘化钾溶液检查水解是否完全。冷却后,加入 1 滴酚酞指示剂,以 6 mol/L NaOH 中和至微红色(中性)。用蒸馏水定容至 100 mL,混匀,过滤或离心,滤液或上清液即为总糖待测液。根据糖含量高低,测定时可作适当稀释,使其吸光值在标准曲线范围内。

### (四)还原糖和总糖的测定

取 4 支试管,编号,按表 3-2 所示分别加入待测液及试剂。

**表 3-2 还原糖和总糖的测定**

| 试剂 | 还原糖测定试管 | | 总糖测定试管 | |
|---|---|---|---|---|
| | 1 | 2 | 3 | 4 |
| 还原糖待测液/mL | 0.5 | 0.5 | — | — |
| 总糖待测液/mL | — | — | 0.5 | 0.5 |
| 3,5-二硝基水杨酸/mL | 0.5 | 0.5 | 0.5 | 0.5 |
| 沸水浴中加热 5 min,取出后立即用冷水冷却至室温 | | | | |
| 各管加蒸馏水 4 mL,充分混匀,比色 | | | | |

续表

| 试剂 | 还原糖测定试管 | | 总糖测定试管 | |
|---|---|---|---|---|
| | 1 | 2 | 3 | 4 |
| $A_{540}$ nm | | | | |
| $A_{540}$ nm 平均值 | | | | |
| 对应标准曲线还原糖量/mg | | | | |

## 五、结果处理

按下式计算出样品中还原糖和总糖的百分含量。

$$还原糖(\%)=\frac{差曲线所得还原糖量(mg)\times\frac{V_0}{V}}{m(mg)}\times 100$$

式中：$V_0$ 为提取液总体积，mL；$V$ 为测定时取用体积，mL；$m$ 为样品质量，mg。

$$总糖(\%)=\frac{差曲线所得还原糖量(mg)\times\frac{V_0}{V}\times n}{m(mg)}\times 0.9\times 100$$

式中：$V_0$ 为提取液总体积，mL；$V$ 为测定时取用体积，mL；$m$ 为样品质量，mg；$n$ 为稀释倍数。

## 六、注意事项

1. 取样量和稀释倍数的确定，要考虑本方法的检测范围，待测液的含糖量要在标准曲线范围内。

2. 标准曲线制作与样品含糖量测定应在相同条件下进行，最好是同时进行显色和比色，且使用同一空白调零点。

## 七、思考题

1. 还原糖的提取有哪些方法？试讨论其优缺点。
2. 为什么说总糖的测定通常是以还原糖的测定方法为基础的？

# 实验三　葡萄糖氧化酶法(GOD)测定血糖含量

## 一、目的

学习和掌握葡萄糖氧化酶法测定血糖的原理和方法。

## 二、原理

葡萄糖氧化酶法是近几年来临床血糖测定普遍采用的方法。葡萄糖氧化酶(GOD)能催化葡萄糖氧化生成葡萄糖酸和过氧化氢。过氧化氢在过氧化物酶(POD)作用下,与色原性氧受体4-氨基安替比林及苯酚作用,缩合生成红色醌类化合物(酮亚胺),其颜色在480~550 nm波长有最大吸收,颜色的深浅与血清中葡萄糖含量成正比。在同样的条件下,测定葡萄糖标准溶液和样品的吸光值,代入公式后即可求出样品中葡萄糖的含量。

## 三、器材与试剂

### (一)器材

分光光度计、微量取液器、移液管、水浴锅、试管及试管架。

### (二)试剂

1. 0.1 mol/L磷酸盐缓冲液pH 7.0:用磷酸氢二钠-磷酸二氢钾缓冲液配制。

2. 酶试剂:葡萄糖氧化酶(GOD)1 200U,过氧化物酶(POD)1 200U,4-氨基安替比林10 mg,叠氮钠100 mg,加上述磷酸盐缓冲液至80 mL左右,调pH值至7.0,再加磷酸盐缓冲液至100 mL,置冰箱可保存3个月。

3. 酚试剂:苯酚100 mg溶于100 mL蒸馏水中(酚在空气中易氧化成红色,应放棕色瓶中)。

4. 酶酚混合试剂:上述酶试剂和酚试剂等量混合,放冰箱保存(可保存1个月)。

5. 葡萄糖标准贮备液(20 mg/mL):称取烘干至恒重的葡萄糖2 g,用0.25%苯甲酸溶液溶解,移入100 mL容量瓶中定容,混匀。

6. 葡萄糖标准应用液(1 mg/ mL):储存液5 mL于100 mL容量瓶中,用0.25%苯甲酸溶液稀释至100 mL。

### (三)实验材料

血清样本。

## 四、实验步骤

取小试管 3 支,分别编号,按表 3-3 所示操作。

表 3-3　血糖含量测定管配制

| 试剂 | 血糖管 | | |
|---|---|---|---|
| | 空白管 | 标准管 | 测定管 |
| 血清/mL | — | — | 0.02 |
| 1mg/mL 葡萄糖标准溶液/mL | — | 0.02 | — |
| 蒸馏水/mL | 0.02 | — | — |
| 酶酚混合试剂/mL | 3 | 3 | 3 |

将试管混匀,置于 37 ℃水浴保温 15 min,冷却,在 505 nm 处比色,以空白管调零点。分别记录各管吸光值,计算求出血清中葡萄糖的量。

## 五、结果处理

$$\text{葡萄糖含量(mg/100 mL 血清)}=\frac{\text{测定管吸光值}}{\text{标准管吸光值}}\times 1\times 100$$

式中:1 为标准葡萄糖浓度,mg/mL。

正常值: 3.89~ 6.10 mmol/L 或 70~110 mg/100mL。

## 六、注意事项

1. 本法对葡萄糖氧化酶特异性较高,因此不受其他糖及还原性物质的干扰。

2. 由于温度对本实验影响较大,水浴时应严格控制温度,防止酶活性丧失。

3. GOD 高特异性催化$\beta$-D-葡萄糖,而血清中葡萄糖的$\alpha$ 和$\beta$ 构型分别占 36%和 64%。要使葡萄糖完全反应,必须使 $\alpha$-葡萄糖变旋为$\beta$ 构型。解决方法是在试剂中加入葡萄糖变旋酶。

## 七、思考题

1. 正常人空腹血样的含糖量范围是多少？患糖尿病时，血糖含量有何变化？测定的样品为什么要空腹采血？

2. 本实验在操作过程中应注意哪些问题？

# 实验四　粗脂肪的提取和定量测定

## 一、目的

1. 学习和掌握用索氏(Soxhlet)提取器提取脂肪的原理和方法。

2. 学习和掌握用重量分析法对粗脂肪进行定量测定。

## 二、原理

利用脂类物质溶于有机溶剂的特性,在索氏提取器中用有机溶剂(本实验用石油醚,沸程为 30~60 ℃)对样品中的脂类物质进行提取。因提取的物质是脂类物质的混合物,故称其为粗脂肪。

索氏提取器是由提取瓶、提取管、冷凝器三部分组成的(如图 3-2 所示),提取管两侧分别有虹吸管和连接管。各部分连接处要严密不能漏气。提取时,将待测样品包在脱脂滤纸包内,放入提取管内。提取瓶内加入石油醚。加热提取瓶,石油醚气化,由连接管上升进入冷凝器,凝成液体滴入提取管内,浸提样品中的脂类物质。待提取管内石油醚液面达到一定高度,溶有粗脂肪的石油醚经虹吸管流入提取瓶。流入提取瓶内的石油醚继续被加热气化、上升、冷凝,滴入提取管内,如此循环往复,直到抽提完全为止。

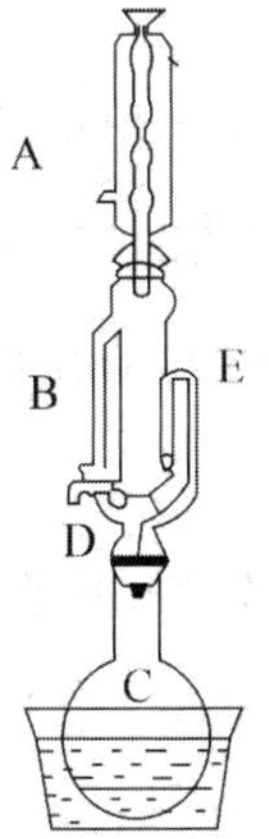


A—冷凝管；B—索氏提取器；C—圆底烧瓶；
D—阀门；E—虹吸回流管。

**图 3-2　索氏提取器**

本法为重量法，将由样品抽提出的粗脂肪，蒸去溶剂、干燥、称重，按后面给的公式计算，求出样品中粗脂肪的百分含量。

## 三、器材与试剂

### （一）器材

索氏提取器（50 mL）、分析天平、烧杯、烘箱、干燥剂、恒温水浴、脱脂滤纸、脱脂棉、镊子。

### （二）材料

1. 芝麻种子样品：待测样品若是液体，应将一定体积的样品滴在脱脂棉上，60～80 ℃烘箱中烘干后，放入提取管内。

2. 将洗净、晾干的芝麻种子置于 80～100 ℃烘箱中烘 4 h。待冷却后，准确称取 2～4 g，置于研钵中研磨，将研磨的样品及擦净钵体的脱脂棉一并用脱脂滤纸包住并用丝线扎好，以防样品漏出。或用特制的滤纸斗装样品，斗口用脱脂棉塞好，放在索氏提取器的提取管内，最后再用石油醚洗净研钵后倒入提取管内。

3. 石油醚：化学纯，沸程 30～60 ℃，加热时严禁使用明火。

## 四、操作步骤

洗净索氏提取瓶，在 105 ℃烘箱内烘干至恒重，记录重量。将石油醚加到提取瓶内，至瓶容积的 1/2～2/3。将样品包放入提取管内。连接提取器各部分，确保接口处不漏气。用 70～ 80 ℃恒温水浴加热提取瓶，抽提约 16 h，直至抽提管内的石油醚用滤纸检验无油迹为止。此时表示提取完全。

提取完毕，取出滤纸包，再回馏一次，洗涤提取管。继续蒸馏，当提取管中的石油醚液面接近虹吸管口而未流入提取瓶时，倒出石油醚。若提取瓶中仍有石油醚，继续蒸馏，直至完全蒸完。取下提取瓶，洗净瓶外壁，放入 105 ℃烘箱中烘干至恒重，记录重量。

## 五、结果处理

按下式计算样品中粗脂肪的百分含量。

$$粗脂肪含量=\frac{提取后提取瓶的质量(g)-提取前提取瓶的质量(g)}{样品质量}\times 100\%$$

## 六、注意事项

石油醚为易燃有机溶剂,实验室应保持通风并严禁使用任何明火。

## 七、思考题

1. 为什么索氏提取法提取的物质是粗脂肪?
2. 做好本实验应注意哪些问题?
3. 实验过程中安全使用石油醚应注意哪些问题?
4. 写出几种含脂量较高的食物,包括蔬菜、水果、肉类、谷类等。

# 实验五　油脂酸价的测定

## 一、目的

1. 了解酸价的概念、应用和含义。
2. 掌握测定油脂中游离脂肪酸含量的原理及方法。

## 二、原理

新鲜油脂游离脂肪酸的含量都比较低,经长期存放后,油脂在脂肪水解酶或其他因素作用下,会有不同程度的水解。部分甘油酯分解产生游离的脂肪酸,使油脂变质酸败。因此,油脂中游离脂肪酸含量的多少,就能够反映油脂的新鲜程度。

游离脂肪酸的含量高低可以用“酸价”或“酸值”来表示。酸价是指中和 1 g 油脂中的游离脂肪酸所需氢氧化钾的质量(mg)。油脂中游离脂肪酸含量越高,中和时氢氧化钾的消耗量越高,所得的酸价越大,表明该油脂的质量越差。

## 三、器材与试剂

### (一)器材

锥形瓶,碱式滴定管,水浴锅。

### (二)试剂

1. 乙醚-乙醇混合液:95% 乙醇与乙醚按等体积比均匀混合后,加入 2 滴 1% 酚酞指示剂临用前用 0.1 mol/L 氢氧化钾液调至微红色(中性)。
2. 1% 酚酞乙醇溶液:称取 1 g 酚酞溶于 100 mL 95% 乙醇中。
3. 0.1 mol/L 氢氧化钾溶液。

### (三)实验材料

豆油,菜籽油。

## 四、操作步骤

准确称取油脂样品 3.0～5.0 g 放入 150 mL 干燥洁净的锥形瓶内，另取一只锥形瓶不加油样作为空白对照。在锥形瓶中分别加入 50 mL 乙醚–乙醇混合液，摇动混匀，使油脂完全溶解，呈透明状态。可以酌情增加混合液用量或在 50～60℃水浴上加热至完全溶解。油脂溶解后加入 1%酚酞指示剂 2～3 滴，用 0.1 mol/L 标准氢氧化钾溶液进行滴定至溶液出现微红色，30 s 不褪色为止。

## 五、结果处理

酸价按下式进行计算：

$$酸价(\mathrm{mg\ KOH/g}\ 油脂)=\frac{V_2-V_1}{m}\times 0.1\times 56$$

式中：$V_2$ 为滴定油样时耗用氢氧化钾溶液的体积，mL；$V_1$ 为滴定空白对照时耗用的氢氧化钾溶液体积，mL；$m$ 为油样质量，g；0.1 为标准氢氧化钾溶液的浓度，mol/L。

## 六、注意事项

乙醚和乙醇易燃、易挥发，使用中注意避免接见明火。

## 七、思考题

1. 为什么要选择乙醚–乙醇混合液来溶解油脂？
2. 深色油测定酸价时应注意哪些问题？

# 实验六　卵磷脂的提取和鉴定

## 一、目的

1. 学习和掌握卵磷脂的提取和鉴定的原理及方法。
2. 了解卵磷脂的生物学功能。

## 二、原理

卵磷脂又称磷脂酰胆碱,是甘油磷脂的一种,是细胞膜磷脂双分子层的重要成分。在动植物体内均有分布,在动物的脑、神经组织、肝、肾上腺和红细胞中含量较多,蛋黄中含量特别多,可达8%~10%。卵磷脂的生物学功能:①是生物膜的骨架;②是肌体代谢所需量的来源;③控制肌体脂肪代谢,防止形成脂肪肝;④酶的激活剂。

卵磷脂是两性分子,可溶于含少量水的非极性溶剂中(但不易溶于水和无水丙酮),溶于醇、乙醚等脂溶剂,可利用这些脂溶剂进行提取。

刚提取的卵磷脂为白色蜡状物,与空气接触后,因其不饱和脂肪酸被氧化而呈黄褐色。卵磷脂中的胆碱,在碱性溶液中可分解为三甲胺,三甲胺具有特殊的鱼腥味,可用于鉴定。

## 三、器材与试剂

### (一)器材

电炉、蒸发皿、漏斗、酒精灯、移液管、铁架台、试管及试管架、量筒。

### (二)试剂

1. 95%乙醇。
2. 10% NaOH溶液。
3. 丙酮。

### (三)实验材料

鸡蛋黄。

## 四、实验步骤

### (一)卵磷脂的提取

取蛋黄 2 g,置小烧杯内,加入 15 mL 热的 95% 乙醇,边加边搅拌,冷却后过滤。保证滤液清澈透明。然后将滤液置于蒸发皿内,蒸汽浴上蒸干,残留物即为卵磷脂。

### (二)三甲胺实验

取少量制得的卵磷脂,置于试管中,加入 2 mL 10% NaOH,置于沸水浴中加热,注意是否产生鱼腥味。

### (三)溶解度实验

取剩余的卵磷脂置于一小烧杯中,加入 2 mL 丙酮,观察其是否溶解。

## 五、结果处理

根据实验现象,分析卵磷脂是否存在。

## 六、注意事项

注意观察所得卵磷脂的颜色、气味等性质。

## 七、思考题

1. 简述卵磷脂的生物学功能。
2. 写出磷脂酰胆碱(卵磷脂)的结构式。

# 实验七　邻苯二甲醛法测定血清总胆固醇含量

## 一、目的

1. 了解胆固醇的性质及其生理意义。

2. 学习并掌握比色法测定血清总胆固醇的原理和方法。

## 二、原理

胆固醇是环戊烷多氢菲的衍生物,是细胞的重要组成成分,也是血浆蛋白的组成成分之一。它在体内可以转化成胆汁酸盐、肾上腺皮质激素和维生素 D 等。胆固醇在体内以游离胆固醇及胆固醇酯两种形式存在,两者统称总胆固醇。总胆固醇的测定方法包括化学比色法和酶法。本实验采用化学比色法。胆固醇及其酯在硫酸作用下能与邻苯二甲醛反应生成紫红色物质,此物质在 550 nm 波长处有最大吸收。因此,可以用比色法对总胆固醇进行定量测定。胆固醇含量在 400 mg/100 mL 内,与吸光值呈良好线性关系。此法不必离心,颜色产物也比较稳定,受胆红素及一般溶血影响(严重溶血会使结果偏高)。本方法在 20~37 ℃条件下显色,显色后 5 min 至 0.5 h 内颜色基本稳定。温度过低会导致显色剂强度减弱;加混合酸后过度振摇可能产生过高热量,也会使显色减弱。

## 三、器材与试剂

### (一)器材

试管、移液管、分光光度计、容量瓶、烧杯、电子天平。

### (二)试剂

1. 邻苯二甲醛试剂:称取邻苯二甲醛 50 mg,以无水乙醇溶解至 50 mL 冷藏,有效期为一个半月。

2. 混合酸:冰醋酸 100 mL 与浓硫酸 100 mL 混合而成。

3. 标准胆固醇贮存液(1 mg/mL):准确称取胆固醇 100 mg,以冰醋酸溶至 100 mL。

4. 标准胆固醇工作液(0.1 mg/mL):将上述贮存液以冰醋酸稀释 10 倍,即取 10 mL 用冰醋酸稀释至 100 mL。

### (三)实验材料

0. 1 mL 血清以冰醋酸稀释至 4. 00 mL。

## 四、操作步骤

### (一)绘制标准曲线

取 9 支试管编号后,按表 3-4 所示顺序加入试剂。

表 3-4　标准曲线的配制

| 试剂 | 管号 | | | | | | | | |
|---|---|---|---|---|---|---|---|---|---|
| | 0 | 1 | 2 | 3 | 4 | 5 | 6 | 7 | 8 |
| 标准胆固醇液/mL | 0 | 0. 05 | 0. 10 | 0. 15 | 0. 20 | 0. 25 | 0. 30 | 0. 35 | 0. 40 |
| 冰醋酸/mL | 0. 40 | 0. 35 | 0. 30 | 0. 25 | 0. 20 | 0. 15 | 0. 10 | 0. 05 | 0 |
| 邻苯二甲醛试剂/mL | 0. 20 | 0. 20 | 0. 20 | 0. 20 | 0. 20 | 0. 20 | 0. 20 | 0. 20 | 0. 20 |
| 混合酸/mL | 4. 00 | 4. 00 | 4. 00 | 4. 00 | 4. 00 | 4. 00 | 4. 00 | 4. 00 | 4. 00 |
| 胆固醇含量/mg | 0 | 50 | 100 | 150 | 200 | 250 | 300 | 350 | 400 |

加完试剂,混合均匀,在 20~37 ℃下静置 10 min,在 550 nm 下比色测定。以总胆固醇含量(mg)为横坐标,吸光值(A550 nm)为纵坐标做出标准曲线。

### (二)样品测定

取 3 支试管编号后,分别按表 3-5 所示加入试剂,与标准曲线同时作比色测定。

表 3-5　样品的配制

| 试剂 | 管号 | | |
|---|---|---|---|
| | 对照 | 样品 | 样品 |
| 稀释的未知血清样品/mL | 0 | 0. 40 | 0. 40 |
| 邻苯二甲醛试剂/mL | 0. 20 | 0. 20 | 0. 20 |
| 冰醋酸/mL | 0. 40 | 0 | 0 |
| 混合酸/mL | 4. 00 | 4. 00 | 4. 00 |
| A550 nm | | | |

加毕,混合均匀,在 20~37 ℃下静置 10 min,在 550 nm 下比色测定。测得吸光值后从标准曲线中可以查出样品的胆固醇含量。

## 五、结果处理

$$胆固醇含量(mg/100mL) = \frac{C \times n}{a} \times 100\%$$

式中:$C$ 为标准曲线查得胆固醇含量,mg; $a$ 为吸取样品液体积,mL; $n$ 为样品稀释倍数。

附注:血清胆固醇含量的临床意义

1. 血清胆固醇浓度增高

可见于动脉粥样硬化、肾病综合征、胆总管阻塞、黏液性水肿和糖尿病患者。其他如肥大性骨关节炎、老年性白内障和银屑病等疾病患者血清胆固醇也有增高。

2. 血清胆固醇降低

恶性贫血、溶血性贫血以及甲状腺功能亢进时,血清胆固醇降低;其他如感染或营养不良等情况下,胆固醇总量常见降低。

## 六、注意事项

在混合酸配制时,将浓硫酸加入冰醋酸中,次序不可颠倒。

## 七、思考题

1. 本实验操作中需要注意哪些?为什么?

2. 酯类难溶于水,将它们均匀分散在水中则形成乳浊液。为什么正常人血浆和血清中含有酯类虽多,却清澈透明?

# 实验八　离子交换柱层析法分离氨基酸

## 一、目的

学习用阳离子交换树脂柱分离氨基酸的操作方法和基本原理。

## 二、原理

各种氨基酸分子的结构不同,在同一 pH 值时与离子交换树脂的亲和力有差异,因此可依亲和力从小到大的顺序被洗脱液洗脱下来,达到分离的效果。

## 三、器材与试剂

### (一)器材

20 cm×1 cm 层析管、试管、吸管、恒压洗脱瓶、部分收集器、搪瓷杯、电炉、分光光度计。

### (二)试剂

1. 苯乙烯磺酸钠型树脂。
2. 2 mol/L 盐酸溶液。
3. 2 mol/L 氢氧化钠溶液。
4. 标准氨基酸溶液:用天冬氨酸、赖氨酸和组氨酸均配制成 2 mg/mL 的 0.1M 盐酸溶液。
5. 混合氨基酸溶液:将上述天冬氨酸、赖氨酸和组氨酸溶液按 1∶2∶5∶10 的比例混合。
6. 柠檬酸-氢氧化钠-盐酸缓冲液(pH 5.8):取柠檬酸 14.25 g、氢氧化钠 9.30 g 和浓盐酸 5.25 mL 溶于少量水后,定容至 500 mL,冰箱保存。
7. 显色剂:2 g 水合茚三酮溶于 75 mL 乙二醇单甲醚中,加水至 100 mL。
8. 50% 乙醇水溶液。

## 四、操作步骤

### (一)层析柱的准备

将强酸型阳离子交换树脂用氢氧化钠处理成 $Na^{+}$型后洗至中性,搅拌 1 h 后装成一个直径 1 cm、高 16~18 cm 的层析柱。

### (二)氨基酸的洗脱

用 pH 5.8 的柠檬酸缓冲液流洗平衡交换柱。调节流速为 0.5 mL/min,流出液达床体积的 4 倍时即可上样。由柱上端仔细加入氨基酸混合液 0.25~0.5 mL,同时开始收集流出液。当样品液弯月面靠近树脂顶端时,即可加入 0.5 mL 柠檬酸缓冲液冲洗加样品处。待缓冲液弯月面靠近树脂顶端时,再加入 0.5 mL 缓冲液。如此重复两次,然后用滴管小心注入柠檬酸缓冲液(切勿搅动床面),并将柱与洗脱瓶和部分收集器相连。开始用试管收集洗脱液,每管收集 2 mL,共收集 30~40 管。

### (三)氨基酸的鉴定

向各管收集液中加 2 mL 水合茚三酮显色剂并混匀,在沸水浴中准确加热 15 分钟后冷却至室温,再加 1.5 mL 的 50%乙醇液,放置 10 分钟。以收集液第 2 管为空白,测定 A570 nm 波长的光吸收值。以光吸收值为纵坐标,以柱洗脱体积为横坐标绘制洗脱曲线。以已知 3 种氨基酸的纯溶液为样品,按上述方法和条件分别操作,将得到的洗脱曲线与混合氨基酸的洗脱曲线对照,可确定 3 个峰的大致位置及各峰为何种氨基酸,如图 3-3 所示。

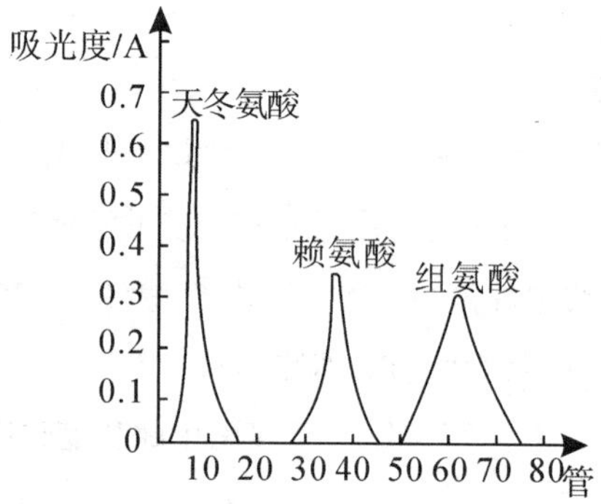


图 3-3 混合氨基酸洗脱曲线

# 实验九 血清蛋白醋酸纤维素薄膜电泳

## 一、目的

1. 掌握醋酸纤维素薄膜电泳的基本原理及操作过程。
2. 了解血清蛋白质的各种成分。

## 二、原理

### (一)电泳的基本原理

电泳是指带电颗粒在电场作用下发生迁移的过程。许多重要的生物分子,如氨基酸、多肽、蛋白质、核苷酸、核酸等。都具有可电离基团。这些分子在特定的 pH 值下可以带正电或负电。在电场作用下,这些带电分子会向与其所带电荷极性相反的电极方向移动。电泳技术利用电场的作用,由于待分离样品中各种分子带电性质以及分子大小、形状等性质的差异,使带电分子产生不同的迁移速度,从而实现对样品分离、鉴定或提纯。电泳过程必须在支持介质中进行,自由界面电泳没有固定支持介质,扩散和对流较强,影响分离效果。因此,出现了固定支持介质的电泳,样品在固定介质中电泳,减少了扩散和对流等干扰。最初的支持介质是滤纸和醋酸纤维素膜。由于 pH 值改变会影响带电分子电荷,进而影响电泳迁移速度,因此电泳过程应在适当的缓冲液中进行,以保持待分离物带电性质的稳定。

### (二)醋酸纤维素薄膜

醋酸纤维素是纤维素的羟基乙酰化后形成的纤维素醋酸酯,将其溶于有机溶剂(比如丙酮、氯仿、氯乙烯、乙酸乙酯等)后,涂抹成均匀薄膜,待溶剂蒸发后,即成为醋酸纤维素薄膜。该膜一面光滑,另一面粗糙无光泽。电泳时,将待测物样品点样于粗糙无光泽面,经电场作用后,样品即可被分离。

### (三)蛋白质

蛋白质由氨基酸组成,其分子中除两端的游离氨基和羧基外,侧链中还有一些解离基。作为带电颗粒,蛋白质可以在电场中移动,移动方向取决于蛋白质分子所带的电荷。蛋白质颗粒在溶液中所带电荷,既取决于其分子组成中碱性和酸性氨基酸的含量,又受溶液 pH 影响。当蛋白质溶液处于某一 pH 时,蛋白质游离成正、负离子的趋势相等,即成为兼性离子,此时溶液的 pH 值称为蛋白质的等电点。处于等电点的蛋白质颗粒,在电场中不移动。蛋白质溶液的 pH 大于等电点时,该蛋白质颗粒带负电荷,反之则带正电荷。各种蛋白质分子由于所含的碱性氨基酸和酸性氨基酸数目不同,因此有各自的等电点。碱性氨基酸含量较多的蛋白质,等电点偏碱性;反之,酸性氨基酸含量较多的蛋白质,等电点偏酸性。蛋白质是两性电解质,在 pH 值小于其等电点的溶液中,为正离子,在电场中向阴极移动;在 pH 值大于其等电点的溶液中,为负离子,在电场中向阳极移动。血清中含有数种蛋白质,它们具有的可解离基团不同,在同一 pH 值的溶液中,所带净电荷不同,因此可以利用电泳法将它们分离。

血清中含有白蛋白、$\alpha$-球蛋白、$\beta$-球蛋白、$\gamma$-球蛋白等,各种蛋白质由于氨基酸组成、立体构象、相对分子质量及等电点不同,导致在电场中的迁移速度不同。由表 3-6 所示可知,血清中 5 种蛋白质的等电点大部分低于 pH 值 7.0,所以在 pH 为 8.6 的缓冲液中,它们都电离成负离子,在电场中向阳极移动。

**表 3-6　不同蛋白质的等电点**

| 蛋白质名称 | 等电点(pI) | 相对分子质量 |
|---|---|---|
| 白蛋白 | 4.88 | 69 000 |
| $\alpha$1-球蛋白 | 5.06 | 200 000 |
| $\alpha$2-球蛋白 | 5.06 | 300 000 |
| $\beta$-球蛋白 | 5.12 | 90 000~150 000 |
| $\gamma$-球蛋白 | 6.85~7.50 | 156 000~300 000 |

因此,本实验选用 pH 为 8.6 的巴比妥-巴比妥钠溶液作为电泳的缓冲液。

**(四)分光光度计的工作原理**

溶液中的物质在光的照射激发下,产生了对光吸收的效应。物质对光的吸收是具有选择性的,各种不同的物质都具有各自的吸收光谱。因此当某单色光通过溶液时,其能量就会被吸收而减弱,光能量减弱的程度和物质的浓度有一定的比例关系,也即符合比色原理——比耳定律。

当入射光、吸光系数和溶液厚度不变时,透光率或吸光度只随溶液浓度的变化而变化。因此,把透过滤液的光经过测光系统中的光电转换器,将光能转化为电能,就可以在测光系统的指示器上显示出相应的吸光度和透光率。

在一定浓度范围内,蛋白质的含量与其结合的染料量成正比。故可将蛋白质区带剪下,分别用 0.4 mol/L 的 NaOH 溶液浸洗下来进行比色测定,确定其相对含量;或者将染色后的薄膜直接用光密度计扫描测定相对含量。本实验采用分光光度计来测定各种蛋白质的含量。

## 三、器材与试剂

### (一)器材

电泳仪、点样器、分光光度计、剪刀、滤纸、镊子、培养皿、试管架、试管、洗耳球、吸量管、玻璃板。

### (二)试剂

1. 巴比妥缓冲液(pH 8.6,离子强度 0.06):称取巴比妥 1.66 g 和巴比妥钠 12.76 g,溶于少量蒸馏水中,定容至 1 000 mL。

2. 染色液:称取氨基黑 10 B 0.5 g,加入蒸馏水 40 mL、甲醇 50 mL 和冰醋酸 10 mL,混匀,保存备用。

3. 漂洗液:量取 95% 乙醇 45 mL,冰醋酸 5 mL 和蒸馏水 50 mL,混匀,保存备用。

4. NaOH 溶液(0.4 N):称取 NaOH 16 g,用少量蒸馏水溶解后定容至 1 000 mL。

5. 透明液:

甲液:分别量取冰醋酸 15 mL 和无水乙醇 85 mL,将二者混匀即成。

乙液:分别量取冰醋酸 25 mL 和无水乙醇 75 mL,将二者混匀即成。

### (三)实验材料

新鲜血清(制备时需无溶血现象)。

## 四、操作步骤

### (一)仪器和薄膜的准备

1. 醋酸纤维素薄膜的湿润和选择

选择质匀、孔细的醋酸纤维薄膜,在无光泽面的一端 1.5 cm 处,用铅笔轻画一横线作为加样线并编号,然后置于装有 pH 8.6 的巴比妥缓冲液中,并使之完全浸没。选取在 15~30 s 内迅速润湿且表面无斑点的醋酸纤维素薄膜,浸泡约 30 min。

2. 制作电桥

将电极缓冲液倒入水平电泳槽的两边,使两个电极槽内的液面等高。根据电极槽的纵向尺寸,在两电机槽分别放入四层纱布(或滤纸),一端浸入缓冲液中,另一端则贴在电泳槽的支架上。它们的作用是联系薄膜与两电极缓冲液之间的中间“桥梁”。

### (二)点样

用镊子从缓冲液中取出醋酸纤维薄膜,置洁净的滤纸上吸去多余的水分,使醋酸纤维薄膜既保持湿润状态又无明显的水分。注意不能吸得太干,以免影响导电,导致电泳图谱有条痕;亦不能留存过多的缓冲液,以避免点样时血清随着缓冲液而扩散,导致电泳图谱分离不齐。

将醋酸纤维薄膜置于洁净的滤纸上,无光泽面向上。用毛细吸管吸取约 5 μL 血清,均匀涂抹于点样器上,然后垂直印在点样线上,停留 2~3 s 待血清完全渗入后移开,形成一条粗细宽窄一致的血清线,如图 3-4 所示。注意点样时不能太过用力。

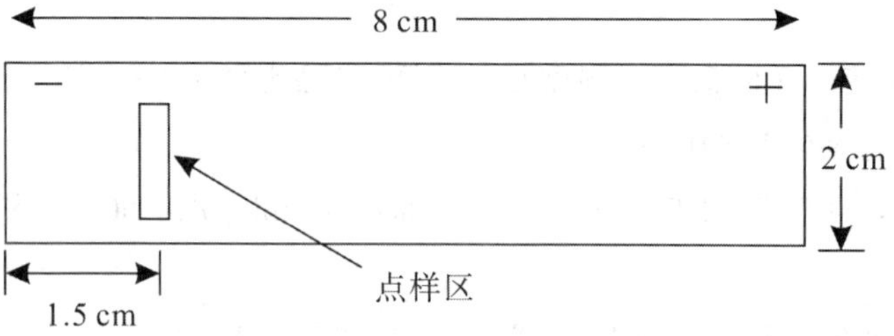


**图 3-4　电泳点样示意图**

### (三)电泳

将点样好的薄膜用镊子迅速平贴在电泳槽的滤纸桥上,并使点样端贴在阴极,无光泽面向下。为了使膜条与电场平行,还应把膜条与电极之间压紧(不许有气泡),使膜条绷直,中间不下垂。放好后盖好电泳槽盖,平衡 10 min 后通电,电压可选择 90 V 左右,电泳约 1 h,然后关闭电源,如图 3-5 所示。电泳过程中注意观察电压的变化。

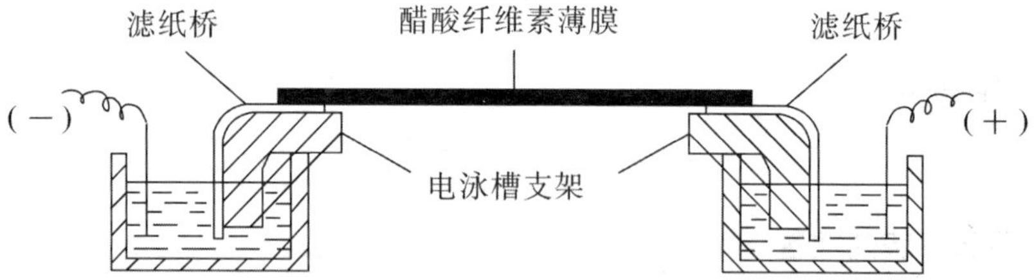


**图 3-5　电泳示意图**

### (四)染色与漂洗

电泳结束后,取出薄膜,直接放入染色液中浸泡约 5 min。染色过程中可以轻轻抖动培养皿以使染色更加充分、均匀。注意不要让薄膜重叠。

染色完毕后,用镊子取出薄膜并立即浸泡于漂洗液中,每 10 min 更换一次漂洗液,漂洗 2~3 次,背景漂洗干净后用滤纸吸干薄膜。漂洗过程中可以用镊子夹住薄膜轻轻抖动。漂洗完毕后可以看到 5 条清晰的蛋白质带。

### (五)洗脱法测定各种蛋白质的相对含量(选做)

挑选所得薄膜中蛋白质区带分离最清晰的薄膜,用剪刀小心剪开五条蛋白质带,另于点样线以下剪一大小与色带相仿的薄膜作为空白对照组。取6支试管进行编号。将所得的蛋白质带和无色薄膜分别放入6支试管中,用吸量管吸取4 mL 0.4 mol/L的NaOH溶液分别加入每支试管中。在37 ℃温水浴锅中保温约30 min,并不时振荡,直至蓝色全部脱去。在750 nm波长处比色,以空白对照调零,读取各蛋白组分的吸光度。

吸光度总和 $T$=OD清蛋白(A)+ODα1+ODα2+ ODβ+ODγ

各组分蛋白质的百分数为:

$$\text{清蛋白 A} = \text{OD 清蛋白(A)}/T\times 100\%$$

$$\alpha 1 \text{ 球蛋白} = \text{OD}\alpha 1/\text{T}\times 100\%$$

$$\alpha 2 \text{ 球蛋白} = \text{OD}\alpha 2/\text{T}\times 100\%$$

$$\beta \text{ 球蛋白} = \text{OD}\beta/T\times 100\%$$

$$\gamma \text{ 球蛋白} = \text{OD}\gamma/T\times 100\%$$

## 五、结果处理

漂洗后,醋酸纤维素薄膜上可以呈现清晰的5条区带,由正极端起,依次为清蛋白,α1-球蛋白,α2-球蛋白,β-球蛋白及γ-球蛋白。

### (一)透明

将用滤纸吸干的醋酸纤维素薄膜浸入透明液的甲液中,2 min后立即取出,并将其浸入透明液乙液中,准确浸泡1 min后,迅速取出薄膜,并将其紧贴在玻璃板上,赶走气泡。2~3 min内薄膜完全透明。待干后置于切片盒中,可长期保存。

### (二)定量分析

可以利用洗脱法,测得各蛋白质组分的相对百分含量。

将漂洗干净而未透明的电泳图谱的各区带剪下,并剪一段无蛋白质区带的薄膜作为空白,分别浸于盛有0.4 mol/L的NaOH溶液的试管中。摇匀,放入37 ℃的水浴中保温30 min,每隔10 min摇动一次,然后以无蛋白质区带的试管为空白调零,在620 nm波长处进行比色测定。设所测得的各试管光密度值分别为ODA、ODα1、ODα2、ODβ、ODγ,按下列方法计算血清中各种蛋白质所占的百分率。

1. 先计算光密度值总和($T$)

$$T = \text{ODA}+\text{OD}\alpha 1+\text{OD}\alpha 2+\text{OD}\beta+\text{OD}\gamma$$

2. 再计算血清中各种蛋白质所占的百分率

$$清蛋白=(ODA)/T\times 100\%$$

$$\alpha 1\text{-}球蛋白=(OD\alpha 1)/T\times 100\%$$

$$\alpha 2\text{-}球蛋白=(OD\alpha 2)/T\times 100\%$$

$$\beta\text{-}球蛋白=(OD\beta)/T\times 100\%$$

$$\gamma\text{-}球蛋白=(OD\gamma)/T\times 100\%$$

附注:实验结果如图 3-6 所示。

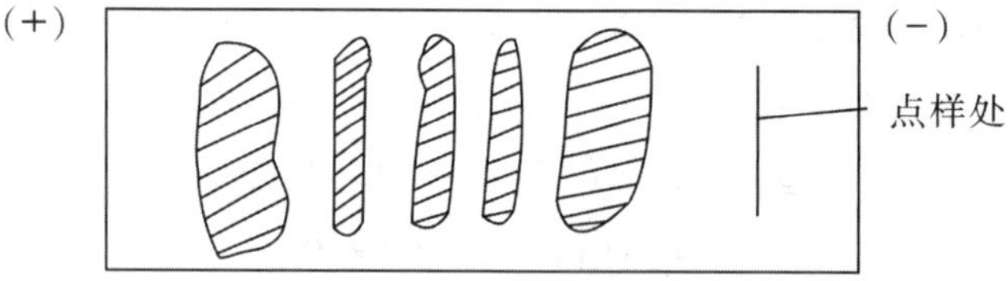


**醋酸纤维薄膜血清蛋白电泳图谱**

从左至右依次为:清蛋白,$\alpha 1$ 球蛋白,$\alpha 2$ 球蛋白,$\beta$ 球蛋白,$\gamma$ 球蛋白。

**图 3-6　醋酸纤维薄膜血清蛋白电泳图谱**

## 六、注意事项

1. 实验中所用的巴比妥缓冲液为神经毒剂,染色液与漂洗液都具有毒性,因此进行实验时必须佩戴手套。

2. 点样的成功与否直接关系到电泳结果,所以在点样时应严格按照操作步骤进行,并建议在滤纸上练习后再进行实际操作。

3. 在电泳过程中,应注意控制电流,每条带的电流以 0.4~0.6 mA/cm 为宜。

## 七、思考题

1. 简述电泳过程中如何区分 5 条蛋白带。

2. 在实验过程中如果电压控制不当,过小或过大,会对电泳结果产生哪些影响?

3. 如果薄膜与滤纸桥之间存在气泡,电泳后薄膜上的条带会呈现什么特点?原因是什么?

# 实验十 Folin-酚试剂法测定蛋白质含量

## 一、目的

掌握利用 Folin-酚试剂法测定蛋白质含量的基本原理和操作方法。

## 二、原理

Folin-酚试剂法测定蛋白质含量的过程包含两步反应：首先在碱性环境下，蛋白质与 $Cu^{2+}$ 结合形成蛋白质-铜络合物；随后，此络合物会将磷钼酸-磷钨酸试剂(Folin 试剂)还原，生成深蓝色的混合物(磷钼蓝和磷钨蓝)，该颜色的深浅与蛋白质含量成正比，因此可以通过比色法来测定蛋白质的含量。

此法操作简便，灵敏度比双缩脲法高 100 倍，反应 15 min 内有最大显色，并至少可稳定几小时。其不足之处是此反应受多种因素干扰。在测试时应排除干扰因素或做空白试验消除。

由于在 Folin-酚法中包含双缩脲反应，因此凡干扰双缩脲反应的基团，如 $-CO-NH_2$，$-CS-NH_2$ 以及在性质上是氨基酸或肽的缓冲剂，比如 Tris 缓冲剂以及蔗糖、硫酸铵、巯基化物均可干扰 Folin-酚反应。此外，所测的蛋白质样品中，若含有酚类及柠檬酸，也会对此反应产生干扰。而浓度较低的尿素(0.5%左右)、胍(0.5%左右)、硫酸钠(1%)、硝酸钠(1%)、三氯乙酸(0.5%)、乙醇(5%)、乙醚(5%)、丙酮(0.5%)对显色无影响，如果这些物质在所测样品中含量较高，则需做校正曲线。若所测的样品中含硫酸铵，则需增加碳酸钠-氢氧化钠浓度即可显色测定。若样品酸度较高，也需将碳酸钠-氢氧化钠的浓度提高 1~2 倍，这样即可纠正显色后色浅的弊病。

本法的定量范围为 25~250 μg/mL 蛋白质。

## 三、器材与试剂

### (一)器材

分光光度计、电子天平、容量瓶、移液管或移液器、量筒、试管和试管架。

### (二)试剂

1. 0.5 mol/L NaOH。

2. Folin–酚试剂甲。

A 液：称取 10 g $Na_2CO_3$，2 g NaOH 和 0.25 g 酒石酸钾钠，溶解后用蒸馏水定容至 500 mL。

B 液：称取 0.5 g $CuSO_4 \cdot 5H_2O$，溶解后用蒸馏水定容至 100 mL。

每次使用前将 A 液 50 份与 B 液 1 份混合，即为 Folin–酚试剂甲。此试剂应临用前配制，一天内有效。

3. Folin–酚试剂：在 1.5 L 容积的磨口回流器中加入 100 g 钨酸钠（$Na_2WO_4 \cdot 2H_2O$）和 25 g 钼酸钠（$Na_2MoO_4 \cdot 2H_2O$）及 700 mL 蒸馏水，再加 50 mL 85%磷酸和 100 mL 浓盐酸，充分混匀。接上回流冷凝管，以小火回流 10 h。回流结束后，加入 150 g 硫酸锂和 50 mL 蒸馏水及数滴液体溴。开口继续沸腾 15 min，去除过量的溴，冷却后溶液呈黄色（倘若仍呈绿色，再滴加数滴液体溴，继续沸腾 15 min），然后稀释至 1 L 并过滤，滤液置于棕色试剂瓶中保存。使用前大约加水 1 倍，使最终浓度相当于 1 mol/L。若此贮存液使用过久，颜色由黄变绿，可加几滴液溴，煮沸几分钟，恢复原色后仍可继续使用。

市售的 Folin–酚试剂在使用前要稀释至 1 mol/L。

4. 250 μg/mL 标准血清白蛋白溶液。

### （三）实验材料

血清（须稀释一定倍数）。测试其他蛋白质样品时，应稀释至适当倍数，使其浓度落在标准曲线测试范围内。

## 四、操作步骤

### （一）绘制标准曲线

取 6 支干净试管，按表 3–7 所示加入试剂。30 min 后，以不含蛋白质的 1 号试管作为对照，用分光光度计在 500 nm 波长下测定各管中溶液的吸光值并记录结果。以血清白蛋白含量（μg）为横坐标，以吸光值为纵坐标绘制标准曲线。

表 3-7　标准曲线的绘制

| 试剂 | 管号 | | | | | |
|---|---|---|---|---|---|---|
| | 1 | 2 | 3 | 4 | 5 | 6 |
| 血清白蛋白溶液/mL | 0 | 0.2 | 0.4 | 0.6 | 0.8 | 1.0 |
| 蒸馏水/mL | 1.0 | 0.8 | 0.6 | 0.4 | 0.2 | 0 |
| Folin-酚试剂甲/mL | 5 | 5 | 5 | 5 | 5 | 5 |
| 混合均匀,室温放置 10 min | | | | | | |
| Folin-酚试剂乙/mL | 0.5 | 0.5 | 0.5 | 0.5 | 0.5 | 0.5 |

### (二)样品的提取及测定

取干净试管 2 支,各加入待测溶液 1 mL,分别加入 Folin-酚试剂甲 5 mL,混匀后放置 10 min,再各加 Folin-酚试剂乙 0.5 mL,迅速混匀,室温放置 30 min,于 500 nm 波长下测定吸光值,并记录结果。

## 五、结果处理

计算出两个重复样品吸光值的平均值,从标准曲线中查出相对应的蛋白质含量 m(μg),再按下列公式计算样品中蛋白质含量。

$$\text{血清样品中蛋白质含量(mg/mL)} = \frac{m}{V} \times n$$

式中:$m$ 为标准曲线查得的蛋白质含量,mg;$V$ 为所取血清稀释液的体积,mL;$n$ 为稀释倍数。

## 六、注意事项

1. 进行测定时,加 Folin-酚试剂要特别小心,因为 Folin-酚试剂仅在酸性 pH 条件下稳定,但此实验的反应只是在 pH 10 的情况下发生,所以当加 Folin-酚试剂乙时,必须立即混匀,以便在磷钼酸-磷钨酸试剂被破坏之前就能发生还原反应,否则会使显色程度减弱。
2. 本法也可用于游离酪氨酸和色氨酸含量的测定。

## 七、思考题

1. Folin-酚试剂测定蛋白的原理是什么?
2. 测定蛋白质含量除 Folin-酚试剂显色法以外,还可以用什么方法?

# 实验十一　考马斯亮蓝染色法测定蛋白质含量

## 一、目的

学习考马斯亮蓝染色法测定蛋白质含量的原理和方法。

## 二、原理

1976 年 Bradford 建立了利用考马斯亮蓝 G-250(Coomassie brilliant blue G-250)与蛋白质结合的原理,迅速、敏感地定量测定蛋白质含量的方法。考马斯亮蓝在游离状态下呈红色,最大光吸收在 465 nm。当它与蛋白质结合后变为蓝色,蛋白质-色素结合物在 595 nm 波长下有最大光吸收,其光吸收值与蛋白质含量成正比,因此可以用于蛋白质的定量测定。

蛋白质与考马斯亮蓝 G-250 结合在 2 min 左右即可达到平衡,完成反应十分迅速,其结合物在室温下 1 h 内保持稳定。该法试剂配制简单,操作简便快捷,反应非常灵敏,可测定蛋白质浓度范围为 0~100 μg/mL,是一种常用的微量蛋白质快速测定方法。

## 三、器材与试剂

### (一)器材

电子天平、移液管、具塞试管和试管架、容量瓶、分光光度计、烧杯、量筒。

### (二)试剂

1. 0.9% NaCl 溶液。

2. 血清白蛋白标准溶液:准确称取 10 mg 血清白蛋白,用 0.9% NaCl 溶液溶解并稀释至 100 mL,即为 0.1 mg/mL 的原液。

3. 考马斯亮蓝 G-250 染液:称取 0.1 g 考马斯亮蓝 G-250,溶于 50 mL 95% 乙醇中,加入 85%(w/v)的磷酸 100 mL,最后用蒸馏水定容到 1 000 mL,滤纸过滤。此溶液在常温下可以放置一个月。

### (三)实验材料

取血清白蛋白溶液(0.1 mg/mL),用 0.9% NaCl 稀释至一定浓度。

## 四、操作步骤

### (一)绘制标准曲线

取6支干净的具塞试管编号,按表3-8所示加入试剂。盖塞后,将各试管中溶液纵向倒转混合,放置2 min后用1 cm光径的比色皿在595 nm波长下比色,记录各管测定的吸光值A595 nm。以A595 nm做纵坐标,蛋白质含量做横坐标,绘制标准曲线。

表3-8　标准曲线的绘制

| 试剂 | 管号 | | | | | |
|---|---|---|---|---|---|---|
| | 1 | 2 | 3 | 4 | 5 | 6 |
| 标准蛋白溶液/mL | 0 | 0.2 | 0.4 | 0.6 | 0.8 | 1.0 |
| 0.9% NaCl溶液/mL | 1.0 | 0.8 | 0.6 | 0.4 | 0.2 | 0 |
| 考马斯亮蓝G-250试剂/mL | 5 | 5 | 5 | 5 | 5 | 5 |
| A595 nm | 0.5 | 0.5 | 0.5 | 0.5 | 0.5 | 0.5 |

### (二)未知样品的测定

取2支干净试管,分别加入样品1 mL,再加入5 mL考马斯亮蓝G-250染液,充分混合,放置2 min后在595 nm下比色,记录A595 nm,以标准曲线1号试管做空白对照。

## 五、结果处理

根据所测样品两管的平均吸光值在标准曲线上查出相应的蛋白质含量。

## 六、注意事项

1. 有些阳离子,如$K^+$、$Na^+$、$Mg^{2+}$、$(NH_4)_2SO_4$、乙醇等物质不干扰测定,但大量的去污剂(如TritonX-100、SDS等)会严重干扰测定。
2. 如果测定要求很严格,可以在试剂加入后的5~20 min内测定光吸收。
3. 测定完后可用95%乙醇将比色皿的染色洗干净,但不可长时间用乙醇浸泡。

## 七、思考题

考马斯亮蓝G-250法测定蛋白质含量的原理是什么?

# 实验十二　纸层析法分离氨基酸

## 一、目的

掌握氨基酸纸层析的原理和操作方法。

## 二、原理

纸层析法是用滤纸作为支持物的分配层析。分配层析是利用不同的物质在两个互不相溶的溶剂中的分配系数不同,从而得到分离的,通常用 $\alpha$ 表示分配系数。

$$\alpha=\frac{\text{溶质在固定相的浓度}}{\text{溶质在流动相的浓度}}$$

一种物质在某溶剂系统中的水性基团,可以吸收 20% ~ 25% 的水分,且其中 6% ~ 7% 以氢键形式与纤维素上羟基结合作为固定相。纸层析所用的展层溶剂大多是由水饱和的有机溶剂,该溶剂作为流动相。有机溶剂沿滤纸自下向上移动,称为上行层析;有机溶剂自上而下移动,称为下行层析。流动相流经支持物时,使溶质(样品)在固定相与流动相之间连续抽提,溶质在两相之间不断分配,从而达到分离的目的。氨基酸经层析在滤纸上形成距原点不等的层析点,氨基酸在滤纸上的移动速率用 $R_f$ 表示。

$$R_f=\frac{\text{原点到层析斑点中心的距离}}{\text{原点到溶剂前沿的距离}}$$

如果条件(如温度、展层溶剂的组成)不变,$R_f$ 是常数,因此可以根据 $R_f$ 作为定性依据。如果溶质中氨基酸组分较多或其中某些组分的 $R_f$ 值相同或近似,用单向层析不宜将它们分开,为此可以进行双向层析。在第一溶剂展开后将滤纸转动 90°,以第一次展层所得的层析点为原点,再用另一种溶剂展层,即可达到分离目的。由于氨基酸无色,可以利用茚三酮反应使氨基酸层析斑点显色,从而作定性和定量分析。

## 三、器材与试剂

### (一)器材

层析缸(可用标本缸代替)、层析滤纸(新华一号滤纸)、剪刀、直尺、培养皿、喷雾器、微量加样器或毛细管、吹风机、铅笔。

### (二)试剂

1. 氨基酸溶液:分别将赖氨酸、甲硫氨酸、亮氨酸、脯氨酸、苯丙氨酸配成0.5%的溶液。

2. 展层剂单向纸层析展层剂:4份水饱和的正丁醇和1份乙酸的混合物。将20 mL正丁醇和5 mL冰醋酸放入分液漏斗中,与15 mL水混合,充分振荡,静置后分层,放出下层水层。漏斗内即为扩展剂。

双向纸层析展层剂:

碱相溶剂:正丁醇∶12%氨水∶95%乙醇=13∶13∶13(体积比);

酸相溶剂:正丁醇∶18%甲酸∶水=15∶13∶2(体积比),摇匀后放置半天以上,取上清液备用。

3. 显色剂:0.1%水合茚三酮乙醇溶液,称取0.1 g茚三酮溶于100 mL 95%乙醇中。

4. 12%氨水。

### (三)待分离样品

氨基酸混合液:赖氨酸50 mg、亮氨酸25 mg、蛋氨酸25mg、脯氨酸25mg、苯丙氨酸25 mg,共溶于5 mL水中。

## 四、操作步骤

### (一)单向上行层析法

1. 画基线

戴上指套或橡皮手套,在长约20 cm、宽约17 cm的滤纸上,距短边2.5 cm处,用铅笔画一条线,即为基线。

2. 点样

在基线上,从距纸的长边4 cm处开始,每隔3 cm用微量注射器或毛细管依次分别点上标准氨基酸溶液和混合氨基酸溶液。点样点干后可重复点加1~2次。每一点的直径不超过5 mm,点样量以每种氨基酸含5~20 μg为宜。

3. 展层

将点好样的滤纸卷成筒形,滤纸两边不相接触,用线固定好,将基线的下端浸入盛有溶剂的培养皿中展层。基线必须保持在液面之上,盖好层析缸。当溶剂前沿距滤纸顶端2 cm时(大约3 h),取出滤纸。

4. 显色

滤纸取出后，用铅笔描出溶剂前沿界线，自然干燥或用吹风机吹干。用喷雾器均匀喷上显色剂，用吹风机吹干或在 80 ℃左右烘箱内烘 3~5 min，即出现氨基酸层析斑点。用铅笔划出层析斑点的形状，用直尺量出点样点到层析斑点之间的距离和基线到溶剂前沿的距离，可以进行定性、定量测定。

### (二)双向上行纸层析法

1. 滤纸准备

将滤纸裁成约 28 cm 的正方形，在距滤纸相邻两边各 2 cm 处的交点上，用铅笔划下一点，作为原点。

2. 点样

取混合氨基酸溶液(5 mg/mL)10~15 μL，分次点在原点上。

3. 展层与显色

将点好样的滤纸卷成半筒形，立在培养皿中，原点应在下端。取少量 12% 的氨水于小烧杯中，盖好层析缸，平衡过夜。次日，取出氨水，加适量碱相溶剂(第一向)于培养皿中，盖好层析缸，上行展层。当溶剂前沿距滤纸上端 1~2 cm 时，取出滤纸，冷风吹干。将滤纸转 90°，再卷成半筒形，竖立在干净培养皿中，并于小烧杯中加少量酸相溶剂，盖好层析缸，平衡过夜。次日将加显色剂的酸性溶剂(每 10 mL 展层剂加 0.1~0.5 mL 的显色贮备液)倾入培养皿中，进行第二向展层。展层毕，取出滤纸，用热风吹干，层析斑点即显现。

## 五、结果处理

单向层析：计算出各种氨基酸的 $R_f$ 值，并根据 $R_f$ 值鉴定出混合氨基酸中的各组分，在层析图谱上标出各氨基酸名称。

双向层析 $R_f$ 值，由两个数值组成。在第一向计量一次，第二向计量一次，分别与已知的氨基酸在酸碱系统的 $R_f$ 值对比，即可初步确定它为何种氨基酸的斑点。

## 六、注意事项

1. 取适当的色谱滤纸按纤维长丝方向裁成适当大小的纸条。

2. 烘箱加热时温度不可过高，且不可有氨的干扰，否则图谱背景会泛红。

3. 展层溶剂所需的正丁醇和甲酸需用分析纯，而且展层剂需在使用前配制，以免引起酯化，影响层析效果。

4. 整个实验操作最好戴手套进行。

5. 层析溶剂要求

(1)被分离物质在该溶剂系统中 $R_f$ 值为 0.05～0.8，各组分之 $R_f$ 值相差最好能大于 0.05，以免斑点重叠。

(2)溶剂系统中任一组分与被分离物之间不能起化学反应。

(3)被分离物质在溶剂系统中的分配较恒定，不随温度变化，且易迅速达到平衡，这样所得斑点比较圆整。

## 七、思考题

1. 做好本实验的关键是什么？

2. 影响 $R_f$ 值的因素有哪些？

# 实验十三　酵母醇脱氢酶的分离、提纯

## 一、目的

学习和掌握醇脱氢酶分离提取及初步纯化的原理和方法。

## 二、原理

以酵母为原料，利用热变性和有机溶剂沉淀蛋白质等方法，提取具有一定纯度的醇脱氢酶。在提纯过程中，每经一步提纯处理，都需要测定酶蛋白质的含量和活力，并计算此活力。比活力是检验酶纯度的指标，比活力提高，证明提纯方法有效，酶制剂的纯度提高了。醇脱氢酶能催化乙醇脱氢变乙醛，脱下的氢使醇脱氢酶辅酶 $NAD^+$还原。

$$CH_3CH_2OH + NAD^+ \rightarrow CH_3CHO + NADH + H^+$$

当 $CH_3CH_2OH$ 大量存在时，$NAD^+$被还原的速率与酶活力成正比，酶活力越高，单位时间内产生的 NADH 越多。NADH 对 340 nm 的紫外线有较强吸收，$NAD^+$则无此能力，因此可用测定 A340 nm 的方法测得反应体系中 NADH 的生成量，从而得知酶活力大小。

## 三、器材与试剂

### （一）器材

烧杯、量筒、15 mL 试管、移液管、水浴锅、电子天平、离心机、分光光度计、透析袋、胶头滴管。

### （二）试剂

1. 3 mol/L 的乙醇溶液：量取无水乙醇 174.6 mL，加蒸馏水至 1 000 mL。

2. 0.06 mol/L 的焦磷酸钠溶液（pH 8.5）：称取焦磷酸钠（$Na_4P_2O_2 \cdot 10\ H_2O$）22.56 g，加适量蒸馏水溶解，定容至 1 000 mL。

3. 0.001 5 mol/L 的 $NAD^+$溶液：称取 $NAD^+$0.099 5 g，加适量蒸馏水溶解，定容至 1 000 mL。

4. 0.01 mol/L 的磷酸氢二钾溶液：称取 1.74 g 的磷酸氢二钾（$K_2HPO_4$），加适量蒸馏水溶解，定容至 1 000 mL。

5. 丙酮(AR)。

6. 0.066 mol/L 的磷酸氢二钠溶液：称取 9.37 g 磷酸氢二钠($Na_2HPO_4$)，加适量蒸馏水溶解，定容至 1 000 mL。

7. 1 000 μg/mL 的血清白蛋白溶液：称取 100.00 mg 血清白蛋白，溶于 100 mL 的蒸馏水中，配制成标准蛋白溶液。

8. 考马斯亮蓝 G-250 溶液：称取 100 mg 考马斯亮蓝 G-250，溶于 50 mL 90% 的乙醇中，加入 85%(m/V) 的磷酸 100 mL，最后用蒸馏水定容到 1 000 mL，过滤，常温下可放置 1 个月。

### (三) 实验材料

干酵母粉。

## 四、操作步骤

### (一) 酵母醇脱氢酶的分离、纯化

1. 粗提

称取 10 g 干酵母粉于 150 mL 的烧杯中，加 0.066 mol/L 的 $Na_2HPO_4$ 40 mL，37 ℃水浴保温 1 h，不断搅拌，然后再在室温下提取 3 h。离心 20 min(4 000 r/min)，取上清液，量得体积后移至另一个烧杯中。

2. 热变性沉淀杂蛋白质

将步骤 1 中获得的上清液在 55 ℃保温 15~20 min，不断慢速搅拌，然后立即置于冷水中冷却，离心 20 min(4 000 r/min)。取上清液 2 mL 测定蛋白质的含量和酶活力，其余上清液量得体积后，移至烧杯中。

3. 有机溶剂沉淀杂蛋白质

将步骤 2 中获得的上清液置于盐冰浴中降温至-2 ℃以下，按 100 mL 上清液加 50 mL 丙酮的比例，加入预冷的丙酮，边加边搅拌，稍后放置，低温离心 15 min(4 ℃，4 000 r/min)。取上清液 2 mL，测定蛋白质含量和酶活力。其余上清液量得体积后，倒入已置于盐冰浴的烧杯中。

4. 有机溶剂沉淀酶蛋白

按 100 mL 上清液加 55 mL 丙酮的比例，逐滴加入预冷的丙酮，边加边搅拌，低温离心 15 min(4 ℃，4 000 r/min)。弃去上清液，将沉淀溶于少量蒸馏水中，转移至透析袋中，在 4 ℃冰箱进行透析 2~3 h。离心除去沉淀，所得上清液即为达到一定纯度的醇脱氢酶制剂。

### (二) 酶活力测定

样品液及酶制剂均需用 0.01 $mol/L_{\text{磷酸氢二钾}}$溶液稀释，稀释倍数如下：

$V_{粗提取液}$ ：$V(K_2HPO_4)$ = 1 ：4

$V_{热变性去杂蛋白质样品液}$ ：$V(K_2HPO_4)$ = 1 ：9

$V_{有机溶剂去杂蛋白质样品液}$ ：$V(K_2HPO_4)$ = 1 ：9

$V_{酶制剂}$ ：$V(K_2HPO_4)$ = 1 ：9

吸取 0.06 mol/L 的焦磷酸钠溶液（pH8.5）0.5 mL、3 mol/L 的乙醇溶液 0.1 mL、0.001 5 mol/L 的 $NAD^+$ 溶液 0.1 mL、蒸馏水 2.2 mL，置于石英比色杯中，加入已稀释的样品液或酶制剂 1 mL，立即混匀，测定 A340 nm 读数，之后每隔 15 s 测一次，直至 A340 nm 稳定，记录反应时间和 A340 nm 读数。

在另一石英比色杯中，用蒸馏水替代底物，作为空白对照。以每分钟 A340 nm 增加 0.001 为一个活力单位。

### （三）蛋白质含量的测定（考马斯亮蓝 G-250 法）

1. 取 6 支 15 mL 试管，按表 3-9 所示加入各溶液，制作蛋白质标准曲线。

**表 3-9　蛋白质标准曲线的配制**

| 试剂 | 管号 | | | | | |
|---|---|---|---|---|---|---|
| | 0 | 1 | 2 | 3 | 4 | 5 |
| 100 μg/mL 血清白蛋白/mL | 0 | 0.2 | 0.4 | 0.6 | 0.8 | 1.0 |
| 蒸馏水/mL | 1.0 | 0.8 | 0.6 | 0.4 | 0.2 | 0 |
| 蛋白质浓度/（μg/mL） | 0 | 200 | 400 | 600 | 800 | 1 000 |

准确吸取所配各试管溶液 0.1 mL，分别放入另外 6 支试管中，再分别加入 5 mL 考马斯亮蓝 G-250，摇匀后放置 2 min，在 595 nm 波长下，用 722 型分光光度计比色，绘制标准曲线。

2. 另取 8 支 15 mL 试管，按表 3-10 所示添加试剂。

**表 3-10　样品的配制**

| 项目 | 粗提 | | 热变性去除杂蛋白质 | | 有机溶剂去除杂蛋白质 | | 有机溶剂沉淀酶蛋白 | |
|---|---|---|---|---|---|---|---|---|
| 试管编号 | 1 | 2 | 3 | 4 | 5 | 6 | 7 | 8 |
| 酶液/mL | 0.1 | 0.1 | 0.1 | 0.1 | 0.1 | 0.1 | 0.1 | 0.1 |
| 考马斯亮蓝 G-250/mL | 5 | 5 | 5 | 5 | 5 | 5 | 5 | 5 |

上述各试管混匀，静置 2 min，测定各试管在 595 nm 下的吸光值。

## 五、结果处理

将测量获得的数据及计算结果填入表 3-11 中,并进行结果分析。

表 3-11　结果处理

| 提纯步骤 | 总体积 | 蛋白质浓度 | 蛋白质含量 | 酶活力 | 总活力 | 比活力 | 回收率 |
|---|---|---|---|---|---|---|---|
| 1. 粗提 | | | | | | | |
| 2. 热变性去除杂蛋白质 | | | | | | | |
| 3. 有机溶剂去除杂蛋白质 | | | | | | | |
| 4. 有机溶剂沉淀酶蛋白 | | | | | | | |

## 六、思考题

1. 在酶的系列提取过程中,如何验证每一步提纯过程中除去杂蛋白质而保留了酶制剂?

2. 操作步骤 1 粗提过程中加入 0.066 mol/L 的磷酸氢二钠溶液的作用是什么?

3. 本实验中为什么分离纯化步骤 3 利用丙酮沉淀了杂蛋白质,而分离纯化步骤 4 沉淀了酶蛋白?

# 实验十四　血液中转氨酶活力的测定(分光光度法)

## 一、目的

1. 了解转氨酶在代谢过程中的重要作用及其在临床诊断中的意义。
2. 学习转氨酶活力测定的原理和方法。

## 二、原理

生物体内广泛存在的氨基移换酶也称转氨酶,能催化 α-氨基酸的 α-氨基与 α-酮基酸的 α-酮基互换,在氨基酸的合成和分解、尿素和嘌呤的合成等中间代谢过程中有重要作用。转氨酶的最适 pH 值接近 7.4,其种类甚多,其中以谷氨酸-草酰乙酸转氨酶(简称谷草转氨酶)和谷氨酸-丙酮酸转氨酶(简称谷丙转氨酶)的活力最强。它们催化的反应如下:

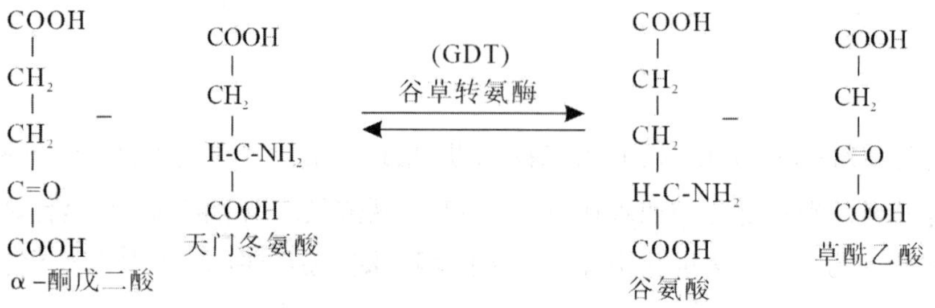


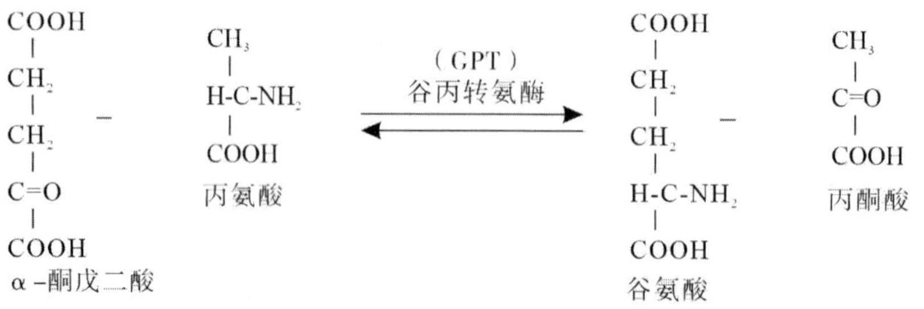


正常血清中只含有少量转氨酶。当发生肝炎、心肌梗死等疾病时,血清中转氨酶活力常显著增加,因此在临床诊断上,转氨酶活力的测定具有重要意义。

测定转氨酶活力的方法很多,本实验采用分光光度法。谷丙转氨酶作用于丙氨酸和 α-酮戊二酸后,生成的丙酮酸与 2,4-二硝基苯肼作用生成 2,4-二硝基苯腙。

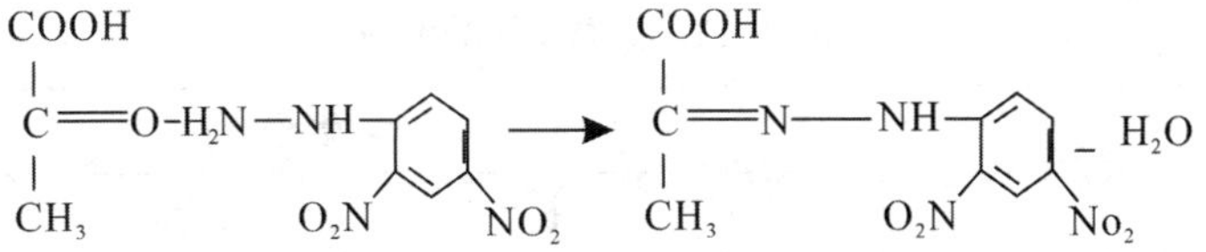


丙酮酸2,4-二硝基苯腙加碱处理后呈棕色,可用分光光度法测定。根据丙酮酸2,4-二硝基苯腙的生成量,可以计算出酶的活力。

## 三、器材与试剂

### (一)器材

试管及试管架、吸管、恒温水浴、分光光度计。

### (二)试剂

1. 0.1 mol/L磷酸缓冲液(pH 7.4),250 mL。

2. 2.0 μmol/mL丙酮酸钠标准溶液,40~50 mL:取分析纯丙酮酸钠11 mg溶解于50 mL磷酸缓冲液内(当日配置)。

3. 谷丙转氨酶底物,150 mL:取分析纯α-酮戊二酸29.2 mg、DL-丙氨酸1.78 g置于烧杯内,加1 mol/L氢氧化钠溶液约10 mL,使其完全溶解。用1 mol/L氢氧化钠溶液或1 mol/L盐酸调整pH值至7.4后,加磷酸缓冲液至100 mL。然后加氯仿数滴防腐。此溶液1 mL含α-酮戊二酸2.0 μmol、丙氨酸200 μmol。该溶液在冰箱内可保存一周。

4. 2,4-二硝基苯肼溶液,150 mL:在200 mL锥形瓶内放入分析纯2,4-二硝基苯肼19.8 mg,加100 mL 1 mol/L盐酸。把锥形瓶放在暗处并不时摇动,待2,4-二硝基苯肼全部溶解后,滤入棕色玻璃瓶内,置冰箱内保存。

5. 0.4 mol/L氢氧化钠溶液,1 200 mL。

6. 血清,6 mL。

## 四、操作步骤

### (一)标准曲线的绘制

取6支试管,分别标上0、1、2、3、4、5这6个号。按表3-12所列的次序添加各试剂。

表 3-12 标准曲线的配制

| 试剂 | 管号 | | | | | |
|---|---|---|---|---|---|---|
| | 0 | 1 | 2 | 3 | 4 | 5 |
| 丙酮酸钠标准溶液 /mL | - | 0.05 | 0.10 | 0.15 | 0.20 | 0.25 |
| 谷丙转氨酶底物/mL | 0.50 | 0.45 | 0.40 | 0.35 | 0.30 | 0.25 |
| 磷酸缓冲液/(0.1M,pH 7.4) | 0.10 | 0.10 | 0.10 | 0.10 | 0.10 | 0.10 |

2,4-二硝基苯肼可与有酮基的化合物作用形成苯腙。底物中的 α-酮戊二酸与 2,4-二硝基苯肼反应,生成 α-酮戊二酸苯腙。因此,在制作标准曲线时,须加入一定量的底物(内含 α-酮戊二酸)以抵消由 α-酮戊二酸产生的消光影响。

先将试管置于 37 ℃恒温水浴中保温 10 min 以平衡内外温度;向各管内加入 0.5 mL 2,4-二硝基苯肼溶液后再保温 20 min;最后,分别向各试管内加入 0.4 mol/L 氢氧化钠溶液 5 mL。在室温下静置 30 min,以 0 号管作空白,测定 $A_{520}$ nm 的吸光度。用丙酮酸的 μmol 数作为横坐标,光吸收值为纵坐标,画出标准曲线。

### (二)酶活力的测定

取 2 支试管并标号,用第 1 号试管作为未知管,第 2 号试管作为空白对照管。各加入谷丙转氨酶底物 0.5 mL,置于 37℃水浴内 10 min,使管内外温度平衡。取血清 0.1 mL 加入第 1 号试管内,继续保温 60 min。到 60 min 时,向 2 支试管中各加入 2,4-二硝基苯肼试剂 0.5 mL,向第 2 支试管中补加 0.1 mL 血清,再向 1 号、2 号试管内各加入 0.4 mol/L 氢氧化钠溶液 5 mL。在室温下静置 30 min 后,测定未知管的 $A_{520}$ nm 波长光吸收值(显色后 30 min 至 2 h 内其色度稳定)。

## 五、结果处理

在标准曲线上查出丙酮酸的 μmol 数(以 1 μmol 丙酮酸代表 1.0 单位酶活力),并据此计算每 100 mL 血清中转氨酶的活力单位数。

## 六、思考题

转氨酶在代谢过程中有何重要作用?其在临床诊断中又有什么意义?

# 实验十五 酶的特性

## 一、目的

加深对酶的性质的认识。

## 二、内容

本实验包括温度对酶活力的影响、pH 对酶活力的影响、酶的激活剂及抑制剂以及酶的专一性 4 组实验。

### (一)温度对酶活力的影响

1. 原理

酶的催化作用受温度影响。在最适温度下,酶的反应速度达到最高。大多数动物酶的最适温度为 37~40 ℃,而植物酶的最适温度为 50~60 ℃。

酶对温度的稳定性与其存在形式有关。有些酶的干燥制剂,即使加热到 100 ℃,其活性也无明显变化,但在 100 ℃的溶液中会迅速完全失去活性。

低温能降低或抑制酶的活性,但不会使酶失活。

2. 器材

试管及试管架、恒温水浴、冰浴、沸水浴。

3. 试剂和材料

(1)0.2%淀粉的 0.3%氯化钠溶液,150 mL(需新鲜配制)。

(2)稀释 200 倍的唾液,50 mL:用蒸馏水漱口,以清除食物残渣,再含一口蒸馏水,半分钟后使其流入量筒并稀释 200 倍(稀释倍数可以根据个人唾液淀粉酶活性调整),混匀备用。

(3)碘化钾-碘溶液,50 mL:将 20 g 碘化钾及 10 g 碘溶于 100 mL 水中,使用前稀释 10 倍。

4. 操作

淀粉和可溶性淀粉遇碘呈蓝色。糊精根据分子大小,遇碘可呈现蓝色、紫色、暗褐色或红色。最简单的糊精和麦芽糖遇碘不显色。在不同温度下,淀粉被唾液淀粉酶水解的程度可以通过水解混合物遇碘后的颜色来判断。

取 3 支试管,编号后按表 3-13 所示加入相应试剂。

表 3-13　温度对酶活力的影响

| 试剂 | 管号 | | |
|---|---|---|---|
| | 1 | 2 | 3 |
| 淀粉溶液/mL | 1.5 | 1.5 | 1.5 |
| 稀释唾液/mL | 1 | 1 | — |
| 煮沸过的稀释唾液/mL | — | 1 | — |

摇匀后，将1号、3号两试管放入37 ℃恒温水浴中，2号试管放入冰水中。10 min后取出(将2号管内液体分为两半)，用碘化钾-碘溶液(1滴)来检验1号、2号、3号管内淀粉被唾液淀粉酶水解的程度。将2号管剩下的一半溶液(编号为4号管)放入37 ℃水浴中继续保温10 min后，再用碘液实验，结果如何？

### (二)pH对酶活性的影响

1. 原理

酶的活力受环境pH的影响极为显著。不同酶的最适pH值不同。本实验观察pH对唾液淀粉酶活性的影响，唾液淀粉酶的最适pH值约为6.8。

2. 器材

试管及试管架、吸管、滴管、50 mL锥形瓶、恒温水浴。

3. 试剂和材料

(1)新配制的溶于0.3%氯化钠的0.5%淀粉溶液，250 mL。

(2)稀释200倍的新鲜唾液，100 mL。

(3)0.2 mol/L磷酸氢二钠溶液，600 mL。

(4)0.1 mol/L柠檬酸溶液，400 mL。

(5)碘化钾-碘溶液，50 mL。

(6)pH试纸：pH=5、pH=5.8、pH=6.8、pH=8四种。

4. 操作

取4个标有号码的50 mL锥形瓶。用吸管按表3-14所示添加0.2 mol/L磷酸氢二钠溶液和0.1 mol/L柠檬酸溶液以制备pH 5.0~8.0的4种缓冲液。

表 3-14　pH 值对酶活性的影响

| 瓶号 | 0.2M 磷酸氢二钠/mL | 0.1M 柠檬酸/mL | pH 值 |
|---|---|---|---|
| 1 | 5.15 | 4.85 | 5.0 |
| 2 | 6.05 | 3.95 | 5.8 |
| 3 | 7.72 | 2.28 | 6.8 |
| 4 | 9.72 | 0.28 | 8.0 |

从 4 个锥形瓶中各取缓冲液 3 mL,分别注入 4 支带有号码的试管中,随后于每个试管中添加 0.5% 淀粉溶液 2 mL 和稀释 200 倍的唾液 2 mL。向各试管中加入稀释唾液的时间间隔各为 1 min。将各试管中物质混匀,并依次置于 37 ℃恒温水浴中保温。

待将第 4 管加入唾液 2 min 后,每隔 1 min 由第 3 管取出一滴混合液,置于白瓷板上,加 1 小滴碘化钾-碘溶液,以检验淀粉的水解程度。待混合液变为棕黄色时,向所有试管依次添加 1~2 滴碘化钾-碘溶液。从第 1 管起,添加碘化钾-碘溶液的时间间隔,亦均为 1 min。

观察各试管中物质呈现的颜色,分析 pH 值对唾液淀粉酶活性的影响。

### (三)唾液淀粉酶的激活和抑制(如表 3-15 所示)

1. 原理

酶的活性受激活剂和抑制剂的影响。氯离子为唾液淀粉酶的活化剂,铜离子为其抑制剂。

2. 器材

恒温水浴、试管及试管架。

3. 试剂和材料

(1)0.1% 淀粉溶液,150 mL。

(2)稀释 200 倍的新鲜唾液,150 mL。

(3)1% 氯化钠溶液,50 mL。

(4)1% 硫酸铜溶液,50 mL。

(5)1% 硫酸钠溶液,50 mL。

(6)碘化钾-碘溶液,100 mL。

4. 操作

表 3-15　唾液淀粉酶的激活和抑制

| 试剂 | 管号 | | | |
|---|---|---|---|---|
| | 1 | 2 | 3 | 4 |
| 0.1%淀粉溶液/mL | 1.5 | 1.5 | 1.5 | 1.5 |
| 稀释唾液/mL | 0.5 | 0.5 | 0.5 | 0.5 |
| 1%硫酸铜/mL | 0.5 | — | — | — |
| 1%氯化钠/mL | — | 0.5 | — | — |
| 1%硫酸钠/mL | — | — | 0.5 | — |
| 蒸馏水/mL | — | — | — | 0.5 |
| 37 ℃恒温水浴 10 min* | | | | |
| I-KI/滴 | 2-3 | 2-3 | 2-3 | 2-3 |

* 保温时间可根据各自唾液淀粉酶活力调整。

### (四)酶的专一性

1. 原理

酶具有高度的专一性。本实验以唾液淀粉酶和蔗糖酶对淀粉和蔗糖的作用为例,来说明酶的专一性。

淀粉和蔗糖无还原性。唾液淀粉酶水解淀粉生成有还原性的麦芽糖,但不能催化蔗糖的水解。蔗糖酶能催化蔗糖水解,产生有还原性的葡萄糖和果糖,但不能催化淀粉的水解。用 Benedict 试剂检查糖的还原性。

2. 器材

恒温水浴、沸水浴、试管及试管架。

3. 试剂和材料

(1)2%蔗糖溶液,150 mL。

(2)溶于 0.3%氯化钠的 1%淀粉溶液,150 mL(需新鲜配制)。

(3)稀释 200 倍的新鲜唾液,100 mL。

(4)蔗糖酶溶液,100 mL:将啤酒厂的鲜酵母用水洗涤 2~3 次(离心法),然后放在滤纸上自然干燥。取干酵母 100 g,置于乳钵内,添加适量蒸馏水及少量细沙,用力研磨提取约 1 h,再加蒸馏水使总体积约为原体积的 10 倍。离心,将上清液保存于冰箱中备用。

(5)Benedict 氏试剂 200 mL:无水硫酸铜 17.4 g 溶于 100 mL 热水中,冷却后稀释至 150 mL。取柠檬酸钠 173 g、无水碳酸钠 100 g 和 600 mL 水共热,溶解后冷却并加水至 850 mL,再将冷却的 150 mL 硫酸铜溶液倾入。本试剂可长久保存。

4. 操作

(1)淀粉酶的专一性(如表3-16所示)

表3-16　淀粉酶的专一性

| 试剂 | 管号 | | | | | |
|---|---|---|---|---|---|---|
| | 1 | 2 | 3 | 4 | 5 | 6 |
| 1%淀粉溶液/滴 | 4 | — | 4 | — | 4 | — |
| 2%蔗糖溶液/滴 | — | 4 | — | 4 | — | 4 |
| 稀释唾液/mL | — | — | 1 | 1 | — | — |
| 煮沸过的稀释唾液/mL | — | — | — | — | 1 | 1 |
| 蒸馏水/mL | 1 | 1 | — | — | — | — |
| 37 ℃恒温水浴15 min | | | | | | |
| Benedict试剂/mL | 1 | 1 | 1 | 1 | 1 | 1 |
| 沸水浴2~3 min | | | | | | |
| 现象 | | | | | | |

解释实验结果:唾液除含淀粉酶外还含有少量麦芽糖酶。

(2)蔗糖酶的专一性(如表3-17所示)

表3-17　蔗糖酶的专一性

| 试剂 | 管号 | | | | | |
|---|---|---|---|---|---|---|
| | 1 | 2 | 3 | 4 | 5 | 6 |
| 1%淀粉溶液/滴 | 4 | — | 4 | — | 4 | — |
| 2%蔗糖溶液/滴 | — | 4 | — | 4 | — | 4 |
| 稀释唾液/mL | — | — | 1 | 1 | — | — |
| 煮沸过的稀释唾液/mL | — | — | — | — | 1 | 1 |
| 蒸馏水/mL | 1 | 1 | — | — | — | — |
| 37℃恒温水浴15 min | | | | | | |
| Benedict试剂/mL | 1 | 1 | 1 | 1 | 1 | 1 |
| 沸水浴2~3 min | | | | | | |
| 现象 | | | | | | |

## 三、结果处理

### (一)温度对酶活力的影响(如表 3-18 所示)

表 3-18　温度对酶活力的影响

| 管号 | 呈现的颜色 | 解释结果 |
|---|---|---|
| 1 | | |
| 2 | | |
| 2 号剩一半 | | |
| 3 | | |

### (二)pH 值对酶活性的影响(如表 3-19 所示)

表 3-19　pH 值对酶活性的影响

| 管号 | 呈现的颜色 | 解释结果 |
|---|---|---|
| 1 | | |
| 2 | | |
| 3 | | |
| 4 | | |

### (三)唾液淀粉酶活化和抑制(如表 3-20 所示)

表 3-20　唾液

| 管号 | 呈现的颜色 | 解释结果 | 第 3 管的意义 |
|---|---|---|---|
| 1 | | | |
| 2 | | | |
| 3 | | | |
| 4 | | | |

### (四)酶的专一性

1. 淀粉酶的专一性(如表 3-21 所示)

表 3-21　淀粉酶的专一性

| 管号 | 呈现的颜色 | 解释结果 |
|---|---|---|
| 1 | | |
| 2 | | |
| 3 | | |
| 4 | | |
| 5 | | |
| 6 | | |

2. 蔗糖酶的专一性(如表 3-22 所示)

表 3-22　蔗糖酶的专一性

| 管号 | 呈现的颜色 | 解释结果 |
|---|---|---|
| 1 | | |
| 2 | | |
| 3 | | |
| 4 | | |
| 5 | | |
| 6 | | |

## 四、思考题

1. 什么是酶的最适温度及其应用意义?
2. 什么是酶反应的最适 pH?对酶的活性有什么影响?
3. 什么是酶的活化剂?
4. 什么是酶的抑制剂?与变性剂有何区别?
5. 本实验结果如何证明酶的专一性?

# 实验十六　维生素 C 含量的测定

## 一、目的

1. 练习分析天平的操作技术。
2. 掌握直接碘量法测定维生素 C 含量的原理和方法。

## 二、原理

维生素 C 又叫抗坏血酸，分子式为 $C_6H_8O_6$。具有很强的还原性，燃料 2,6-二氯酚靛酚具有较强的氧化性，且在酸性溶液中呈红色，在中性或碱性溶液中呈蓝色。因此当用蓝色的碱性 2,6-二氯酚靛酚滴定含有维生素 C 的草酸溶液时，其中的维生素 C 可以将 2,6-二氯酚靛酚还原成无色的还原型。但当溶液中的维生素 C 完全被氧化之后，再滴 2,6-二氯酚靛酚，就会使溶液呈红色，借此可以指示滴定终点。根据滴定用去的标准 2,6-二氯酚靛酚溶液的量，可以计算出被测样品中维生素 C 的含量。

## 三、器材与试剂

### (一)器材

电子天平、微量滴定管、50 mL 容量瓶、50 mL 三角瓶、研钵、10 mL 量筒、漏斗。

### (二)试剂

1. 2% 的草酸：称取 10 g 草酸溶于少量蒸馏水中，定容至 500 mL。

2. 0.01 mol/L 的 2,6-二氯酚靛酚钠溶液：称取干燥的 2,6-二氯酚靛酚钠 60 mg，放入 200 mL 容量瓶中，加入热的蒸馏水 100~150 mL，滴加 0.01 mol/L 的 NaOH 4~5 滴，强烈摇动 10 min，冷却后加水至刻度，摇匀后用滤纸过滤于棕色瓶中，储存于冰箱备用，有效期为一周。

3. 标准抗坏血酸溶液：称取抗坏血酸 20 mg，用 2% 草酸溶解定容至 200 mL，摇匀。吸取此液 10 mL，再以 2% 草酸稀释定容至 200 mL，即为标准抗坏血酸溶液，摇匀备用。

### (三)实验材料

新鲜水果或蔬菜。

## 四、操作步骤

### (一)样品的处理和提取

称取 4 g 新鲜土豆,去皮后剪碎,置研钵中,加 4 mL 2% 草酸,研磨成匀浆。用玻璃棒引流,将样品提取液转移到 50 mL 容量瓶中,残渣再用 2% 草酸洗 2~3 次,提取液及残渣一并转入容量瓶,最后用 2% 草酸定容至刻度,摇匀、过滤、滤液备用。

### (二)空白的测定

吸取 10 mL 2% 草酸,放入 50 mL 三角瓶中,用 2,6-二氯酚靛酚钠溶液滴定至出现明显的粉红色,并在 15 s 内不褪色为终点。记录所用滴定液体积(重复三次,取平均值)。

### (三)2,6-二氯酚靛酚钠溶液的标定

吸取标准抗坏血酸溶液 10 mL,放入 50 mL 三角瓶中,立即用所标定的 2,6-二氯酚靛酚钠溶液滴定至出现粉色,并在 15 s 内不褪色为止,记录所用体积(mL)按下式计算 K 值:

$$K=\frac{G}{200}\times\frac{10}{200}\times\frac{10}{V}$$

式中:$K$ 为 1 mL 2,6-氯酚靛酚钠所能氧化坏血酸的质量(mg);$G$ 为称取抗坏血酸的质量;$V$ 为滴定 10 mL 标准坏血酸溶液时所用去 2,6-二氯酚靛酚钠的体积与滴定空白所用的体积的差值。

### (四)样品的测定

吸取滤液 10 mL,放入 50 mL 三角瓶中,立即用 2,6-氯酚靛酚钠溶液滴定至出现粉红色,并在 15 s 内不褪色为止,记录所用 2,6-二氯酚靛酚钠的体积(重复三次,取平均值)。

## 五、结果处理

$$X=\frac{V_{样}-V_{空}\times K\times V}{W\times V_{滤}}\times 100$$

式中:$X$ 为 100g 样品中所含维生素 $C$ 的质量(mg/100g);$W$ 为称取样品重;$V_{样}$ 为滴定样品所

用 2,6-氯酚靛酚钠体积(mL);$V_{空}$ 为滴定空白所用 2,6-氯酚靛酚钠体积(mL),$V_{滤}$ 为样品测定时所用滤液体积(mL),$V$ 为样品提取液稀释之总体积(即 50 mL),$K$ 为 1 mL2,6-氯酚靛酚蓝所能氧化维生素 C 的质量(mg)。

## 六、注意事项

1. 操作要尽可能快,并防止与铁铜器具接触,以减少维生素 C 的氧化。

2. 草酸及样品的提取液应避免日光直射。

3. 当样品液本身带色时,测定前提取液中加 2~3 mL 二氯乙烷,在滴定过程中当二氯乙烷由无色变为粉红色时,即达终点。

## 七、思考题

维生素 C 有哪些生物学功能?

# 实验十七　酵母 RNA 的提取及其组分鉴定

## 一、目的

1. 掌握酵母 RNA 提取的方法。
2. 了解核酸的组成。
3. 掌握鉴定核酸组分的方法和操作。

## 二、原理

由于 RNA 的来源和种类很多,因而提取制备的方法也各不相同。一般有苯酚法、去污剂法和盐酸胍法。其中苯酚法是实验室中最常用的方法。组织匀浆用苯酚处理并离心后,RNA 即溶于上层被苯酚饱和的水相中,DNA 和蛋白质则留在苯酚层。向水相加入乙醇后,RNA 即以白色絮状沉淀析出,此法能较好地除去 DNA 和蛋白质。上述方法提取的 RNA 具有生物活性。

工业上常用稀碱法和浓盐酸法提取 RNA,用这两种方法提取的核酸均为变性的 RNA,主要用作制备核苷酸的原料,其工艺相对简单。

稀碱法使用稀碱使酵母细胞裂解,然后用酸中和,除去蛋白质和菌体后的上清液用乙醇沉淀 RNA 或调节 pH 值至 2.0~2.5,利用等电点沉淀 RNA。

酵母含 RNA 达 2.67%~10.0%,而 DNA 含量仅为 0.03%~0.516%。因此,提取 RNA 多以酵母为原料。

RNA 含有核糖、嘌呤碱、嘧啶碱和磷酸等组分。加硫酸煮沸可使 RNA 水解,从水解液中可用定糖法、定磷法和加银沉淀法等方法检测出上述组分的存在。

## 三、器材与试剂

### (一)器材

100 ml 烧杯、移液管、量筒、试管、恒温水浴锅、离心机、布氏漏斗、抽滤瓶、石蕊试纸、滴管、洗耳球、电子天平。

### (二)试剂

1. 0.04 mol/L 的 NaOH 溶液。
2. 95% 乙醇。
3. 乙醚。
4. 1.5 mol/L 的硫酸。
5. 浓氨水。
6. 0.1 mol/L 的硝酸银。
7. 酸性乙醇溶液:30 mL 乙醇加 0.3 mL HCI。
8. 三氯化铁浓盐溶液:将 2 mL 10% 的三氯化铁溶液加入 400 mL 浓 HCI 中。
9. 苔黑酚乙醇溶液:称取 6 g 苔黑酚溶于 95% 的乙醇 100 mL 中。

### (三)实验材料

干酵母粉。

## 四、操作步骤

1. 用托盘天平称 5 g 干酵母于研钵中,再加入 10 mL 0.04 mol/L NaOH 溶液,在研钵中充分研磨至少 5 min。

2. 再加 10 mL 0.04 mol/L NaOH 溶液于匀浆液中,混匀后,将匀浆液转移到三角瓶中,再用 10 mL 0.04 mol/L NaOH 溶液洗涤研钵,洗涤液并入匀浆液中。

3. 将三角瓶小心在沸水浴中加热 30 min,冷却后倒入离心管中,与另一组同学的离心管在托盘天平上平衡,然后两组的离心管对称地放入离心机中,2 000 r/min 下离心 15 min。

4. 吸取 10 mL 酸性乙醇溶液于小烧杯中,将离心管中的上清液小心倒入小烧杯中,边倒入边搅拌,直至 RNA 完全沉淀。

5. 将小烧杯中的液体倒入一个洁净的离心管,平衡、离心 2 000 r/min,3 min。

6. 弃去离心管中的上清液,向管中加入 95% 乙醇 5 mL,振荡、混匀、平衡、离心 2 000 r/min,3 min。

7. 弃去离心管中的上清液,向离心管加入 10 mL 1.5 mol/L 的硫酸,混匀后倒入一个大试管中,贴上标签,放在试管架上,备用。

8. 将水解液置于沸水浴中加热至少 10 min,以确保 RNA 沉淀充分水解。

9. 取一支试管 A,加入 1 mL 0.1 mol/L 的硝酸银溶液,再逐滴加入浓氨水直至沉淀消失。随后加入 1 ml 水解液,静置片刻,观察是否有白色嘌呤碱的银化合物沉淀生成。

10. 另取一支试管 B,加入水解液 1 mL,三氯化铁浓盐酸溶液 2 mL 和苔黑酚乙醇溶液

0.2 mL(约4滴),混匀;后用试管夹夹好,放入沸水浴中加热3~5 min。若溶液变成绿色,说明核糖存在。

11. 再取一支试管C,加入水解液1 mL和定磷试剂1 mL,混匀;后在沸水浴中加热。若溶液变成蓝色,说明磷酸存在。

## 五、结果处理

操作步骤6中离心管底部有较多的RNA沉淀。

试管A:出现白色浑浊现象,表明有嘌呤碱存在。

试管B:加热后,溶液出现鲜绿色,且随着加热时间的延长,颜色逐渐加深。这说明有核糖存在。

试管C:加热后,溶液出现蓝色,并且随着加热的持续,颜色愈发深邃。这表明磷酸存在。

综上所述,RNA的组分中包含嘌呤碱、核糖和磷酸。

分析:

本实验选用酵母作为实验材料,主要因为其RNA含量高,且价格经济实惠。由于RNA可溶于碱性溶液,本实验采用0.04 mol/L的NaOH溶液进行提取。而RNA不溶于乙醇,因此可以利用酸性乙醇使RNA从溶液中沉淀析出,随后用乙醇洗涤沉淀物,从而获得RNA粗制品。在研磨过程中加入NaOH,可使酵母细胞破裂,由于RNA主要分布在细胞质中,因此RNA会被释放出来;同时,NaOH还能使蛋白质发生变性。

加入酸性乙醇的目的有两个:一是为了中和NaOH,二是使RNA从溶液中沉淀出来。

RNA含有核糖、嘌呤碱、嘧啶碱和磷酸等组分,加入硫酸煮沸可使其水解,从水解液中可以测出上述组分。

(1)强酸使核酸分子的有机磷转化为无机磷,使之与钼酸铵结合成磷钼酸铵(黄色沉淀)。

$$PO_4^{3-} + 3NH_4^+ + 12MoO_4^{2-} + 24H^+ \rightarrow (NH_4)_3PO_4 \cdot 12MoO_3 \cdot 6H_2O + 6H_2O$$

当有还原剂(如维生素C)存在时,$Mo6^+$被还原成$Mo4^+$,再与试剂中的其他$MoO_4^{2-}$结合成$Mo(MoO_4)^2$,呈蓝色,称钼蓝。所以试管C中会出现蓝色。

(2)RNA与硫酸共热,生成的核糖进而脱水转化为糠醛,在三氯化铁的催化下,可与地衣酚反应,生成绿色化合物,所以试管B中出现绿色。

(3)嘌呤碱可与硝酸银反应产生白色的嘌呤银化合物沉淀。所以试管A中出现浑浊现象。

(4)不检测嘧啶碱,是因为与嘌呤碱相比,它难以被水解下来,同时它难检测且现象不明显。

## 六、注意事项

离心一定要平衡、对称地放入离心机中,离心机达到设置转速后才能离开。

# 实验十八　肝细胞核中核酸(RNA 和 DNA)的分离与测定

## 一、目的

学习从肝细胞核中分离核酸并掌握测定核酸的方法。

## 二、原理

从肝细胞中提取出的核沉淀溶于蔗糖-氯化钙盐溶液中抽提,得核酸粗制品。再用三氯乙酸及有机溶剂抽提,除去小分子物质和脂质,最后用 0.3 mol/L 高氯酸(90 ℃)提取,获得较纯的核酸物质,进行测定。为防止核酸大分子的变性降解,提纯过程在 0~4 ℃的条件下进行。

## 三、器材与试剂

### (一)器材

玻璃匀浆器、解剖器、显微镜、恒温水浴、离心机、分光光度计、电炉、一次性手套、吸头、小离心管。

### (二)试剂

1. 细胞提取液(新鲜配制,调节 pH 值至 7.4),1 000 mL。

   5 mol/L 三羟甲基氨基甲烷(Tris)

   0.5 mol/L 乙二胺四乙酸二钠(EDTA)

   0.25 mol/L 蔗糖

   1 mol/L $MgCl_2 \cdot 6H_2O$

2. 10 mol/L Tris-HCl 缓冲液(pH=7.4),500 mL。

3. 0.25 mol/L 蔗糖-3 mmol/L 氯化钙溶液,500 mL。

4. 95%乙醇,500 mL。

5. 0.5 mol/L 三氯乙酸溶液(TCA),500 mL。

6. 0.3 mol/L 高氯酸溶液(PCA),250 mL。

7. 二苯胺试剂(新鲜配制),500 mL:将 1.59 g 二苯胺溶于 100 mL 冰醋酸中,再加 1.5 mL 优级浓硫酸溶液。

8. 苔黑酚试剂,500 mL:将 0.5 g 苔黑酚溶于 100 mL 1g/L $FeCl_3$ 的浓 HCl 溶液中。

9. 标准 RNA 溶液(40 μg/mL),200 mL。

10. 标准 DNA 溶液(0.15 mg/mL),200 mL。

## 四、操作步骤

### (一)细胞破碎

小鼠脱颈椎处死后,迅速剖腹取出肝,用冰冷的细胞提取液洗 3 次,滤纸吸干,称重,放入冰冷的小烧杯内。用手术剪剪成小块状,再用提取液洗 2 次,洗至无色或浅粉色。再剪成浆状,转入匀浆器中,加提取液 2 mL,手转匀浆约 6 次破碎细胞。用显微镜检查细胞是否破碎,待完全(95%)破碎后,再加细胞提取液 10 mL 制成肝匀浆。

### (二)收集核沉淀

将匀浆液转入离心管中,离心 10 min(700 r/min),取沉淀混悬于 10 mL10 mol/L Tris-HCl 中,再次离心 10 min(700 r/min),得到不含红细胞的核沉淀。

### (三)核酸的分离

核沉淀中加入 1 mL 0.25 mol/L 蔗糖-3 mmol/L $CaCl_2$ 溶液,悬液经两层纱布过滤至离心管中,离心 10 min(1 500 r/min),收集沉淀,加入 5 mL 冰冷的 0.5 mol/L TCA,充分搅拌,2 000 r/min 离心 5 min,弃去上清液,收集沉淀,重复上述过程一次。向再次收集的沉淀中加入 95%乙醇 5 mL,置于 60~70 ℃ 5 min,2 000 r/min 离心 5 min,弃去上层脂质,收集沉淀,重复上述过程一次。收集后的沉淀中加入 5 mL 冰冷的 0.3 mol/L TCA,置 90 ℃ 水浴 30 min,注意搅拌,2 000 r/min 离心 5 min,弃去沉淀(蛋白质残余物),收集上清(核酸成分),留核酸提取液测定 DNA、RNA 含量。

### (四)RNA、DNA 的定量测定

1. RNA 标准曲线的制作

取 7 支试管,其中一支试管为空白管(加 2 mL 蒸馏水,苔黑酚 2 mL)作对照。其余的依次加入 40 μg/ mL 的 RNA 标准液 0. 1 mL、0. 2 mL、0. 5 mL、1. 0 mL、1. 5 mL、2. 0 mL,然后分别向 6 支试管中加入蒸馏水,使最终体积为 2. 0 mL,再向各管加入苔黑酚显色剂 2. 0 mL。混匀后,置 100 ℃水浴中显色 15 min,检测 640 nm 处的吸光度值,以空白管为对照,以吸光度值为纵坐标,以 RNA 的质量(μg)为横坐标,绘制标准曲线。

2. DNA 标准曲线的制作

取 7 支试管,其中一支试管是空白管(加 2 mL 蒸馏水,二苯胺 2 mL)作对照。其余 6 支试管依次加入 0. 15 mg/ mL 的标准 DNA 液 0. 1 mL、0. 2 mL、0. 5 mL、1. 5 mL、2. 0 mL,然后分别向 6 支试管加入蒸馏水,使最终体积为 2. 0 mL,再向各管加入二苯胺 2. 0 mL。混匀后,置 100 ℃水浴中显色 15 min,检测 600 nm 处的吸光度值,以空白管为对照,以吸光度值为纵坐标,以 DNA 的质量(mg)为横坐标,绘制标准曲线。

3. 核中 RNA、DNA 含量的测定

(1)RNA 含量的测定

取 2 支试管,一支试管加入样品液 2 mL 和苔黑酚试剂 2 mL,另一支试管加入蒸馏水 2 mL 和苔黑酚试剂 2 mL(为对照管),混匀后,置 100 ℃水浴中显色 15 min,检测 640 nm 处的吸光度值,对照标准曲线,计算 RNA 含量,并计算每克肝的鲜重含 RNA 量。

(2)DNA 含量的测定

取 2 支试管,一支试管加入样品液 2 mL 和二苯胺试剂 2 mL,另一支试管加入蒸馏水 2 mL 和二苯胺试剂 2 mL(为对照管),混匀后,置 100 ℃水浴中显色 15 min,检测 660 nm 处的吸光度值,对照标准曲线,计算 DNA 含量,并计算每克肝的鲜重含 DNA 量(mg)。

# 实验十九　定磷法测定核酸含量

## 一、目的

掌握定磷法测定核酸含量的原理及方法。

## 二、原理

核酸分子中含有一定比例的磷，其中 RNA 中磷含量为 9.0%，DNA 中磷的含量为 9.2%。因此，通过测定核酸中磷的含量，可以根据此比例计算出核酸的量。强酸能使核酸分子中的有机磷消化成无机磷。在酸性环境中，定磷试剂中的钼酸铵以钼酸形式与样品中的磷酸反应生成磷钼酸，当有还原剂存在时磷钼酸立即转变成蓝色的还原产物——钼蓝。在一定浓度范围内，蓝色的深浅与磷含量成正比，所以可用比色法测定磷含量。

$$H_3PO_4+12H_2MnO_4 \longrightarrow H_3P(Mo_3O_{10}^{\circ})_4+12H_2O$$

$$\downarrow \text{还原剂}$$

钼蓝

钼蓝最大的光吸收在 650~660 nm 波长处。当使用抗坏血酸为还原剂时，测定的最适范围为 1~10 μg 无机磷。测定样品核酸总磷量，需先将它用硫酸或过氯酸消化成无机磷再行测定。总磷量减去未消化样品中测得的无机磷量，即得核酸含磷量，由此可以计算出核酸含量。

## 三、器材与试剂

### （一）器材

电子天平、容量瓶、离心机、凯氏烧瓶、恒温水浴锅、烘箱、硬质玻璃试管、移液管、分光光度计。

### （二）试剂

1. 标准磷溶液：将分析纯磷酸二氢钾（$KH_2PO_4$）预先置于 105 ℃烘箱烘至恒重。然后放在干燥器内使温度降到室温，精确称取 0.219 5 g（含磷 50 mg），用水溶解，定容至 50 mL（含磷量为 1 mg/mL），作为贮存液置于冰箱中待用。测定时，取此溶液稀释 100 倍，使含磷量为

10 μg/mL。

2. 定磷试剂:3 mol/L 硫酸:取 16 mL 浓硫酸(相对密度 1.84)缓慢加入 84 mL 水中。

2.5%钼酸铵:2.5 g 钼酸铵溶于 100 mL 水中。

10%抗坏血酸:10 g 抗坏血酸溶于 100 mL 水中。

使用时,按 3 mol/L 硫酸∶水∶2.5%钼酸铵∶10%抗坏血酸=1∶2∶1∶1(体积比)的比例配制。配制时按上述顺序加试剂。溶液配制后当天使用。正常颜色呈浅黄绿色,若呈棕黄色或深绿色则不能使用。抗坏血酸溶液在冰箱放置可用 1 个月。

3. 沉淀剂:称取 1 g 钼酸铵溶于 14 mL 70%过氯酸中,加 386 mL 水。

4. 5 mol/L 硫酸:取 27 mL 浓硫酸(相对密度 1.84)缓慢加入 73 mL 水中。

5. 30%过氧化氢。

### (三)实验材料

核酸粗品。

## 四、操作步骤

### (一)标准曲线的绘制

取 12 支洗净烘干的硬质玻璃试管,编号,按表 3-23 所示加入标准磷溶液、水及定磷试剂,平行作两份。

**表 3-23 标准曲线的配制**

| 试剂 | 管号 | | | | | |
|---|---|---|---|---|---|---|
| | 1 | 2 | 3 | 4 | 5 | 6 |
| 标准磷溶液/mL | 0 | 0.2 | 0.4 | 0.6 | 0.8 | 1.0 |
| 蒸馏水/mL | 3.0 | 2.8 | 2.6 | 2.4 | 2.3 | 2.0 |
| 相当于无机磷量/μg | 0 | 2 | 4 | 6 | 8 | 10 |
| 定磷试剂/mL | 3 | 3 | 3 | 3 | 3 | 3 |

将试管内溶液立即摇匀,于 45 ℃恒温水浴内保温 25 min。取出冷却至室温,于 660 nm 处测定吸光值。

取两管平均值,以标准磷含量(μg)为横坐标,吸光值 A660 nm 为纵坐标,绘出标准曲线。

### (二)总磷量测定

称取核酸样品 0.1 g(粗品)放入 50 mL 容量瓶中,蒸馏水溶解并定容至刻度,摇匀

(2 mg/mL)待用。配制的样品溶液内含核酸的量应在标准曲线的可测范围内。取 4 个干净的微量凯氏烧瓶,分别编号。1 号、2 号瓶内各加 1.0 mL 蒸馏水作为空白对照,3 号、4 号各加 1.0 mL 制备的核酸溶液,然后各加 1.0~1.5 mL 5 mol/L 硫酸。

将凯氏烧瓶加热消化 2~4 h。待溶液呈黄色后,稍冷,加入 1~2 滴过氧化氢,继续消化,直至溶液透明为止。

将凯氏烧瓶中的内容物用蒸馏水转移到 100 mL 容量瓶内,定容至刻度,摇匀。取 4 支干燥玻璃试管,对应编号,分别加入 1 mL 上述消化后的定容样品和空白溶液,后面操作与标准曲线相同。测得的样品吸光值减去空白吸光值,并从标准曲线中查出磷的质量(μg),再乘以稀释倍数即得每毫升样品中的总磷量。

**(三)无机磷量测定**

吸取样品液 1.0 mL 加水定容至 50 mL。取 4 支离心管,其中 2 支中各加水 5.0 mL,另 2 支中各加稀释的核酸样品溶液 5.0 mL,然后在 4 支离心管中各加 5.0 mL 沉淀剂,摇匀,以 3 500 r/min 离心 15 min。

分别取上清液 3 mL,加 3 mL 定磷试剂,45 ℃恒温水浴保温 25 min,660 nm 处测定吸光值。用样品的 A660 nm 减去空白的 A660 nm,由标准曲线中查出磷的质量(μg),再乘以稀释倍数即得每毫升样品中的无机磷量。

## 五、结果处理

有机磷的质量浓度(μg/mL)为:有机磷量(μg/mL)= 总磷量(μg/mL)−无机磷量(μg/mL)

再根据测定时的取样体积(mL),求出有机磷的质量浓度(μg/mL)。

样品中核酸的质量分数为:

$$W(\%)=\frac{C\times V\times 11}{m}\times 100$$

式中:$W$ 为核酸的质量分数,%;$C$ 为有机磷的质量浓度,μg/mL;$V$ 为样品总体积,因核酸中含磷量为 9% 左右,1μg 磷相当于 11μg 核酸;$m$ 为样品质量,μg。

## 六、注意事项

消化时间应视样品以及加热源的不同而调整。

## 七、思考题

试说明定磷法测定核酸的原理及方法。

# 实验二十　紫外分光光度法测定核酸含量

## 一、目的

1. 熟悉紫外分光光度计的基本原理与使用方法。
2. 学习和掌握应用紫外分光光度法直接测定核酸含量的原理及技术。

## 二、原理

具有共轭双键的有机分子,对紫外光有强烈的吸收。核酸分子中的碱基含有共轭双键,因此,核酸及其衍生物、核苷酸、核苷、嘌呤和嘧啶均具有紫外吸收特性。其吸收高峰位于260 nm 波长处。

核酸的摩尔消光系数(或称吸收系数)用 ε(P)260 nm 来表示,ε(P)260 nm 代表每升溶液中含有 1 moL 核酸磷的吸光值。

RNA 的 ε(P)260 nm 为 7 700~7 800 (pH 7.0),其含磷量约为 9.5%,因此 1 mL 溶液含 1 μg RNA 的吸光值为 0.022~0.024。小牛胸腺 DNA 钠盐的 ε(P)260 nm (pH 7.0)为 6 600,含磷量为 9.2%,因此 1 mL 溶液含 1 μg DNA 钠盐的吸光值为 0.020。

蛋白质也有紫外吸收特性,其吸收高峰在 280 nm 处,在 260 nm 处的吸收值仅为核酸的 1/10,所以微量蛋白对样品测定结果影响不大。RNA 的 A260 nm/A280 nm 比值大于 2,而 DNA 的 A260 nm/A280 nm 比值约为 1.9。当 A260 nm/A280 nm 比值降低时,表明蛋白质含量偏高,应予以去除。

## 三、器材与试剂

### (一)器材

容量瓶、离心管、离心机、紫外分光光度计。

### (二)试剂

1. 钼酸铵-过氯酸沉淀剂(0.25% 钼酸铵-2.5% 过氯酸溶液):取 3.6 mL 70% 过氯酸和 0.25 g 钼酸铵溶于 96.4 mL 蒸馏水中。

2. 6% 氨水。

3. 0. 01 mol/L 氢氧化钠溶液。

### 3. 实验材料

RNA 或 DNA 干粉。

## 四、操作步骤

### (一) 直接法

如果样品中不含核苷酸、低聚核苷酸，可将样品溶解后直接测定。

准确称取一定量样品，用少量 0. 01 mol/L 氢氧化钠溶液调成糊状，再加适量水，最后用 6% 氨水调节至 pH 7. 0，配制成每毫升样品液含 5~50 μg 核酸的溶液。

将样品液在 260 nm 下测定吸光值 A260 nm，并计算出核酸浓度。

$$\text{RNA 浓度}(\mu g/mL)=\frac{A260\ nm}{0.024\times L}\times n$$

$$\text{DNA 浓度}(\mu g/mL)=\frac{A260\ nm}{0.020\times L}\times n$$

式中：A260 nm 为 260 nm 波长处吸光值；L 为比色杯的厚度；n 为稀释倍数；0. 024 为每毫升溶液内 1μg RNA 的 A260 nm 值；0. 020 为每毫升溶液内含 1μg DNA 的 A260 nm 值。

### (二) 间接法

如果待测的核酸样品中含苷酸或低聚多核苷酸，则需另取一份样品液加沉淀剂去除核酸作对照。

准确称取核酸样品 0. 50 g，按直接法调配定容至 50 mL。

取两支小离心管，Ⅰ管加入 0. 5 mL 样品和 0. 5 mL 蒸馏水，Ⅱ管为对照管，加入 0. 5 mL 样品和 0. 5 mL 钼酸铵-过氯酸沉淀剂，混匀后在冰浴中放置 30 min，以 3 000 r/min 离心 10 min。从两管中分别吸取 0. 5 mL 上清液到两个 50 mL 容量瓶内，定容到刻度。在 260 nm 下分别测定其吸光值 A260 nm Ⅰ 和 A260 nm Ⅱ，并计算出核酸浓度。

$$\text{RNA 浓度}(\mu g/mL)-\frac{A260\ nm}{0.024\times L}\times n$$

$$\text{DNA 浓度}(\mu g/mL)=\frac{A260\ nm}{0.020\times L}\times n$$

## 五、结果处理

$$核酸(\%)=\frac{待测液中测得的核酸量}{待测液中样品的量}\times 100\%$$

## 六、注意事项

1. 测定 RNA 浓度时,要确保比色杯无 RNase 污染。为此可用 0.1 mol/L NaOH-1 mmol/LEDTA 液清洗比色杯,然后以无 RNase 的蒸馏水冲洗干净。

2. A260 nm/A280 nm 比值受 pH 值的影响很大,pH 较低时会引起 A260 nm/A280 nm 值的降低,并且降低对蛋白污染的灵敏度。因此,判断核酸的纯度时,测定 A260 nm /A280 nm 的比值可在低盐缓冲溶液中进行,以获得比在水中更为准确的测定值。

纯 DNA 在 pH 8.5 的 10 mmol/L Tris-HCl 溶液中,其 A260 nm/A280 nm 比值为 1.8~2.0。

纯 RNA 在 pH 7.5 的 10 mmol/L Tris-HCl 溶液中,其 A260 nm/A280 nm 比值为 1.9~2.1。

## 七、思考题

1. 用该法测定样品中的核酸含量,有何优点及缺点?

2. 若样品中含有蛋白质,如何排除干扰?你认为最简便的方法是什么?

# 实验二十一　苔黑酚显色法测定 RNA 含量

## 一、目的

掌握苔黑酚显色法测定 RNA 含量的原理和方法。

## 二、原理

RNA 与浓盐酸共热时发生降解,产生的戊糖又可转变为糠醛,糠醛与苔黑酚(3,5-二羟基甲苯)反应,形成绿色复合物,该产物在 670 nm 处有最大吸收。当 RNA 浓度为 20~250 μg/mL 时,吸光度与 RNA 浓度成正比,可以用比色法进行测定。

## 三、器材与试剂

### (一)器材

移液管、分光光度计、恒温水浴锅、试管及试管架。

### (二)试剂

1. RNA 标准溶液:称取 10 mg RNA(需先定磷确定其纯度),用少量水溶解(若不溶,可用 2 mol/L NaOH 溶液调至 pH 7.0),定容至 100 mL,浓度为 100 μg/ mL。

2. RNA 样品液:将提取的 RNA 粗样品用蒸馏水溶解并定容,使 RNA 浓度在标准曲线测定范围内。

3. 苔黑酚试剂:取 0.1 g 苔黑酚溶于 100 mL 浓盐酸,再加入 0.1 g $FeCl_3 \cdot 6H_2O$。该溶液使用前新鲜配制。

### (三)实验材料

粗品 RNA。

## 四、操作步骤

### (一)标准曲线的绘制

取干燥试管 6 支,编号,按表 3-24 所示加入试剂。

表 3-24 标准曲线的配制

| 试剂 | 管号 | | | | | |
|---|---|---|---|---|---|---|
| | 0 | 1 | 2 | 3 | 4 | 5 |
| RNA 标准溶液/mL | 0.0 | 0.1 | 0.2 | 0.3 | 0.4 | 0.5 |
| 蕉馏水/mL | 1.0 | 0.9 | 0.8 | 0.7 | 0.6 | 0.5 |
| 苔黑酚试剂/mL | 3.0 | 3.0 | 3.0 | 3.0 | 3.0 | 3.0 |
| A670 nm | | | | | | |

加样完毕后混匀,于沸水浴中加热 20 min,取出置于自来水中冷却,以 0 号管调零,670 nm 处测吸光值。以吸光值为纵坐标,RNA 浓度为横坐标作图,绘制标准曲线。

### (二)样品测定

取试管 2 支,各加入 1.0 mL 样品液,再加 3.0 mL 苔黑酚试剂,混匀,置沸水浴中加热 20min 后取出冷却。以标准曲线 0 号空白管调零点,于 670 nm 处测吸光度。根据吸光值从标准曲线上查出相应的 RNA 含量。

## 五、结果处理

$$\text{RNA}(\%)=\frac{m_1}{m_2}\times 100\%$$

式中:$m_1$ 为样液中测得的 RNA 质量,μg; $m_2$ 为样液中样品的质量,μg。

## 六、注意事项

1. 苔黑酚反应特异性较差,凡戊糖均有此反应,DNA 及其他杂质会影响结果。故一般测定 RNA 时,可先测定样品中 DNA 含量,再算出 RNA 含量。

2. 本法较灵敏，样品中蛋白质含量高时，应先用 5% 三氯乙酸溶液将蛋白质沉淀后再测定，否则会发生干扰。

## 七、思考题

配制苔黑酚试剂时，为什么要加 $FeCl_3 \cdot 6H_2O$？

# 实验二十二 发酵过程中无机磷的利用和 ATP 的生成测定

## 一、目的

1. 了解发酵工程中无机磷的作用。
2. 掌握无机磷的测定方法。
3. 掌握 DEAE-纤维薄板层析法测定 ATP 的形成。

## 二、原理

在适当的条件下,酵母能分解发酵液中的糖类(例如蔗糖、葡萄糖等),释放出能量。这一现象主要涉及糖的氧化磷酸化过程,即利用发酵液中的无机磷生成 ATP。因此,在酵母发酵过程中,测定发酵液中无机磷及 ATP 含量的变化能够反映酵母的代谢活动。

在本实验中,利用反应体系中的无机磷酸与钼酸作用生成的磷钼酸络合物能被 $\alpha$-1,2,4-氨基萘酚磺酸钠还原成钼蓝化合物。该化合物颜色的深浅与磷酸的量成正比,由此可对无机磷进行测定,用以观察发酵过程中酵母对无机磷的利用情况。

二乙胺基乙基纤维素(简称 DEAE-纤维素),是弱碱性阴离子交换剂,在 pH 3.5 时,可以解离成标记季铵型,带负电荷的核酸离子可交换上去。通过薄层层析,带不同净电荷的核酸与 DEAE-纤维素的亲和力不同。在层析后,采用紫外分析仪可以观察到层析斑点。本实验利用 DEAE-纤维素薄层层析,判断发酵过程中 ATP 的变化。此法具有快速、灵敏的特点。

## 三、器材与试剂

### (一)器材

分光光度计、离心机、恒温水浴锅、移液管、试管和试管架、紫外分析仪、乳钵、漏斗、量筒、玻璃板(10 cm×15 cm)、吹风机、微量注射器或毛细管、抽滤瓶、真空抽气泵、水平台、锥形瓶。

### (二)试剂

1. 蔗糖。
2. 磷酸盐溶液:准确称取磷酸氢二钠($Na_2HPO_4 \cdot 12H_2O$)60.35 g 和磷酸二氢钾

($KH_2PO_4 \cdot 2H_2O$)10 g 溶于蒸馏水中,定容至 500 mL,放冰箱备用。临用时稀释 1~5 倍。

3. 标准磷酸盐溶液(含磷 25 μg/mL):将磷酸二氢钾在 100 ℃烘干 2 h,在干燥器中冷却后,准确称取 0.054 9 g 用蒸馏水溶解并定容至 500 mL,成为含 25 μg/mL 无机磷的标准磷酸盐溶液。

4. 5% 三氯乙酸溶液。

5. 硫酸-钼酸铵溶液:3 mol/L 硫酸和 2.5% 钼酸铵溶液等体积混合。

6. α-1,2,4-氨基萘酚磺酸钠溶液:称取 0.25 g α-1,2,4-氨基萘酚磺酸、15 g 亚硫酸氢钠和 0.5 g 亚硫酸钠,用蒸馏水溶解并定容至 100 mL。临用时,加三倍水混匀。

7. 0.05 mol/L pH3.5 柠檬酸钠缓冲溶液。

8. AMP、ATP 标样。

9. 1 mol/L NaOH。

10. 1 mol/L HCl。

11. DEAE-纤维素。

### (三)实验材料

酿酒酵母或活性干酵母。

## 四、操作步骤

### (一)酵母发酵及样品液的制备

1. 酵母发酵

取约 1 g 活性干酵母或新鲜啤酒酵母 3~5 g 与 1 g 蔗糖放入研钵内,加入 3 mL 磷酸缓冲溶液,仔细研磨至糊状,之后再加入 5 mL 蒸馏水和 2 mL 磷酸缓冲溶液,搅拌成匀浆,倒入 500 mL 锥形瓶中。取出 0.5 mL 均匀的悬浮液,加入盛有 3.5 mL 三氯乙酸溶液的试管中,摇匀,作为试样 1。同时将锥形瓶放入 37 ℃水浴中保温培养,经常摇动,每隔 30 min 取出 0.5 mL 悬浮液,并立即加入盛有 3.5 mL 三氯乙酸溶液的试管中,摇匀。共取三次,依次作为试样 2、试样 3、试样 4。

2. 样品液的制备

将每个试样静置 10 min 后离心(3 000 r/min,10 min),上清液用以无机磷含量测定及 ATP 薄层层析,比较 ATP 的变化。

### (二)无机磷含量的测定

1. 绘制标准曲线

取 6 支试管编号,按如表 3-25 所示依次在各管内加入试剂,充分摇匀后于 37 ℃水浴保温 10 min。冷却后,在 660 nm 波长下测定光吸收值,以含磷总量为横坐标,光吸收值为纵坐标,绘制标准曲线。

表 3-25 标准曲线的配制

| 试剂 | 管号 | | | | | |
|---|---|---|---|---|---|---|
| | 0 | 1 | 2 | 3 | 4 | 5 |
| 标准磷酸盐溶液/mL | 0 | 0.2 | 0.4 | 0.6 | 0.8 | 1.0 |
| 蒸馏水/mL | 3.0 | 2.8 | 2.6 | 2.4 | 2.2 | 2.0 |
| 硫酸-钼酸铵溶液/mL | 2.5 | 2.5 | 2.5 | 2.5 | 2.5 | 2.5 |
| α-1,2,4-氨基萘酚磺酸溶液/mL | 0.5 | 0.5 | 0.5 | 0.5 | 0.5 | 0.5 |
| 37 ℃水浴保温 10 min,冷却至室温 | | | | | | |
| 含磷量/ug | 0 | 5 | 10 | 15 | 20 | 25 |
| A660 nm | | | | | | |

2. 无机磷含量的测定

取 5 支洁净干燥试管,编号后如表 3-26 所示加入各种试剂,以 0 号管做空白,分别测定各管的 660 nm 的吸光度,各管均应做一平行管,取其吸光度的平均值,从标准曲线上查出各试样中的无机磷含量。

表 3-26 无机磷含量的测定

| 试剂及操作 | 管号 | | | | |
|---|---|---|---|---|---|
| | 0 | 1 | 2 | 3 | 4 |
| 发酵时间/min | 0.0 | 0.0 | 30 | 60 | 90 |
| 离心后上清液/mL | 0.1 | 0.1 | 0.1 | 0.1 | 0.1 |
| 蒸馏水/ml | 3.0 | 2.9 | 2.9 | 2.9 | 2.9 |
| 硫酸-钼酸铵溶液/mL | 2.5 | 2.5 | 2.5 | 2.5 | 2.5 |
| α-1,2,4-氨基萘酚磺酸溶液/mL | 0.5 | 0.5 | 0.5 | 0.5 | 0.5 |
| 37 ℃水浴保温 10 min,冷却至室温 | | | | | |
| A660 nm | | | | | |

### (三) DEAE-纤维素薄层层析法比较 ATP 含量的变化

1. DEAE-纤维素的处理

先用水洗,抽干后用 4 倍体积 1 mol/L NaOH 溶液浸泡 4 h(或搅拌 2 h),抽干,蒸馏水洗至中性,再用 4 倍体积 1 mol/L HCl 溶液浸泡 2 h(或搅拌 1 h)抽干洗至 pH 4.0 备用。

2. 铺板

将处理过的 DEAE-纤维素放在烧杯里,加水调成稀糊状,搅匀后立即倒在干净玻璃板上，涂成均匀的薄层，放在水平板上，自然干燥或60 ℃烘干，备用。

3. 点样

在已烘干的薄板一端2 cm处用铅笔轻画一基线，分别用微量点样管取样液各10 μL，点在基线上，试样之间间隔2 cm左右，用冷风吹干。

4. 展层

在烧杯内倒入pH 3.5柠檬酸钠缓冲溶液（液体厚度约1 cm），把点好样的薄板倾斜插入烧杯内（点样端在下），溶剂由下而上展层，当溶剂前沿到达距离薄板上端约1 cm处（10 min左右）取出薄板，用吹风机吹干，用紫外线照射DEAE-纤维素薄板观察层析斑点。

## 五、结果处理

1. 以试样1的无机磷含量为100%，计算酵母发酵30 min、60 min和90 min无机磷的消耗量。

$$\text{无机磷的消耗量}(\%)=\frac{\text{样式 1 无机磷含量}-\text{试样 } n \text{ 无机磷含量}}{\text{试样 1 无机磷含量}}\times 100\%$$

式中：试样1无机磷含量为100%；$n$为待测样编号。

2. 观察薄板层析斑点，比较ATP含量的变化。

## 六、注意事项

1. 在本实验的预备实验中应首先摸索酵母的用量及磷酸盐的稀释倍数。这取决于酵母的发酵能力及原发酵液中无机磷的基础含量。

2. 各管加入α-1,2,4-氨基萘酚磺酸钠溶液时，应每加一管，立即混匀，力求各管的无机磷与还原剂反应的时间严格一致。

3. 在每次吸取悬浮液前，将锥形瓶中的混合物充分摇匀。

4. 要明显看出无机磷的利用及ATP含量上升，一般需要发酵1.5~2 h。

5. 酿酒酵母最好放在低温冰箱冷冻结冰。新鲜酿酒酵母悬浮于蒸馏水中，离心，弃去上清液。

6. 如此用蒸馏水洗涤酵母数次，最后将洗净的酵母沉淀冷冻保存。经过深冻的酵母，发酵效果好。

7. 本实验应选用α-1,2,4-氨基萘酚磺酸钠试剂为还原剂，如用抗坏血酸，则效果不佳。

8. 样液核苷酸浓度为5 mg/mL左右时，点样量为5~10 μL。可参照此标准来控制每次的点样量。

## 七、思考题

1. 本实验如何判断发酵过程中无机磷的消耗?

2. 无机磷的消耗速度反映了糖代谢的速度,它受哪些因素的影响?无机磷最终会转化为哪些形式的有机磷?

3. 应如何判断 ATP 含量的变化?

# 实验二十三　SDS-PAGE 测定蛋白质相对分子质量

## 一、目的

掌握 SDS-PAGE 测定蛋白质相对分子质量的原理和操作方法。

## 二、原理

聚丙烯酰胺凝胶电泳(PAGE)能将不同的大分子化合物分离。其原理在于这些大分子化合物所带电荷的差异和分子量的大小不同。如果清除或减小电荷差异这一因素的影响,那么这些化合物在凝胶上的迁移率将完全取决于其相对分子质量。

在蛋白质溶液中加入十二烷基硫酸钠(SDS)和巯基乙醇,巯基乙醇能使半胱氨酸之间的二硫键断裂。SDS 是带负电荷的阴离子去污剂,能断裂分子内和分子间的氢键,破坏蛋白质的二级和三级结构。蛋白质与 SDS 分子按比例结合(在一定条件下,大多数蛋白质与 SDS 的结合比为 1.4 g SDS/1 g 蛋白质),形成蛋白质-SDS 复合物,使各种蛋白质都带上相同密度的负电荷,其数量远远超过了蛋白质分子原有的电荷量,从而降低或消除了各种蛋白质分子间天然的电荷差异。与 SDS 结合后,蛋白质分子变性,构象发生变化,蛋白质-SDS 复合物呈近似雪茄烟形的长椭圆棒状。其短轴长度都一样,约为 1.8 nm,而长轴则与蛋白质 $M_r$(相对分子质量)成正比。这样,蛋白质-SDS 复合物在 SDS-PAGE 中的迁移率不再受蛋白质原有电荷和分子形状的影响,电泳迁移率仅取决于蛋白质的 $M_r$。在蛋白质 $M_r$ 为 15 000~200 000 的范围内,电泳迁移率与 $M_r$ 的对数呈线性关系,符合直线方程。可用下式表示:

$$\lg M_r = \mathrm{k} - bm$$

式中:$M_r$ 为蛋白质相对分子质量;k 为常数;$b$ 为斜率;$m$ 为迁移率。

要测定某个蛋白质的 $M_r$,只需比较它和一系列已知相对分子质量的蛋白质在 SDS-PAGE 中的迁移率即可。与其他方法测得的相对分子质量相比较,其误差一般在±10%以内。

SDS-PAGE 是一种简便、快速测定蛋白质相对分子质量的方法,具有操作方便、耗时少、分辨率高、样品用量少、重复性好等优点,因此得到广泛的应用和迅速的发展。

## 三、器材与试剂

### (一)器材

DYCZ-24D 型电泳仪及配件、电泳仪、移液器、微量注射器、培养皿、烧杯、试管、滴管、直尺。

### (二)试剂

1. 凝胶贮备液:丙烯酰胺 29.2 g,亚甲基双丙烯酰胺 0.8 g,加双蒸水定容至 100 mL,置于棕色瓶中,4 ℃冰箱可保存一个月。

2. 分离胶缓冲溶液(1.5 mol/L Tris-HCL,pH 8.8):称取 18.15 g Tris 加入约 80 mL 双蒸水,用 1 mol/L HCl 调 pH 值到 8.8,用双蒸水定容至最终体积 100 mL,4 ℃冰箱保存备用。

3. 浓缩胶缓冲溶液(0.5 mol/L Tris-HCl,pH 6.8):称取 6gTris,加入约 60 mL 双蒸水,用 1 mol/L HCl 调 pH 值到 6.8,用双蒸水定容至最终体积 100 mL,4 ℃冰箱保存备用。

4. 10% SDS:室温保存。

5. 两种样品缓冲溶液:配方如表 3-27 所示。

表 3-27 样品缓冲液配制

| 还原缓冲溶液(2×) | | 非还原缓冲溶液(2×) | |
|---|---|---|---|
| 0.5 mol/L Tris-HCl,pH 6.8 | 2.5 mL | 双蒸水 | 1.0 mL |
| 甘油 | 2.0 mL | 0.5% mol/L Tris-HCl,pH 6.8 | 2.5 mL |
| 10% SDS/m/v | 4.0 mL | 甘油 | 2.0 mL |
| 0.1% 溴酚蓝/m/v | 0.5 mL | 10% SDS/m/v | 4.0 mL |
| β-巯基乙醇 | 1.0 mL | 0.1% 溴酚蓝/m/v | 0.5 mL |
| 总体积 | 10 mL | 总体积 | 10 mL |

6. 电极缓冲溶液:pH 8.3,Tris3g,甘氨酸 14.4 g,SDS 1.0 g,加双蒸水至 1 000 mL,4 ℃冰箱保存。

7. N′,N′,N′,N′-四甲基乙二胺(TEMED):避光保存。

8. 低相对分子质量的标准蛋白质,开封后按说明溶于 200 μL 双蒸水中,加 200 μL 2 倍样品缓冲溶液(还原缓冲液),分装成 20 个小管,-20 ℃保存。使用前沸水浴 5 min 左右。

9. 10% 过硫酸铵:此溶液需现用现配。

10. 染色液:0.25 g 考马斯亮蓝 R-250,加入 9 mL 50% 甲醇,9 mL 冰醋酸。

11. 脱色液:50 mL 甲醇、75 mL 冰醋酸与 875 mL 双蒸水混合。

### (三)实验材料

待测蛋白质样品。

## 四、操作步骤

### (一)电泳槽的安装

### (二)凝胶的配制

1. 分离胶的配制

按照蛋白质不同的相对分子质量选用不同浓度的分离胶,如表 3-28 所示。

表 3-28　分离胶对应的适合蛋白质分子量

| 蛋白质相对分子质量范围 | 分离胶浓度 | 蛋白质相对分子质量范围 | 分离胶浓度 |
|---|---|---|---|
| $<10^4$ | 20%~30% | $1\times1^5$~$5\times10^5$ | 5%~10% |
| $1\times10^4$~$4\times10^4$ | 15%~20% | $>5\times10^5$ | 2%~5% |
| $4\times10^4$~$1\times10^5$ | 10%~15% | | |

不同浓度分离胶的配制方法如表 3-29 所示。

表 3-29　不同浓度的分离胶配方

| 分离胶浓度 | 20% | 15% | 12% | 10% | 7.5% |
|---|---|---|---|---|---|
| 双蒸水/mL | 0.75 | 2.35 | 3.35 | 4.05 | 4.85 |
| 1.5 mol/LTris-HCl,pH 8.8/mL | 2.5 | 2.5 | 2.5 | 2.5 | 2.5 |
| 质量浓度为 10% SDS/mL | 0.1 | 0.1 | 0.1 | 0.1 | 0.1 |
| 凝胶贮备液/mL | 6.6 | 5.0 | 4.0 | 3.3 | 2.5 |
| 质量浓度为 10% 过硫酸铵/μL | 50 | 50 | 50 | 50 | 50 |
| TEMED/μL | 5 | 5 | 5 | 5 | 5 |
| 总体积/mL | 10 | 10 | 10 | 10 | 10 |

根据待测蛋白质样品的相对分子质量选择合适的分离胶浓度,本实验选用 12% 的分离胶。

在 15 mL 的烧杯中依次按表中的顺序加入试剂,由于加入 TEMED 后凝胶即开始聚合,故应立即混匀混合液,然后用滴管吸取分离胶,在电泳槽的玻璃板间小心灌注,留出约

2.5 cm 的空间用以灌注浓缩胶。用滴管小心在溶液上覆盖一层重蒸水,室温下静置 0.5~1 h,待分离胶聚合完全后,去除双蒸水,要尽可能去除干净。

2. 浓缩胶的制备

一般用 3% 的浓缩胶。配制方法如下:双蒸水 3.12 mL、0.5 mol/L pH 6.8 Tris-HCl 1.25 mL、10% SDS 0.05 mL、凝胶贮备液 0.6 mL、10% 过硫酸铵 25 μL、TEMED 5μL。在烧杯中混匀后,灌注在分离胶上,插入梳子,避免带入气泡,室温静置至浓缩胶完全聚合(约 0.5 h)。

#### (三) 样品的制备及点样

1. 标准蛋白质样品的制备

取出预先分装好的 20 μL 低相对分子质量标准蛋白质的小管,放入沸水浴中加热 5 min,取出后冷却至室温。

2. 待测蛋白质样品的制备

将待测样品调至 0.5~1.0 mg/ mL 浓度,然后分别加入等体积还原样品缓冲溶液和非还原缓冲溶液,转移到带塞小管中,轻轻盖上盖子,在沸水浴中加热 5 min,取出后冷却至室温。

3. 点样

用微量注射器(50 μL)按编号向加样孔内分别点样约 20 μL。

#### (四) 电泳

1. 待浓缩胶完全聚合后,小心拔出梳齿,用电极缓冲溶液洗涤加样孔数次,然后在电泳槽中加入电极缓冲液,确保液面超过短玻璃板。

2. 用微量注射器按编号向加样孔内上样约 20 μL。

3. 接上电泳仪,打开电泳仪电源开关,设置恒流 20~30 mA。待蓝色的溴酚蓝移至下端约 1 cm 时,关闭电源停止电泳。

#### (五) 染色和脱色

小心取出凝胶,放入培养皿中。加入染色液染色 30 min 后,更换为脱色液。之后每 10 min 更换一次脱色液,直至凝胶背景接近无色即可。

## 五、结果处理

用直尺分别量出标准蛋白质、待测蛋白质区带中心以及指示剂前沿距分离胶顶端的距离,按下式计算相对迁移率:

$$相对迁移率=\frac{样品迁移率}{燃料迁移率}\times 100\%$$

以标准蛋白质 $M_r$ 的对数值为纵坐标，其相对迁移率为横坐标作图，得到标准曲线。根据待测蛋白质样品的相对迁移率，从标准曲线上查出其相对分子质量的对数值，求出其相对分子质量。

## 六、注意事项

1. SDS 与蛋白质的结合按质量成比例（即 1.4 g SDS/g 蛋白质），蛋白质含量不可以超标，否则 SDS 结合量不足。

2. 用 SDS-聚丙烯酰胺凝胶电泳法测定蛋白质相对分子质量时，必须同时作标准曲线，不能利用这次的标准曲线作为下次用，并且 SDS-PAGE 测定分子量有 10% 的误差，不可完全信任。

3. 有些蛋白质由多个亚基（如血红蛋白）或两条以上肽链（$\alpha$-胰凝乳蛋白酶）组成，它们在还原型样品缓冲溶液中（含 $\beta$-巯基乙醇和 SDS）会解离成亚基或多条单肽链。因此，此时 SDS-聚丙烯酰胺凝胶电泳法测定的是这类蛋白各亚基或单条肽链的相对分子质量。

4. 有的蛋白质（如电荷异常或结构异常的蛋白质、带有较大辅基的蛋白质）不能采用该法测相对分子质量。

5. 如果电泳中出现拖尾、染色带的背景不清楚等现象，可能是 SDS 不纯引起的。

## 七、思考题

1. SDS-PAGE 与 PAGE 原理上有何不同?

2. 做好本实验的关键步骤有哪些？为什么?

# 实验二十四　小麦萌发前后淀粉酶活力的比较

## 一、目的

1. 学习分光光度计的原理和使用方法。
2. 学习测定淀粉酶活力的方法。
3. 了解小麦萌发前后淀粉酶活力的变化。

## 二、原理

种子中贮藏的糖类主要以淀粉的形式存在。淀粉酶能使淀粉分解为麦芽糖;麦芽糖有还原性,能使3,5-二硝基水杨酸还原成棕色的3-氨基-5-硝基水杨酸。产物3-氨基-5-硝基水杨酸呈棕色,可以用分光光度计法测定。

休眠种子的淀粉酶活力很弱,种子吸胀萌动后,酶活力逐渐增强,并随着发芽天数的增长而增加。本实验观察小麦种子萌芽前后淀粉酶活力的变化。

## 三、器材与试剂

### (一)仪器

分光光度计、离心机、恒温箱、恒温水浴锅、25 mL刻度试管、乳钵、离心管。

### (二)试剂

1. 1 g/L标准麦芽糖溶液20 mL:精确称量100 mg麦芽糖,用少量水溶解后,移入100 mL量瓶中,用蒸馏水定容。

2. 0.02 mol/L磷酸盐缓冲液(pH 6.9)100 mL:0.2 mol/L磷酸二氢钾67.5 mL与0.2 mol/L磷酸氢二钠82.5 mL混合,稀释10倍。

3. 10 g/L淀粉溶液100 mL:1 g可溶性淀粉溶于100 mL,0.02 mol/L磷酸盐缓冲液中,其中含有0.006 7 mol/L氯化钠。

4. 10 g/L 3,5-二硝基水杨酸试剂100 mL:1 g 3,5-二硝基水杨酸溶于20 mL, 2 mol/L的氢氧化钠溶液和50 mL水中,再加入30 g酒石酸钾钠,定容至100 mL。若溶液浑浊,可过滤。

5. 10 g/L 氯化钠溶液 300 mL。

6. 细砂。

### (三)实验材料

小麦种子、麦芽糖、淀粉、3、5-二硝基水杨酸、酒石酸钾钠、细砂、磷酸二氢钾、磷酸氢二钠、氯化钠、氢氧化钠。

## 四、操作步骤

### (一)种子发芽

小麦种子浸泡 2.5 h 后,放入 25 ℃恒温箱内或在室温下发芽(小麦萌芽所需要的时间与品种有关,若难以萌发,可适当延长浸泡时间和发芽时间)。

### (二)酶液提取

取发芽第三天或第四天的幼苗 15 株,放入乳钵内,加细砂 200 mg,加 10 g/L 氯化钠溶液 10 mL,用力磨碎。在室温下放置 20 min,搅拌几次。然后将提取液 1500 r/min 离心 6~7 min。将上清液倒入量筒,测定酶提取液的总体积。进行酶活力测定时,用缓冲液将酶提取液稀释 10 倍。

另取干燥种子或浸泡 2.5 h 后的种子 15 粒作为对照(提取步骤同上)。

### (三)酶活力测试

1. 取 25 mL 刻度试管 4 支,编号。按表 3-30 所示要求加入各试剂(各试剂必须在 25 ℃预热 10 min)。

表 3-30　酶活力的测试

| 试剂 | 试管 | | | |
|---|---|---|---|---|
| | 种子的酶提取液 | 发芽 3~4 天幼苗的酶提取液 | 标准管 | 空白管 |
| 酶液/mL | 0.5 | 0.5 | — | — |
| 标准麦芽糖溶液/mL | — | — | 0.5 | — |
| 10 g/L 淀粉溶液/mL | 1.0 | 1.0 | 1.0 | 1.0 |
| 水/mL | — | — | — | 0.5 |

将各试管混匀,放在 25 ℃水浴中,保温 3 min 后立即向各管中加入 100 g/L 3,5-二硝基

水杨酸溶液 2 mL。

2. 取出各试管,放入沸水浴中加热 5 min。冷至室温加水稀释至 25 mL。将各管充分混匀。

3. 用空白管作对照,在 500 nm 处测定各管的吸光度值。

## 五、结果处理

### (一)将 500 nm 波长处读取的数值填入表 3-31 中。

表 3-31

| 试管号 | 干燥种子的酶提取液 | 发芽 3~4 天幼苗的酶提取液 | 标准 | 空白 |
|---|---|---|---|---|
| A500 nm | | | | |

### (二)关于麦芽糖浓度的计算

根据溶液的浓度与吸光度值成正比的关系,即:

$$\frac{A_{标准}}{A_{未知}}=\frac{C_{标准}}{C_{未知}}$$

式中:C 为浓度;A 为吸光度值。

本实验规定:25 ℃时 3 min 内水解淀粉释放 1 mg 麦芽糖所需的酶含量为 1 个酶活力单位。则 15 粒种子或 15 株幼苗的总活力单位计算公式为:

$$总活力单位=C_{酶}\times n_{酶}\times V_{酶}$$

式中:$C_{酶}$ 为酶液中麦芽糖的浓度;$n_{酶}$ 为酶液稀释倍数;$V_{酶}$ 为提取酶液的总体积。

## 六、思考题

1. 为什么淀粉酶提纯整个过程在 0~5 ℃条件下进行?为什么测酶活力时要在 25 ℃预保温?反应后又放入沸水浴中?

2. 本实验的实验结果说明什么?

# 实验二十五　植物组织中可溶性糖含量的测定(蒽酮法)

## 一、目的

1. 掌握植物组织中可溶性糖含量的测定方法。
2. 学习并掌握分光光度计的使用操作。

## 二、原理

在作物的碳素营养中，作为营养物质主要是指可溶性糖和淀粉。它们在营养中的作用主要有：合成纤维素组成细胞壁；转化并组成其他有机物(比如核苷酸、核酸等)；分解产物是其他许多有机物合成的原料，如糖在呼吸过程中形成的有机酸，可作为NH3 的受体而转化为氨基酸；糖类作为呼吸基质，为作物的各种合成过程和各种生命活动提供了所需的能量。由于碳水化合物具有这些重要的作用，所以是营养中最基本的物质，也是需要量最多的一类。

糖在浓硫酸作用下，可以经过脱水反应生成糠醛或羟甲基糠醛，生成的糠醛或羟甲基糠醛可与蒽酮反应生成蓝绿色糠醛衍生物。在一定范围内，颜色的深浅与糖的含量成正比，故可用于糖的定量测定。

该法的特点是几乎可以测定所有的碳水化合物。它不但可以测定戊糖与己糖的含量，而且可以测定所有寡糖类和多糖类，其中包括淀粉、纤维素等(因为反应液中的浓硫酸可以把多糖水解成单糖后发生反应)。所以用蒽酮法测出的碳水化合物含量，实际上是溶液中全部可溶性碳水化合物的总量。在没有必要细致划分各种碳水化合物的情况下，用蒽酮法可以一次测出总量，因此具有特殊的应用价值。但在测定水溶性碳水化合物时，切勿将样品的未溶解残渣加入反应液中，否则会因为细胞壁中的纤维素、半纤维素等与蒽酮试剂发生反应而增加了测定误差。此外，不同的糖类与蒽酮试剂反应后的显色深度不同：果糖显色最深，葡萄糖次之，半乳糖、甘露糖较浅，五碳糖显色更浅。故测定糖的混合物时，常因不同糖类的比例不同而造成误差；但测定单一糖类时，可以避免此种误差。

糖类与蒽酮反应生成的有色物质在可见光区的吸收峰为 620 nm，故应在此波长下进行比色。

## 三、器材与试剂

### (一)器材

分光光度计、分析天平、离心管、离心机、恒温水浴、试管、三角瓶、移液管、剪刀、瓷盘、玻棒、水浴锅、电炉、漏斗、滤纸。

### (二)试剂

1. 80%乙醇。

2. 葡萄糖标准溶液 100 μg/mL:准确称取 100 mg 分析纯无水葡萄糖,溶于蒸馏水并定容至 100 mL,使用时再稀释 10 倍(100 μg/mL)。

3. 蒽酮试剂:称取 1.0 g 蒽酮,溶于 80% 浓硫酸(将 98%浓硫酸稀释,把浓硫酸缓缓加入蒸馏水中)1 000 mL 中,冷却至室温后,贮于具塞棕色瓶内。冰箱保存,可使用 2~3 周。

## 四、操作步骤

### (一)样品中可溶性糖的提取

称取剪碎混匀的新鲜样品 0.5~1.0g(或干样粉末 5~100 mg),放入大试管中,加入 15 mL 蒸馏水,在沸水浴中煮沸 20 min,取出冷却,过滤入 100 mL 容量瓶中,用蒸馏水冲洗残渣数次,定容至刻度。

### (二)标准曲线制作

取 6 支大试管,从 0~5 分别编号,按表 3-32 所示加入各试剂。

表 3-32　标准曲线的配制

| 试剂 | 管号 | | | | | |
|---|---|---|---|---|---|---|
| | 0 | 1 | 2 | 3 | 4 | 5 |
| 100 μg/mL 葡萄糖溶液/mL | 0 | 0.2 | 0.4 | 0.6 | 0.8 | 1.0 |
| 蒸馏水/mL | 1.0 | 0.8 | 0.6 | 0.4 | 0.2 | 0 |
| 蒽酮试剂/mL | 5.0 | 5.0 | 5.0 | 5.0 | 5.0 | 5.0 |
| 葡萄糖量/μg | 0 | 20 | 40 | 60 | 80 | 100 |

将各管快速摇动混匀后，在沸水浴中煮 10 min，取出冷却，在 620 nm 波长下，用空白调零测定吸光值，以吸光值为纵坐标，含葡萄糖量(μg)为横坐标绘制标准曲线。

### (三)样品测定

取待测样品提取液 1.0 mL 加蒽酮试剂 5 mL，同以上操作显色后测定光密度，重复 3 次。

## 五、结果处理

$$可溶性糖含量(\%)=\frac{C\times V_T}{W\times V_1\times 10^6}\times 100\%$$

式中：$C$ 为从标准曲线查得葡萄糖量，μg；$V_T$ 为样品提取液总体积，mL；$V_1$ 为显色时取样品液量，mL；$W$ 为样品重，g。

## 六、注意事项

实验中蒽酮试剂含高浓度的硫酸，使用时应注意安全。

# 实验二十六　柳叶中原花青素的提取、分离、纯化及测定

## 一、目的

学习天然产物提取中常用的超声波辅助提取、旋转蒸发、萃取等实验方法;学会用薄层色谱法分析鉴定提取物质。

## 二、原理

原花青素其化学本质是一类由不同数量的单体黄烷-3-醇或黄烷-3,4-二醇及其缩合而成的聚多酚类物质。同时,由于其聚合体表现出单宁的特性,也称为缩合单宁,广泛存在于植物体内。原花青素的酚羟基表现出多种化学特性,如清除自由基、抗肿瘤、保护心血管等。它还具有其他一些生理活性,如促进伤口愈合、促毛发生长、防辐射、改善眼疲劳、提高视力、抑制酪氨酸酶活性、减退色素、抑制脂褐素、老年斑生成,美白防晒,延缓衰老等。同时还有抗溃疡、增强免疫调节活性,增强骨髓造血干细胞增殖活性等功能。葡萄籽中的原花青素含量是已知原料中最高的。除此之外,柳树叶等材料中的含量也很高。

超声波提取是指利用超声波所产生的空化等特殊作用,将所含成分快速高效地提取出来的一项新技术。其机理主要是通过压电换能器产生的快速机械振动波来减少目标萃取物与样品基体之间的作用力,从而实现固-液萃取分离。

薄层色谱法(TLC)是色谱分离法中的一种。将固定相在平板上铺成薄层,样品点在薄层上,然后在适当的流动相中展开,利用各组分分配系数的差异实现分离。薄层色谱具有分离效率高、展开时间短、设备简单和操作方便等优点,常用于分析鉴定。

原花青素粗提取液含有蛋白质、纤维素、糖、树胶、色素、脂类等杂质,需要进一步纯化。由于初提物中各成分在溶剂中的溶解度不同,因此可以利用有机物萃取的“相似相溶”原理,将不同极性成分分离,去除部分蛋白质、纤维素、色素、脂类等杂质,达到初步纯化原花青素的目的。

## 三、器材与试剂

### (一)器材

离心机 4 000~5 000 rpm、紫外分光光度计、分液漏斗 6 个、硅胶板 Gf254 6 张、旋转蒸发仪 1 台、超声波清洗仪 1 台、烘箱 1 台、10 mL 离心管 18 支,1 mL 移液器 6 支。

试管、三角瓶、烧杯、试管架。

### (二)试剂

1. 30 g/L 香草醛-甲醇溶液 100 mL:称量 3.0 g 香草醛,用甲醇溶解并定容至 100 mL。

2. 30% 硫酸-甲醇溶液 100 mL:量取浓硫酸 30 mL 溶于甲醇定容至 100 mL。

3. 0.2 mg/mL 儿茶素标准品母液:精确称量儿茶素标准品 5.0 mg,甲醇溶解并定容至 25.0 mL。配成 0.2 mg/mL 的母液。

4. 儿茶素标准品梯度溶液:用移液枪分别吸取标准品 0.2 mL、0.5 mL、0.7 mL、0.9 mL、1.1 mL、1.3 mL、1.5 mL 于试管,依次加入甲醇 1.8 mL、1.5 mL、1.3 mL、1.1 mL、0.9 mL、0.7 mL、0.5 mL。混匀后即可配成浓度分别为 20 μg/mL、50 μg/mL、70 μg/mL、90 μg/mL、110 μg/mL、130 μg/mL、150 μg/mL 的儿茶素标准溶液。

5. 70% 乙醇溶液(体积比)。

6. 石油醚。

7. 丙酮。

8. 10% 盐酸-香草醛。

### (三)实验材料

柳树叶。

## 四、操作步骤

### (一)原花青素含量测定——香草醛法

原花青素是由不同数量的儿茶素类(儿茶素、表儿茶素)化合物构成的混合物。儿茶素单体类的 A 环化学性质活泼,其羟基可与香草醛在浓酸条件下发生酚醛缩合反应,生成有色的正碳离子,且产生的颜色深浅与样品浓度存在效量关系。因此,可以通过测定正碳离子的吸光度来确定原花青素含量。常用的测定方法是酸化香草醛与原花青素反应,生成红色络合物,该络合物的最大吸收波长一般为 500 nm。

1. 儿茶素标准曲线的绘制

(1)操作方法

精确吸取儿茶素标准溶液 1.0 mL 于试管中,加入 2.5 mL 30 g/L 的香草醛-甲醇溶液和 2.5 mL 30% 的硫酸-甲醇溶液,混匀。30 ℃避光反应 20 min 后,使用紫外可见分光光度计在 500 nm 处测定吸光值。

(2)空白对照

以 1.0 mL 甲醇代替标准溶液,按照步骤(1)进行操作。即 1.0 mL 甲醇+2.5 mL 30 g/L 香草醛甲醇溶液+2.5 mL 30% 硫酸-甲醇溶液。

(3)试剂空白

1.0 mL 样液+2.5 mL 甲醇溶液+2.5 mL 30% 硫酸甲醇。

(4)调零

使用以蒸馏水进行调零。

(5)数据处理

以儿茶素标准溶液浓度为横坐标,测得的样液吸光值减去空白和试剂空白的吸光值后得到的吸光度为纵坐标,绘制标准曲线图,并得出标准方程。

2. 样品中原花青素含量的测定方法

样品含量的测定方法与标准溶液的测定方法相同。即:量取 1.0 mL 样品溶液,加入 2.5 mL 30g/L 香草醛-甲醇溶液和 2.5 mL 30% 硫酸-甲醇溶液,混匀后在 30℃避光反应 20 min,然后在 500 nm 处测定吸光值。以 1.0 mL 甲醇代替样品溶液作为空白对照。同时,以 1.0 mL 样品、2.5 mL 甲醇、2.5 mL 30% 硫酸-甲醇溶液作试剂空白。将所测得的吸光值经过处理后代入标准方程中,即可计算出样品中原花青素的浓度。再根据样品溶液的体积进一步计算出原花青素的含量。

## (二)原花青素分离提取具体流程(如图 3-7 所示)

1. 原花青素的提取——得到粗提取液

(1)预处理

将柳树叶 60 ℃烘干后粉碎备用。

(2)提取

取干燥的柳树叶 1 g,加入 50 mL 三角瓶中,超声提取。提取温度 50 ℃,乙醇浓度 70%,料液比 1∶30(g/mL),提取时间 20 min,超声频率为低频(120 W 或 2×104~2×105 Hz)。

(3)将混合液放入离心机中,以 3 000 r/min,离心 5 min,取上清液。

(4)将原花青素初提液旋转蒸发浓缩至一定体积,得粗提取液,测其溶液体积 $V_1$。

(5)各组留取 5 mL 用于测定原花青素含量。

2. 原花青素的初步纯化——得到原花青素粗品

(1)有机溶剂萃取

将浓缩液加入分液漏斗中,再以体积比 1∶1 的量加入石油醚,充分搅拌、震荡,混匀,静置。待溶液完全分层后,去除上层石油醚层,收集下层原花青素层。萃取 3 次,合并原花青素层。这样可以去除部分脂类、树胶、色素等。测定溶液体积 $V_2$ 和原花青素含量。

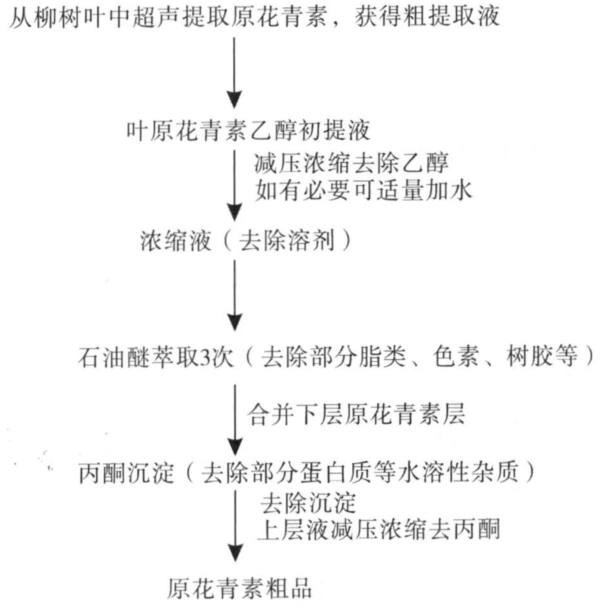


**图 3-7　原花青素分离提取具体流程**

(2)丙酮提取

将下层原花青素层放于烧杯中,以体积比 1∶3 的量加入丙酮,充分搅拌后静置(可过夜)。这样,可去除部分水溶性杂质、蛋白质等。然后过滤去除沉淀,将上层溶液旋转蒸发回收丙酮,得到初步纯化的原花青素。测溶液体积 $V_3$ 与原花青素含量(各组留取 5 mL 用于测定原花青素含量及薄层色谱检测)。

(3)40 ℃下烘干浓缩液,得原花青素粗品。

(4)计算初步纯化的原花青素纯度,公式如下:

$$纯度=产物中原花青素质量/干燥后产物质量\times 100\%$$

3. 原花青素的薄层色谱检测

将提取并纯化的原花青素溶液(即样品液)和儿茶素标准品溶液用于薄层检测。

(1)薄层色谱展开剂体系

正丁醇∶乙酸∶水=3∶1∶3(v/v/v)

(2)操作步骤

①点样:将标准品和样品溶于甲醇,用玻璃毛细管吸取样品,点样于硅胶板 GF254 上,点成点状,边点边吹干,原点扩散直径不超过 2~3mm,重复点样三次。

②展开:把点好样的硅胶板点样端浸入展开剂中,当溶剂上行接近薄板顶端时将薄板取出。划线标记前沿位置。

③显色:将上述薄板用吹风机吹干,喷洒显色剂,显色,观察并记录斑点。

④计算:计算各斑点的比移值 $R_f$。

展开后选择原花青素特征性的显色剂(10%盐酸-香草醛),对谱带进行显色。

## 五、结果处理

经过薄层层析后,其结果应如图 3-8 所示。

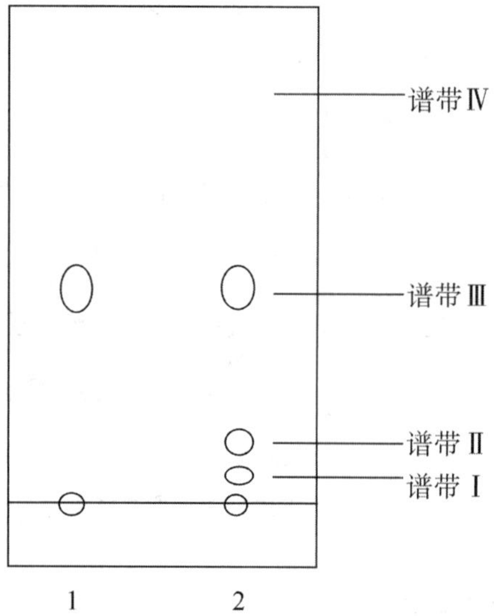


1—儿茶素标准品;2—原花青素提取液。

**图 3-8 薄层色谱示意图**

# 实验二十七　牛奶中蛋白质、乳糖、脂肪的含量测定

牛奶中含有大量的蛋白质,如酪蛋白、白蛋白、球蛋白、乳蛋白等,含有包括人体必需的8种氨基酸在内的20多种氨基酸,是全价蛋白质,其消化率高达98%。牛奶中的乳脂肪是高质量的脂肪,消化率在95%以上,而且含有大量的脂溶性维生素。牛奶中的乳糖由半乳糖和葡萄糖组成,是最容易消化吸收的糖类。牛奶中含有的矿物质和微量元素均为溶解状态,且比例适中,容易消化吸收。因此牛奶营养丰富、容易消化吸收、食用方便,是最理想的天然食品。

利用生物化学手段分析其中的主要营养物质含量,可提高对静态生物化学中生物大分子的理解,进一步掌握生物大分子含量测定的一般方法。

## 一、牛奶中的蛋白质含量测定

蛋白质是人类最重要的营养物质之一,是生命活动的基础物质,也是构成人体新生组织、维持人体健康的重要成分,具有许多生物学功能。牛奶是生活中补充蛋白质的常见来源,其蛋白质含量的高低直接决定牛奶的营养价值和质量,关乎居民的生活质量。对牛奶中蛋白质的含量进行分析测定,有助于大家直观了解生活中的蛋白质,帮助同学们理解蛋白质的营养价值。

### (一)原理

1976年由Bradford建立的考马斯亮蓝法(Bradford法),是根据蛋白质与染料相结合的原理设计的。这种蛋白质测定法具有简单、快速、灵敏度高和重现性好等特点,因而得到了广泛的应用。考马斯亮蓝G 250染料,在酸性溶液中与蛋白质结合,使染料的最大吸收峰的位置($\lambda_{max}$),由465 nm变为595 nm,溶液的颜色也由棕黑色变为蓝色。经研究认为,染料主要是与蛋白质中的碱性氨基酸(特别是精氨酸)和芳香族氨基酸残基相结合。

### (二)器材与试剂

同实验十三中的“考马氏亮蓝法测定蛋白质含量”。

### (三)操作步骤

样品采用市售的鲜牛奶,其余方法同实验十三中的“考马氏亮蓝法测定蛋白质含量”。

### (四)结果处理

计算 100 mL 牛奶中蛋白质含量 P。如果采用紫外分光光度法、Folin－酚试剂法(Lowry 法)测定其含量,会有什么差异,分析差异产生的可能原因。

## 二、牛奶中的乳糖含量测定

牛奶中的糖主要是乳糖,它是一种二糖,由 D-半乳糖分子 C′上的半缩醛羟基和 D-葡萄糖分子 C4 上的醇羟基脱水通过 $\beta$-1,4 糖苷键连接而成。

### (一)原理

乳糖是还原性糖,不溶于乙醇。当乙醇混入乳糖水溶液中,乳糖会结晶出来,从而达到分离的目的。牛奶中的酪蛋白是分离乳糖的主要杂质,利用蛋白质等电点沉淀法可以将其去除。

### (二)器材与试剂

1. 试剂

10%醋酸、粉状碳酸钙、95%乙醇。

2. 器材

恒温水浴锅、尼龙布、漏斗、蒸发皿、滤纸、带塞锥形瓶、天平。

### (三)操作步骤

1. 取 50 mL 新鲜牛奶,在恒温水浴中加热至 40℃,边搅拌边慢慢加入 10%醋酸溶液,使牛奶 pH =4.8。放置冷却、澄清后,用尼龙布过滤酪蛋白,得到滤液。
2. 在滤液中加入少量粉状碳酸钙,置于蒸发皿中,用蒸汽浴浓缩至约 15 mL,稍微冷却。
3. 在热溶液中加入约 90 mL 95%乙醇,再加热,使其混合均匀,趁热过滤,滤液应澄清。
4. 滤液移至锥形瓶中,加塞,放置 1~2 天,让乳糖充分结晶。之后过滤,分离出乳糖晶体。
5. 用冷的 95%乙醇洗涤结晶,干燥后称重。

注意:首次结晶的乳糖含有杂质,一般需要重结晶。否则,乳糖难以溶解,且溶液会混浊。

### (四)结果处理

计算 100 mL 牛奶中的乳糖含量。

## 三、牛奶中的脂肪含量测定

牛奶脂肪含有较多短、中链脂肪酸,被人体消化吸收。同时,牛奶脂肪在体内还是良好的溶剂,一些脂溶性维生素 A、维生素 D、维生素 E、维生素 K 靠脂肪溶解,才能被顺利地消化吸收利用。

### (一)原理

在乙醇氨溶液存在下, 用乙醚和石油醚抽提样品中的脂肪和类脂化合物。乙醚与石油醚互溶, 但与乙醇和水完全不溶。由于石油醚的存在,使得分层更清晰。根据醚层总体积和取出部分醚层去除醚后, 即可得出脂肪含量。

### (二)器材与试剂

1. 试剂:氨水、95% 乙醇、乙醚、石油醚:(沸程 30~ 60 ℃)。
2. 器材:具塞刻度量筒 100 mL、单标线吸管 25 mL。

### (三)操作步骤

1. 吸取新鲜牛奶 10 mL,置于 50 mL 烧杯中,加入 1.25 mL 氨水, 用玻棒搅拌使成均匀的乳状液体, 然后转入 100 mL 具塞刻度量筒中。
2. 用 10 mL 95% 乙醇多次洗涤烧杯, 洗液全部并入量筒中。
3. 加塞振摇 1 min, 加入乙醚 25 mL, 振摇 1 min ,再加入石油醚 25 mL, 再振摇 1 min, 静置 30 min。
4. 分层清晰后, 记录醚层总体积。再吸取醚层 25 mL 于恒重的蒸发皿中( 提前于 100 ℃的烘箱中烘至恒重) 。
5. 水浴除去醚后,再将蒸发皿放于 100 ℃干燥烘箱中干燥 1 h, 取出放入干燥器内冷却 30 min 后称量。
6. 再于 100 ℃干燥 30 min, 取出放入干燥器内冷却 30 min 后称量。二次称量之差应小于 1 mg。

### (四)结果处理

根据上述步骤测定 100 mL 牛奶中的脂肪含量。

$$X=\frac{m_1-m_0}{V_0\times\frac{V_1}{V}}\times 100$$

式中：$X$ 为样品中脂肪的含量，g/100 mL；$m_1$ 为蒸发皿和抽提物的质量，g；$m_0$ 为空蒸发皿的质量，g；$V_0$ 为样品的体积，mL；$V_1$ 为吸取醚层的体积，mL；$V$ 为醚层总体积，mL。

### （五）注意事项

1. 加入氨水后要注意充分搅拌，使其成为均匀的乳状液体，否则会使测定结果偏低。
2. 操作中加入醚后振摇不要过度，以每分钟振摇 60 次左右为宜，避免形成乳化液。

## 四、思考题

1. 比较新鲜牛奶和盒装牛奶中主要营养物质的含量的差异。
2. 比较不同的实验方法对实验结果的影响。

# 实验二十八　用 16S rDNA 方法鉴定细菌种属

## 一、目的

1. 掌握 16S rDNA 对细菌进行分类的原理及方法。
2. 掌握 DNA 提取、PCR 原理及方法、DNA 片段回收等实验操作。

## 二、原理

随着分子生物学的迅速发展，细菌的分类鉴定从传统的表型、生理生化分类进入基因型分类水平，如 G+C 含量、DNA 杂交、rDNA 指纹图、质粒图谱和 16S rDNA 序列分析等。

细菌中包含有三种核糖体 RNA，分别为 5S rRNA、16S rRNA、23S rRNA。rRNA 基因由保守区和可变区组成。16S rRNA 对应于基因组 DNA 上的一段基因序列称为 16S rDNA。5S rRNA 虽容易分析，但核苷酸太少，没有足够的遗传信息用于分类研究；23S rRNA 含有的核苷酸数几乎是 16S rRNA 的 2 倍，分析比较困难。而 16S rRNA 相对分子量适中，具有保守性和存在的普遍性等特点，序列变化与进化距离相适应，序列分析的重现性极高。因此，现在普遍采用 16S rRNA 作为序列分析对象对微生物进行测序分析（如图 3-9 所示）。

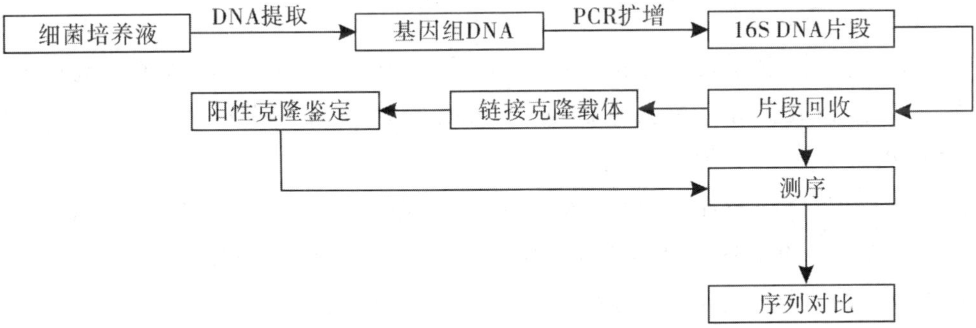


**图 3-9　16S rDNA 鉴定细菌的技术路线**

## 三、操作步骤

### （一）细菌基因组 DNA 提取

1. 挑单菌落接种到 10 mL LB 培养基中，37 ℃振荡过夜培养。

2. 取 2 mL 培养液到 2 mL Eppendorf 管中,8 000 r/min 离心 2 min 后倒掉上清液。

3. 加 140 μL TE 打散细菌(用移液器小心吸打,彻底悬浮细胞,不要产生气泡),再加入 60 μL10 mg/mL 的溶菌酶,37 ℃放置 5~10 min。

4. 加入 400 μL Digestion Buffer,混匀。再加入 3 μL Protein K,混匀,55 ℃温育 5 min。

5. 加入 260 μL 乙醇,混匀,全部转入 UNIQ-10 柱中。10 000 r/min 离心 1 min,倒去收集管内的液体。

6. 加入 500 μL70% 乙醇(Wash Solution),10 000 r/min 离心 0.5 min。

7. 重复第 6 步。

8. 再以 10 000 r/min 离心 2 min,彻底甩干乙醇。将吸附柱转移到一个新的 1.5 mL 的离心管。

9. 加入 50 μL 预热(60 ℃)的洗脱缓冲液(竖直滴加至膜上,避免损失),室温放置 3 min。12 000 r/min 离心 2 min,得到的液体即为基因组 DNA(应放 4 ℃保存)。

10. 电泳:取 3 μL 溶液电泳检测质量。

### (二)PCR 扩增

1. 根据已发表的 16S rDNA 序列,设计保守的扩增引物。

16S(F)5′-AGAGTTTGATCCTGGCTCAG-3′。

16S(R)5′-GGTTACCTTGTTACGACTT-3′

2. PCR 扩增体系。在 0.2 mL Eppendorf 管中加入 1μL DNA,再加入以下反应混合液:16S(F)1 μL(10 μmol/L),16S(R) 1 μL(10 μmol/L),10xPCR Buffer 5 μL,dNTP 4 μL,MgCl2 3 μL,Taq 酶 0.5 μL。

加 $ddH_2O$ 使反应体系调至 50 μL(应先计算好需要加入的 $ddH_2O$ 体积),简单离心混匀。

提示:制作 PCR 扩增产物时,通常应先加水,加 DNA 液时应将移液器吸头伸入水中,防止 DNA 液损失。

3. PCR 反应。将 Eppendorf 管放入 PCR 仪,盖好盖子,调好扩增条件。扩增条件为:94 ℃ 3 min,94 ℃ 30 s,53 ℃ 45 s 30 cycles(循环),72 ℃ 100 s,72 ℃ 7 min。

4. PCR 产物的电泳检测:拿出 Eppendorf 管,从中取出 10μL 反应产物,加入 2 μL 上样缓冲液,混匀。点入预先制备好的 1% 琼脂糖凝胶中,电泳 1 h。在紫外灯下检测扩增结果。

### (三)扩增片段的回收

根据上步实验结果,如果扩增产物为唯一条带,可直接回收产物。否则从琼脂糖凝胶中切割核酸条带,并回收目的片段。

1. 称量一个 2 mL 的 Eppendorf 管,质量 $x$ g。

2. 在紫外灯下切割含目的条带的凝胶(戴好手套,用小刀片切下含目的片段的凝胶,尽量不要切到没有目的条带的凝胶)，放入 2 mL 的 Eppendorf 管内，称量 $y$ g。计算凝胶质量 $(y-x)$ g。

3. 每 100 mg 凝胶加入 300 μL Binding Buffer，混匀。60 ℃温育至凝胶融化(因为凝胶融化过程较慢，所以融化过程中每隔一段时间轻轻上下颠倒混匀，可以提高融化效率)。

4. 全部转入 UNIQ-10 柱中，10 000 r/min 离心 1 min，倒去收集管内的液体。

5. 加入 500 μL Binding Buffer，10 000 r/min 离心 1 min，倒去收集管内的液体。

6. 加入 70% 乙醇，10 000 r/min 离心 0.5min。

7. 再以 10 000 r/min 离心 2 min 彻底甩干乙醇。将吸附柱转移到一个新的 1.5 mL 的离心管中。

8. 加入 30 μL 预热的洗脱缓冲液(竖直滴加至膜上，避免损失)，室温放置 3 min。12 000 r/min 离心 2 min，得到的液体即为回收的 DNA 片段。

### (四) DNA 片段测序

将回收的片段送至生物公司测序，测序引物为 16S PCR 引物。

## 四、结果处理

1. 根据测序结果，到 NCBI 上进行比对，确定该未知菌的种属。
2. 根据比对结果进行进化树的绘制。写明所用软件及大致的分析方法。
3. 分析讨论实验的过程及结果。

# 实验二十九　植物基因组 DNA 的提取、纯化与定量检测

## 一、目的

1. 掌握从植物组织中提取 DNA 的基本原理和一般方法。
2. 熟悉紫外分光光度计的使用,掌握 DNA 的定量检测方法。

## 二、原理

DNA 的分离与制备是基因操作的基本手段。在真核细胞中,DNA 主要存在于细胞核中。提取植物基因组 DNA 主要分以下几步:首先用液氮对组织进行研磨,破碎细胞;然后用细胞提取液抽提 DNA;通过氯仿/异戊醇去除 DNA 提取液中的蛋白质、糖等污染物,通过无水乙醇沉淀获得 DNA。DNA 的纯化是基因操作的前期关键步骤,纯度高的 DNA 样品是后续实验成功的基础。DNA 粗提物中主要存在 RNA 和蛋白质的污染,所以纯化过程主要是去除这两者。一般常用的方法是通过氯仿/异戊醇去除蛋白质等污染物,用 RNase 消化 RNA。

纯化的 DNA 可以采用紫外分光光度法测定其纯度及含量。该方法具有快速、简单、不破坏样品的特点。紫外光谱分析法的原理基于 DNA 分子在 260 nm 附近有最大吸收值,其吸收强度与吸收池内的 DNA 浓度成正比。DNA 样品浓度为 A260×50×稀释倍数(μg/mL),蛋白质在 280 nm 处有最大吸收峰,而盐和小分子则集中在 230 nm 处。纯的 DNA A260/A280 在 1.8~1.9;若 A260/A260<1.8,可能有蛋白质污染;若 A260/A260>2.0,可能有 RNA 污染。在使用紫外分光光度计测定 DNA 时需注意,应使用石英比色杯,玻璃比色杯用于可见光的测量。

另外,还可以通过核酸电泳进行 DNA 纯度的定性分析,同时结合已知浓度和分子量的 DNA 片段,利用凝胶分析软件,计算出 DNA 样品的浓度及分子量。

## 三、器材与试剂

### (一)器材

液氮罐、恒温水浴锅、涡旋仪、水平摇床、离心机、真空干燥仪、高压灭菌锅、冰箱、核酸蛋白定量仪。

研钵(包括研棒及不锈钢药勺,灭菌烘干后使用)、保温桶、枪头(1 mL、200 μL、10 μL,灭菌烘干后使用)、PE 手套、Eppendorf 管(2 mL、1.5 mL,灭菌烘干后使用)、棉纱手套、移液器(1 mL、200 μL、10 μL)、50 mL 容量瓶。

### (二)试剂

1. 液氮。
2. 无水乙醇。
3. 70% 乙醇。
4. 氯仿/异戊醇(24∶1)。
5. 细胞提取液:100 mmol/L Tris·HCI(pH 8.0),5 mmol/L EDTA(pH 8.0),500 mmol/L NaCl,1.25% SDS,0.38% 偏重 $Na_2SO_3$。
6. TE:10 mmol/L Tris·HCI(pH 8.0),1 mmol/L EDTA(pH 8.0)。
7. 胰 RNA 酶:将 RNA 酶溶于 10 mmol/L Tris·HCI(pH 7.5)、15 mmol/L NaCl 中,配成 10 mg/mL 的浓度,于 100 ℃加热 15 min,缓慢冷却至室温,保存于-20 ℃。

配制以上试剂均用灭菌的 $ddH_2O$ 和器皿。

### (三)实验材料

新鲜的小麦叶片或保存于-80 ℃冰箱的小麦叶片。

## 四、操作步骤

### (一)研磨

取 0.2g 左右小麦叶片,在液氮中研磨成粉末状(越细越好)。

### (二)裂解细胞

1. 将材料转移至加有 1 mL 细胞提取液的 2 mL 离心管中,充分混匀。65 ℃水浴保温 30min(期间上下颠倒几次)。
2. 10 000 r/min 离心 10 min,将上清液转移到另一 2 mL 离心管中。

### (三)提取与纯化

1. 加等体积氯仿/异戊醇(24∶1),混匀后,放置在滚动摇床上摇动 10~15 min。
2. 10 000 r/min 离心 10 min。
3. 取上清液,移至一新离心管中(如有杂质,可离心去除),加入预冷的 0.6~1 倍体积的异丙醇,翻转 7~8 次,-20 ℃放置 1 h(沉淀 DNA)。

4. 10 000 r/min 离心 5 min 获得沉淀,以 70% 乙醇洗涤至无色,风干沉淀。

(5)加入适量 TE 缓冲液溶解 DNA(可用 65 ℃助溶),在含 DNA-TE 的离心管中加入 2 μL RNase(10mg/mL),37℃处理 30~60 min。

### (四)定量检测

1. 打开核酸蛋白定量仪,预热。

2. 取 5 μL DNA,用 $ddH_2O$ 稀释,取适量稀释液加入石英比色杯中,通过核酸蛋白定量仪检测 DNA 质量,记录仪器读出的稀释液的浓度及纯度。

3. 用灭菌 $ddH_2O$ 清洗石英比色杯,以吸水纸擦干;关闭核酸蛋白定量仪电源。

### (五)保存

DNA-TE 溶液置于-20 ℃贮存备用。

## 五、结果处理

$$X=\frac{V_{样}-V_{空}\times K\times V}{W\times V_{滤}}\times 100$$

1. 计算所提取小麦基因组 DNA 的浓度。

2. 计算所提取小麦基因组 DNA 的纯度。

## 六、思考题

1. 提取 DNA 过程中哪些是关键步骤?

2. 细胞提取液的成分及其作用分别是什么?

3. 核酸蛋白定量仪检测 DNA 过程中需要注意什么?

# 实验三十　DNA 琼脂糖凝胶电泳

## 一、目的

掌握琼脂糖凝胶电泳的原理、方法和技术。

## 二、原理

琼脂糖是一种直链多糖，易溶于沸水。琼脂糖与一定量的电泳缓冲液混合，冷却后可依靠糖基间的氢键形成网状结构的凝胶。琼脂糖凝胶电泳是用琼脂糖作支持介质的一种电泳方法，是基因工程常用的一种检测手段。

DNA 分子在琼脂糖凝胶中泳动时有电荷效应和分子筛效应。电荷效应由 DNA 分子所带电荷量多少而定；分子筛效应主要与 DNA 的大小和构型有关。DNA 分子在高于等电点的 pH 值溶液中带负电荷，在电场作用下，从负极向正极运动。由于糖-磷酸骨架在结构上的重复性质，相同数量的双链 DNA 几乎具有等量的净电荷，因此它们能以同样的速率向正极方向移动。在一定的电场强度下，DNA 片段的大小和构型不同，泳动率也不同，从而可以进行分离。

在紫外光照射下，与 DNA 分子结合的核酸染料发出荧光，其荧光强度与 DNA 含量成正比。

凝胶的网孔大小和机械强度取决于琼脂糖浓度：浓度低时，可以分离出大片段 DNA；浓度高时，小片段 DNA 可分辨得很清楚。凝胶浓度与其对应的分离片段如表 3-33 所示。

**表 3-33　凝胶浓度与其对应的分离片段**

| 琼脂糖凝胶浓度/% | 线性 DNA 的有效分离范围/kb | 琼脂糖凝胶浓度/% | 线性 DNA 的有效分离范围/kb |
|---|---|---|---|
| 0.3 | 5~60 | 1.2 | 0.4~6 |
| 0.6 | 1~20 | 1.5 | 0.2~4 |
| 0.7 | 0.8~10 | 2.0 | 0.1~3 |
| 0.9 | 0.5~7 | | |

## 三、器材与试剂

### (一)器材

琼脂糖凝胶电泳槽、电泳仪、制胶板、凝胶成像系统、高压灭菌锅、冰箱 250 mL 锥形瓶、枪头(1 mL、200 μl、10 μL,灭菌烘干后使用)、PE 手套、1.5 mL Eppendorf 管(灭菌烘干后使用)、移液器(1 mL、200 μL、10 μL)。

### (二)试剂

1. DNA marker。
2. 6×Loading buffer。
3. 核酸染料。
4. 琼脂糖。
5. 50×TAE:Tris 242 g,冰醋酸 57.1 mL,500 mmol/L EDTA(pH 8.0) 100 m,用 $ddH_2O$ 补充至 1 000 mL。
6. 1×TAE:用灭菌 $ddH_2O$ 将 50×TAE 稀释至 1×,即为 1×TAE。

### (三)实验材料

同实验二十九中的“小麦基因组 DNA”。

## 四、操作步骤

### (一)制备 0.8% 琼脂糖凝胶

称取 0.8 g 琼脂糖,放入锥形瓶中;加入 100 mL 1×TAE 缓冲液,置微波炉中加热至完全溶化;取出摇匀,即为 0.8% 琼脂糖凝胶液。

### (二)胶板的制备

用移液器取 5 μL GoldView 加入溶化的 1% 琼脂糖凝胶液中,混匀;将制胶板水平放置于制胶槽内,插上梳子(用水平仪检测);待凝胶液冷却至 50~60 ℃时,倒入胶板内(不要形成气泡);待胶凝固后,拔出梳子,将胶移入装有 1×TAE 的电泳槽内(缓冲液需浸没胶面)。

### (三)加样

用移液器将已加入上样缓冲液的 DNA 样品(10 μL DNA+2μL 6×Loading Buffer)及 DNA

marker 按顺序加入点样孔。

### (四) 电泳

接通电泳槽与电泳仪的电源(注意正负极,DNA 片段从负极向正极移动);DNA 的迁移速度与电压成正比,设定电压为 5 V/cm;当溴酚蓝染料移动到距凝胶前沿 1~2 cm 处,停止电泳。

### (五) 观测

打开凝胶成像系统,将胶放入凝胶成像板上,进行紫外拍照分析。

## 五、结果处理

参照 DNA marker,观察并记录目的条带在凝胶中的分离情况,并进行绘图。

## 六、思考题

1. 本实验中凝胶加样缓冲液的作用是什么?
2. 电泳时,DNA 分子在电场中的运动方向是什么?
3. 点样时需要注意什么?
4. 如何评价所提取 DNA 样品的质量?

# 实验三十一　基因组 DNA 的酶切与检测

## 一、目的

1. 了解限制性核酸内切酶的特性。

2. 学习和掌握 DNA 酶切方法。

## 二、原理

DNA 酶切是许多分子生物学技术(如载体构建、Southern 印迹及 DNA 文库)建设的第一步工作。成功的酶切为后续的工作提供了有效的材料。

限制酶主要存在于原核细胞中,能在特异的识别位点切断外源 DNA(如感染的噬菌体)。宿主细胞内的 DNA 因其特异识别位点由于其中一个碱基的甲基化而被保护,从而使此位点不再成为限制酶的底物。限制性内切酶分为Ⅰ型、Ⅱ型和Ⅲ型。基因工程常用的是Ⅱ型,能特异地结合一段 DNA 序列,其长度一般为 4~6 个核苷酸,且呈二重对称,或称之为回文序列。例如,EcoRI 切割位点为:5′-GAATTC-3′。DNA 的纯度和浓度以及反应液中的离子强度等均可能影响酶切反应,一般可以通过增加酶量、延长反应时间来提高酶切效率。本实验采用 Thermo 公司 Fastdigest 系列的 EcoR I 酶,酶切时间极大缩短,在 37 ℃下,1×Fastdigest 系列酶切 buffer 中 5 min 酶切 1 μg λDNA 所需的酶量为其活性单位。

## 三、器材与试剂

### (一)器材

恒温仪、低温离心机、涡旋仪、电泳设备、凝胶成像系统、高压灭菌锅、冰箱 1.5 mL Eppendorf 管(灭菌烘干后使用)、枪头(灭菌烘干后使用)、PE 手套、移液器(1 mL、200 μL、10 μL)。

### (二)试剂

EcoR I 酶,10×EcoR I 酶 buffer,6×Loading buffer,核酸染料,琼脂糖,1×TAE。

### (三)实验材料

实验二十九所提取的小麦基因组 DNA。

## 四、操作步骤

### (一)酶切反应

取 2 μL DNA 溶液,加 2 μL 的酶切缓冲液(10×)、EcoR T 酶 2U,以无菌水补至总体积 20 μL。37 ℃保温 60 min。

### (二)制备 1%琼脂糖凝胶

称取 1g 琼脂糖,放入锥形瓶中;加入 100 mL 1×TAE 缓冲液,置微波炉中加热至完全溶化;取出摇匀,则为 1%琼脂糖凝胶液。

### (三)胶板的制备

用移液器取 5 μL GoldView 加入溶化的 1%琼脂糖凝胶液中,混匀;将制胶板水平放置于制胶槽内,插上梳子(用水平仪检测);待凝胶液冷却至 50~60 ℃时,倒入胶板内(不要形成气泡);待胶凝固后,拔出梳子,将胶移入装有 1×TAE 的电泳槽内(缓冲液需浸没胶面)。

### (四)加样

用移液器将已加入上样缓冲液的酶切 DNA 样品和未酶切 DNA 样品(10 μL DNA+2 μL 6×Loading Buffer)按顺序加入点样孔。

### (五)电泳

接通电泳槽与电泳仪的电源(注意正负极,DNA 片段从负极向正极移动);DNA 的迁移速度与电压成正比,设定电压为 5 V/cm;当溴酚蓝染料移动到距凝胶前沿 1~2 cm 处,停止电泳。

### (六)观测

打开凝胶成像系统,将胶放入凝胶成像板上,紫外灯下拍照,观察图谱。

## 五、结果处理

观察 DNA 酶切前后的电泳图谱,认真记录并绘图。

## 六、思考题

1. 简述你对真核生物限制性内切酶的了解。
2. 比较分析电泳图谱中酶切后的 DNA 与对照的差异。

# 实验三十二　质粒 DNA 的提取、纯化与鉴定

## 一、目的

掌握质粒提取及检测的方法。

## 二、原理

质粒提取方法中,最常用的是碱裂解法,它具有得率高、适用面广、快速以及纯度高等特点。其原理是根据共价闭合环状质粒 DNA 与线性染色体 DNA 在拓扑学上的差异来分离它们。在强碱条件下,质粒 DNA 和基因组 DNA 同时从细胞中释放出来,线性 DNA 双螺旋结构解开而被变性。尽管在这样的条件下,共价闭环质粒 DNA 的氢键会断裂,但两条互补链彼此相互盘绕,仍会紧密地结合在一起。在 pH 恢复至中性,并有高盐浓度存在的条件下,共价闭合环状的质粒 DNA 的两条互补链仍保持在一起。因此,复性迅速而准确,而线性的染色体 DNA 的两条互补链彼此已完全分开,复性就不会迅速而准确,它们缠绕形成网状结构,通过离心,染色体 DNA 分子与不稳定的大分子 RNA、蛋白质-SDS 复合物等一起沉淀下来而被除去。

影响质粒提取的因素有很多种,如质粒拷贝数、宿主菌株的种类、细菌的培养时间、培养基种类以及培养条件等。

提取的质粒可以通过电泳和紫外分光光度计检测其含量及纯度。

## 三、器材与试剂

### (一)器材

生物安全柜、恒温培养振荡器、生化培养箱、制冰机、离心机、电泳设备、凝胶成像系统、紫外分光光度计、水平摇床、真空干燥仪、高压灭菌锅、冰箱、枪头(1 mL、100 μL、10 μL,灭菌烘干后使用)、移液器(1 mL、200 μL、10μL)、Eppendorf 离心管(2 mL、1.5 mL,灭菌烘干后使用)、锥形瓶 50 mL(灭菌烘干后使用)、PE 手套。

### (二)试剂

1. 液体 LB 培养基。

2. Amp:100 mg/mL:将1 g Amp 溶于10 mL $ddH_2O$ 中,用0.22 μm 的滤膜过滤除菌,分装,每份1 mL贮于-20 ℃。

3. 溶液Ⅰ(灭菌):葡萄糖 50 mmol/L,Tris·HCl(pH 8.0)25 mmol/L,乙二胺四乙酸(EDTA)(pH 8.0)10 mmol/L。

4. 溶液Ⅱ:0.4 mol/L NaOH(灭菌)、2% SDS(灭菌),用前等体积混合。

5. 溶液Ⅲ:5 mol/L 乙酸钾(灭菌),60 mL:冰醋酸 11.5 mL,$ddH_2O$ 28.5 mL。

6. 70% 乙醇(灭菌 $ddH_2O$ 配制)。

7. 氯仿/异戊醇(24∶1)。

8. 胰 RNA 酶。

9. 无水乙醇。

10. TE(灭菌)。

10 mmol/L Tris·HCI(pH 8.0):1 mmol/L EDTA(pH 8.0)。

11. 6×Loading buffer。

12. 核酸染料。

13. 琼脂糖。

14. 1×TAE。

### (三)实验材料

保存于4 ℃冰箱含有质粒的菌种。

## 四、操作步骤

### (一)细胞的培养

挑取单菌落,接入含相应抗生素(Amp:100 μg/mL)的 50 mL LB 液体培养基中,37 ℃振荡培养过夜。

### (二)质粒的提取

1. 取 1.5 mL 培养物倒入 2 mL 塑料离心管中,4 000 r/min 离心 2 min。

2. 吸去培养液,使细胞沉淀尽可能干燥。

3. 将细菌沉淀悬浮于 100 μL 溶液 I 中,加 5 μL 浓度为 10 mg/mL 的 RNase A,充分混

匀，室温放置 10 min。

4. 加 200 μL 溶液Ⅱ（现配），充分混匀（操作要轻柔）后将离心管放冰上 5 min。

5. 加入 150 μL 预冷的溶液Ⅲ（冰上预冷），颠倒数次使混匀（操作要轻柔），冰上放置 15 min。

6. 12 000 r/min 离心 15 min，将上清液转至另一离心管中。

7. 向上清液中加入等体积氯仿：异戊醇（24：1），反复混匀，10 000 r/min 离心 8 min 将上清液转移到另一离心管中。

8. 向上清液中加入 2 倍体积无水乙醇，混匀后，−20 ℃放置 20～30 min。10 000 r/m 离心 8 min。倒去上清液，把离心管倒扣在吸水纸上，吸干液体。

9. 用 1 mL70% 乙醇洗涤质粒 DNA，10 000 r/min 离心 2 min，倒去上清液，吹干。

10. 加 50 μL TE 缓冲液溶解质粒 DNA，−20 ℃保存。

### （三）定量检测

取 1～5 μL 质粒 DNA 参照实验二十九的方法使用核酸蛋白定量仪进行检测。

### （四）电泳分析

取 2 μL 质粒 DNA，参照实验三十的方法进行电泳分析。

## 五、结果处理

1. 计算质粒的浓度及纯度。

2. 仔细观察质粒 DNA 在琼脂糖凝胶中的位置及相互差异，记录并绘图。

## 六、思考题

1. 质粒提取过程中需要注意什么？

2. 如何判断质粒提取质量的优劣？

# 实验三十三　目的基因 PCR 扩增

## 一、目的

掌握 PCR 反应的基本原理与实验技术。

## 二、原理

聚合酶链式反应(polymerase chain reaction, PCR)是一种在体外模拟 DNA 复制过程的核酸扩增技术。典型的 PCR 反应体系由如下组分组成:DNA 模板、一对 DNA 引物、4 种 dNTP、$MgCl_2$、反应缓冲液、耐热 Taq DNA 聚合酶。混合液置于 PCR 仪中反应。如图 3-10 所示。首先,加热使模板 DNA 在高温下(94 ℃左右)变性,双链间的氢键断裂而形成两条单链,即变性阶段;然后将溶液温度降至 50~60 ℃,模板 DNA 与引物按碱基配对原则互补结合,即退火阶段;随后反应温度升至 72 ℃,耐热 DNA 聚合酶以单链 DNA 为模板,在引物的引导下,利用反应混合物中的 4 种脱氧核苷三磷酸(dNTP),按 5′→3′方向复制出互补 DNA,即引物的延伸阶段。

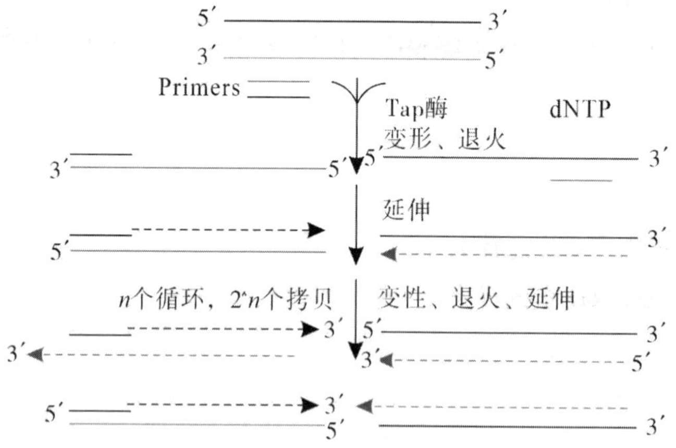


**图 3-10　PCR 原理示意图**

高温变性、低温退火、适温延伸 3 个阶段为一个循环。从理论上讲,每经过一个循环,样本中的 DNA 量应该增加一倍,新合成的链又可以成为新一轮循环的模板。经过 $n$ 次的变性—退火—延伸,理论上会产生 $2n$ 的扩增片段。本实验中选用的是 2×PCR Master Mix,是由相应浓度的 dNTP、$MgC1_2$、Taq 酶等试剂组成的混合物,直接用于 PCR 反应。

## 三、器材与试剂

### (一)器材

PCR仪、离心机、制冰机、电泳设备、凝胶成像系统、PCR管(灭菌烘干后使用)、枪头(灭菌烘干后使用)、移液器(200 μL、10 μL)。

### (二)试剂

2×PCR Master Mix,引物M13(F):10 μmol/L(灭菌 $ddH_2O$ 配制),引物M13(R):10 μmol/L(灭菌 $ddH_2O$ 配制),DNA marker,6×Loading buffer,琼脂糖,1×TAE,核酸染料。

### (三)实验材料

实验三十二所提取的质粒。

## 四、操作步骤

### (一)反应体系的建立

在PCR管内配制25 μL反应体系(试剂及混合液需离心数秒,使其集中于管底):

| 反应物 | 体积/μL |
|---|---|
| $ddH_2O$ | 9.5 |
| 2×PCR Master Mix | 12.5 |
| M13(F) | 1 |
| M13(R) | 1 |
| 模板DNA | 1 |

### (二)PCR反应

打开PCR仪,把反应管放入槽内,按表3-34所示条件扩增。

表 3-34　扩增条件

| 步骤 | 温度 | 条件 | 时间 |
|---|---|---|---|
| 1 | 94 ℃ | 预变性 | 5 min |
| 2 | 94 ℃ | 变性 | 30 s |
| 3 | 54 ℃ | 退火 | 30 s |
| 4 | 72 ℃ | 延伸 | 60 s |
| 5 | 重复步骤 2~4,共 30 个循环 | | |
| 6 | 72 ℃ | 延伸 | 10 min |
| 7 | 4 ℃ | 保温 | |

### (三)电泳检测

取 2 μL 扩增产物参照实验三十的方法进行电泳分析。

## 五、结果处理

观察 PCR 片段的大小、亮度及位置,记录并绘图。

## 六、思考题

1. 设计引物时需要注意什么?
2. PCR 体系中,$Mg^{2+}$的作用是什么?

# 实验三十四　感受态细胞的制备及转化

## 一、目的

了解并掌握感受态细胞的制备及转化的方法和技术。

## 二、原理

转化是指质粒 DNA 或以它为载体构建的重组子导入受体细胞,使细菌获得新的遗传性状的过程。

细菌处于容易吸收外源 DNA 的状态叫作感受态。一般常用低浓度的 $CaCl_2$ 制备感受态细胞。在 0 ℃、$CaCl_2$ 低渗溶液中,细胞膨胀成球形,细胞膜的通透性发生暂时性的改变,成为能允许外源 DNA 分子进入的感受态细胞。转化混合物中的 DNA 形成抗 DNA 酶的羟基-钙磷酸复合物黏附于细胞表面,经过 42 ℃短时间热击处理,促进细胞吸收 DNA 复合物。

本实验以 E. coli DH5α 为受体细胞,用 $CaCl_2$ 处理,使其处于感受态,然后与带 Amp 抗性的质粒在非选择性培养基中保温一段时间,然后将此细菌培养物涂在含有氨苄青霉素的培养基上培养,能在抗性培养基上长出的即为转化成功的细菌。可将转化的质粒提取,进行 PCR、酶切等进一步鉴定。

## 三、器材与试剂

### (一)器材

生物安全柜、恒温培养振荡器、生化培养箱、制冰机、离心机、电泳仪、电泳槽、凝胶成像系统、高压灭菌锅、冰箱。

锥形瓶(500 mL)、90 mm 培养皿、Eppendorf 离心管(2 mL、1.5 mL)、枪头(1 mL、100 μL、10 μL)、离心管(10 μL,上述器材均需灭菌烘干后使用)、移液器(1 mL、200 μL、10 μL)。

### (二)试剂

1. 0.1 mol/L $CaCl_2$ 溶液(灭菌烘干后使用)。

2. LB 液体培养基(灭菌完后使用)。

胰蛋白胨(bacto-typtone),10 g;酵母提取物(bacto-yeast extract),5 g;NaCl,10 g;加入去离子水至总体积为 1 L。

3. 氨苄青霉素(Amp)。

4. LB 固体培养基(灭菌后使用):每升 LB 培养基中加 15 g 琼脂。

### (三)实验材料

4 ℃冰箱保存的大肠杆菌 E. coli DH5α 菌落、实验三十一所提取的质粒。

## 四、操作步骤

### (一)细菌培养

1. 从大肠杆菌 DH5α 平板上挑取一个单菌落,接于 2 mL LB 液体培养基中,37 ℃、220 r/min 振荡培养 12 h。

2. 取 1 mL 菌液转接到一个含有 100 mL LB 液体培养基的锥形瓶中,37 ℃、220 r/min 振荡培养 2~3 h(此时 OD600≤0.4~0.5,此为实验成功的关键)。

### (二)感受态细胞制备

1. 取 1.5 mL 菌液,转到 2 mL 离心管中,冰上放置 10 min。

2. 4 ℃、4 000 r/min 离心 10 min,回收细胞。

3. 倒出培养液,将管倒置 1 min 以便培养液流尽。

4. 用预冷的 0.1 mol/L $CaCl_2$ 500 μL 悬浮沉淀,立即放冰上 30 min。

5. 4 ℃、4 000 r/min,离心 10 min,回收细胞。

6. 用冰冷的 0.1 mol/L $CaCl_2$ 100 μL 悬浮细胞(在冰上操作)。

7. 分装感受态细胞,每管 50 μL(取一管加 50 μL 50%的灭菌甘油,-70 ℃贮存备用)。

### (三)转化

1. 取 50 μL 新鲜配制的感受态细胞,加入质粒 2 μL( <50ng),立即放冰上 30 min。

2. 将管放到循环水浴锅中,42 ℃热击 90 s,立即冰浴 2 min。

3. 每管加 300 μL LB 液体培养基,37 ℃培养 45 min(需慢摇)。

### (四)培养

1. 将 100 μL 已转化的感受态细胞,涂在含有氨苄青霉素(100 μg/mL)的培养基中,用封口膜密封培养皿。

2. 倒置平皿,37 ℃过夜培养。

## 五、结果处理

观察并统计平板的菌落总数。

## 六、思考题

1. 感受态细胞制备的原理是什么?

2. 如何计算转化率?

# 实验三十五　DNA 测序

## 一、目的

了解和掌握 DNA 测序的原理及方法。

## 二、原理

### (一) Sanger 双脱氧法测序

通过加核酸到一个生长链中，DNA 合成酶合成单链 DNA 模板的互补拷贝。寡核苷酸结合到模板，在引物的 3′端引起延伸。通过与模板的碱基的特异性配对，脱氧核苷酸被掺入引物的生长链中。链的延伸是通过引物生长端的 3′-OH 与被掺入的脱氧核苷酸的 5′-磷酸基的反应，形成磷酸二酯键。从总体上看，链是从 5′→3′方向延伸的。DNA 聚合酶也能合并核苷酸碱基的类似物，当双脱氧核苷酸结合到生长链的 3′端时，由于链上 3′-OH 的缺少，链的延伸就会选择性地终止于 A、C、G 或 T。

### (二) 荧光测序

自动荧光测序是利用 5′颜色标记引物(dye-primers)或 3′颜色标记双脱氧核苷酸三磷酸(dye Terminators)，将荧光染料标记合并到 DNA 扩增产物中。最适宜的标记方法取决于测序目标。

### (三) 循环测序

循环测序是一种简单方法，通过变性、退火、扩增的循环反应产生链状的扩增产物，随后上样到垂直胶上。

## 三、器材与试剂

### (一)器材

PCR 仪、冷冻离心机、生物安全柜、DNA 测序仪、制冰机、电泳仪、电泳槽、凝胶成像系统、水平摇床、高压灭菌锅、冰箱、锥形瓶(500 mL)、90 mm 培养皿、Eppendorf 离心管:(2 mL、1.5 mL)、枪头(1 mL、100 μL、10 μL)、离心管(10 μL,上述器材均需灭菌烘干后使用)、移液器(1 mL、200 μL、10 μL)。

### (二)试剂

1. 50% 人工 DNA 测序凝胶原液。
2. 10×TBE:Tris. HCl,108 g;硼酸,55 g;EDTA,8.3 g;以去离子水定容至 1 000 mL。
3. 10% APS:0.1 g APS 溶解到 1 mL 去离子水中。
4. 70% 乙醇。
5. TEMED。
6. 76% 乙醇。
7. 尿素。
8. 琼脂糖。
9. 1×TAE。
10. 6×Loading buffer。
11. BigDye Terminator ready reaction mix(试剂盒)。

### (三)实验材料

纯化的质粒 DNA。

## 四、操作步骤

### (一)定量

将模板(质粒 DNA)进行 1% 琼脂糖凝胶电泳,检测其浓度。

### (二)测序反应

1. 反应体系的建立

在 0.2 mL PCR 管内配制反应体系(如表 3-35 所示)。

表 3-35

| 反应物 | 体积 |
|---|---|
| 质粒 DNA(<500 ng) | 1 μL |
| BDT | 8 μL |
| 引物(3.2 pmol/μL) | 1 μL |
| $ddH_2O$ | 10 μL |
| 总计 | 20 μL |

2. PCR 反应

按表 3-36 所示程序在 PCR 仪内扩增。

表 3-36

| 步骤 | 温度 | 时间 |
|---|---|---|
| 1 | 98 ℃ | 2 min |
| 2 | 96 ℃ | 30 s |
| 3 | 50 ℃ | 30 s |
| 4 | 60 ℃ | 4 min |
| 5 | 重复步骤 2~4,共 25 次 | |
| 6 | 4 ℃ | 保温 |

### （三）纯化

1. 在 PCR 管中加入 20 μL 76% 乙醇，混匀后，于 4 ℃、13 000 r/min 离心 20 min 弃上清液。

2. 再加入 62.5 μL 70% 乙醇，混匀后，于 4 ℃、14 000 g 离心 10min，弃上清液。

3. 在生物安全柜上吹干残留液体。

### （四）配胶

1. 将洗干净的玻璃板装配好。

2. 配 5% 聚丙烯酰胺凝胶（20 mL），如表 3-37 所示。

表 3-37

| 成分 | 用量 |
|---|---|
| 尿素 | 7.2 g |
| $ddH_2O$ | 10 mL |
| 10×TBE | 2 mL |
| 50% Long ranger gel stock solution | 2 mL |
| 10% APS | 125 μL |
| TEMED | 12.5 μL |

3. 灌胶，胶必须现配现用。

### （五）DNA 测序

1. 将已干的胶装到 DNA 测序仪上，先预电泳 1 h。

2. 在 PCR 管中加入上样缓冲液。

3. 预电泳结束后，上样，电泳 7 h。

4. 用序列分析软件进行数据处理。

## 五、结果处理

对测序结果进行比较分析。

## 六、思考题

1. 简述 DNA 测序的原理。

2. DNA 测序反应中加入尿素的作用是什么？

# 实验三十六 重组子的构建、筛选与鉴定

## 一、目的

掌握重组 DNA 连接以及鉴定重组子的方法。

## 二、原理

外源 DNA 与载体分子的连接就是 DNA 重组,这样重新组合的 DNA 叫作重组体或重组子。重组的 DNA 分子是在连接酶的作用下,有 $Mg^{2+}$、ATP 存在的连接缓冲系统中,将酶切过的载体分子与外源 DNA 分子进行连接。

DNA 连接酶有两种:T4 噬菌体 DNA 连接酶和大肠杆菌 DNA 连接酶。两种 DNA 连接酶都有将两个带有相同黏性末端的 DNA 分子连在一起的功能,而且 T4 噬菌体 DNA 连接酶还有大肠杆菌连接酶没有的特性,即能使两个平末端的双链 DNA 分子连接起来。但这种连接的效率比黏性末端的连接效率低,一般可以通过提高 T4 噬菌体 DNA 连接酶浓度或增加 DNA 浓度来提高平末端的连接效率。T4 噬菌体 DNA 连接酶催化 DNA 连接反应的方法分为 3 步:首先,T4 DNA 连接酶与辅助因子 ATP 形成酶-AMP 复合物;然后,酶-AMP 复合物再结合到具有 5′-磷酸基和 3′-羟基切口的 DNA 上,使 DNA 腺苷化;最后,产生一个新的磷酸二酯键,把切口封起来。本实验选用的是 Thermo 公司的连接酶,反应时间短,反应效率高。

本实验所使用的质粒为 ρUC19,载体上带有 Amp 抗性基因和 lacZ 基因,菌株为 E. coli DH5α,故重组子的鉴定结合了抗性筛选和 α 互补现象筛选。重组子中含有来自载体 ρUC19 的 Amp 抗性基因,可先用 Amp 进行初选(如图 3-11 所示)。

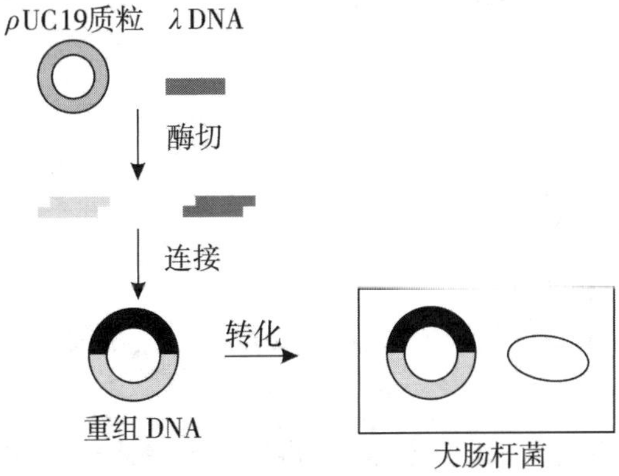


**图 3-11 重组子的构建与转化**

另外，还需要对转化菌落进一步筛选鉴定。现在使用的许多载体都有一段大肠杆菌 $\beta$-半乳糖苷酶的启动子及其编码 $\alpha$ 肽链的 DNA 序列，此结构称为 lacZ′基因。lacZ′基因编码的 $\alpha$ 肽链是 $\beta$-半乳糖苷酶的氨基端的短片段（146 个氨基酸）。宿主和质粒编码的片段各自都不具有酶活性，但它们可以通过片段互补的机制形成具有功能活性的 $\beta$-半乳糖苷酶分子。lacZ′基因编码的 $\alpha$ 肽链与失去了正常氨基端的 $\beta$-半乳糖苷酶突变体互补，这种现象称为 $\alpha$ 互补。由 $\alpha$ 互补而形成的有功能活性的 $\beta$-半乳糖苷酶，可以用 X-gal（5-溴-4-氯-3-吲哚-$\beta$-D-半乳糖苷）显色测定。它能将无色的化合物 X-gal 切割成半乳糖和深蓝色的底物 5-溴-4-靛蓝。因此，任何携带 lacZ′基因的质粒载体转化了染色体基因组存在此种 $\beta$-半乳糖苷酶突变的大肠杆菌细胞后，便会产生出有功能活性的 $\beta$-半乳糖苷酶，在 IPTG（异丙基硫代-$\beta$-D-半乳糖苷）诱导后，于含有 X-gal 的培养基平板上形成蓝色菌落。而当有外源 DNA 片段插入位于 lacZ′中的多克隆位点后，就会破坏 $\alpha$ 肽链的阅读框，从而不能合成与受体菌内突变的 $\beta$-半乳糖苷酶相互补的活性 $\alpha$ 肽，因此含有重组质粒载体的克隆往往是白色菌落。

## 三、器材与试剂

### （一）器材

生物安全柜、恒温培养振荡器、生化培养箱、制冰机、低温冷冻离心机、电泳设备、凝胶成像系统、紫外分光光度计、水平摇床、真空干燥仪、高压灭菌锅、冰箱。

锥形瓶（500 mL）、90 mm 培养皿、Eppendorf 离心管（2 mL、1.5 mL）、枪头（1 mL、100 μL、10 μL）、离心管（10 μL，上述器材均需灭菌烘干后使用）、移液器（1 mL、200 μL、10 μL）。

### （二）试剂

1. 3 mol/L KAc（pH5.2）（灭菌）。
2. 70% 乙醇。
3. EcoR I 酶。
4. 10×EcoR I 酶缓冲液。
5. T4 DNA 连接酶缓冲液。
6. 10×T4 DNA Ligase Buffer。
7. X-gal：将 X-gal 溶于二甲基甲酰胺，配成 20 mg/mL，不需过滤灭菌，分装成小包装，避光保存于-20 ℃。
8. IPTG：取 1 g IPTG 溶于 8 mL 双蒸水中，再用双蒸水补充至 10 mL，用 0.22 μm 的滤膜过滤除菌，每份 1 mL，贮于-20 ℃。

9. LB 平板:含 Amp(10 μg/ mL),4 ℃保存。

**(三)实验材料**

外源片段:λDNA、含 ρUC19 的菌液、DH5a 感受态。

## 四、操作步骤

**(一)质粒 DNA 的准备**

按实验三十二的方法提取质粒。

**(二)制备重组 DNA**

1. 酶切处理

(1)在灭菌的 0.5 mL 离心管中,加入 ρUC19 质粒堆 1 μg、2 μL 酶切缓冲液、2U EcoR I 酶,加无菌双蒸水补充至总体积为 20 μL,离心混匀,37 ℃反应 30 min(酶及缓冲液应放在冰上)。

(2)在另一灭菌的 0.5 mL 离心管中加入 λDNA 1 μg,加入 2U EcoR I 酶,加无菌双蒸水补充到 20 μL,37 ℃反应 30 min。

2. 酶切检测

(1)反应完毕后各取 2μL 酶解液做电泳分析。

(2)分别将余下的酶解液加入 1/10 体积的 3 mol/L KAc 溶液,再加 2 倍体积的无水乙醇,-20 ℃沉淀 DNA 1 h。

(3)4 ℃、12 000 r/min 离心 15 min,弃上清液,加 70% 乙醇洗涤沉淀,再离心,去上清液,真空干燥。

(4)加 5 μL TE,溶解酶切产物。

3. 连接将酶切后的 2 个 DNA 片段混合于一管中,加 T4 DNA 连接酶缓冲液 1 μL、1IU T4 DNA 连接酶,22 ℃保温 1 h,并做转化实验。

**(三)感受态细胞**

-70 ℃贮存。

**(四)重组质粒的转化**

1. 在 100 μL 感受态细胞刚刚解冻时加入 5 μL 连接产物,混匀,冰上放置 30 min。同时做两个对照管。

受体菌对照:100 μL 感受态细胞+5 μL 无菌双蒸水。

质粒对照：100 μL 0.1 mol/L $CaCl_2$ 溶液+5 μL pUC19 质粒 DNA 溶液。

2. 将管放到 42 ℃水浴 90 s。

3. 冰上放置 2 min。

4. 每管加 300 μL LB 液体培养基（轻轻混匀），37 ℃温育 45 min，慢摇。

### （五）重组子的筛选

1. 在预制的 LB 平板上加 40 μL 20 mg/mL X-gal 和 8 μL 100 mg/mL IPTG 溶液，并用灭菌玻璃涂布棒（酒精灯上烧后冷却）均匀涂布于培养基表面，室温放置 30 min，使其充分被培养基吸收。

2. 取 200 μL 菌液铺板（为得到较多克隆，可于 4 000 r/min 离心 1 min，弃掉部分上清液，保留 150 μL，轻弹悬浮菌体，取全部菌液涂板），用封口膜密封培养皿。

3. 倒置平皿，37 ℃培养过夜。

### （六）重组子的鉴定

观察统计平板上长出的菌落，其中白色菌落为重组 DNA 质粒，蓝色菌落为阴性对照。

## 五、结果处理

1. 观察统计平板上长出的白色菌落数和蓝色菌落数。
2. 计算重组子的转化率。

## 六、思考题

1. 蓝白斑筛选的原理是什么？
2. 连接过程中需要注意什么？

# 实验三十七　植物总 RNA 的提取、纯化与检测

## 一、目的

掌握从植物组织中提取 RNA 的方法。

## 二、原理

RNA 是一类极易降解的分子,要得到完整的 RNA,必须最大限度地抑制提取过程中内源性及外源性核糖核酸酶对 RNA 的降解。目前常用的是 Trizol 法提取细胞中的 RNA。Trizol 试剂中的主要成分为异硫氰酸胍和苯酚,可以破坏细胞结构,促使核蛋白体的解离,使 RNA 与蛋白质分离,并失活 RNA 酶,从而将 RNA 释放到溶液中。DNA、蛋白质和细胞碎片可以通过氯仿、异丙醇、乙醇等有机溶剂处理,从而得到纯化、均一的总 RNA。

## 三、器材与试剂

### (一)器材

制冰机、冷冻离心机、高压灭菌锅、电泳仪、电泳槽、凝胶成像系统、紫外分光光度计、水平摇床、真空干燥仪、冰箱、液氮罐、烘箱。

研钵(180 ℃,6 h)、钵棒(180 ℃,6 h)、不锈钢药勺(180 ℃,6 h)、PE 手套、一次性口罩、移液器(1 mL、200 μL、10 μL)、吸头(1 mL、100 μL、10 μL,将器皿浸泡于 0.1% DEPC 溶液中 12 h,经去离子水冲洗,121 ℃高压灭菌 30 min 烘干备用)。

Eppendorf 管(1.5 mL、2 mL):将器皿浸泡于 0.1% DEPC 溶液中 12 h,经去离子水冲洗,121 ℃高压灭菌 30 min,烘干备用。

### (二)试剂

0.1% DEPC,75% 乙醇, 氯仿,异丙醇,无水乙醇,1×TAE,6×Loading buffer,核酸染料,琼脂糖。

### (三)实验材料

小麦黄化苗。

## 四、操作步骤

### (一)研磨

称取 100 mg 叶片,放入用液氮预冷的研钵中,快速研磨。

### (二)裂解细胞

将研磨好的材料迅速转入加有 1 mL Trizol 试剂的 2 mL Eppendorf 管中,用力摇 15 s,15~30 ℃温育 5 min(RNA-Trizol 混合物可在-70 ℃保存一个月)。

### (三)离心

4 ℃、12 000 r/min 离心 10 min,去除沉淀。

### (四)抽提

1. 上清液中加 200 μL 氯仿,盖好盖,用力摇 15 s,室温下温育 5 min。
2. 4 ℃、12 000 r/min 下离心 15 min。混合物分层,下层红酚-氯仿层、界面和无色上层水相。RNA 在水相(约为 Trizol 试剂的 60%,0.6 mL 左右)。

### (五)沉淀

1. 将水相转移到新管中,加 500 μL 异丙醇沉淀 RNA,-20 ℃静置 30 min。
2. 4 ℃、12 000 r/min 离心 10 min,弃上清液。

### (六)洗涤

用 75%乙醇(>1 mL)洗一次,涡旋振荡样品,在 4 ℃、8 000 r/min 下离心 5 min(在-70 ℃条件下,RNA 在 75%乙醇中可放一年)。

### (七)溶解

简单干燥 RNA 沉淀(不能太干)加 0.1%DEPC 水溶解,-20 ℃贮存。

### (八)检测

1. 取 1~5 μL RNA 溶液参照实验二十九的方法使用核酸蛋白定量仪进行检测,计算

RNA 浓度及纯度。

2. 取 1~5 μL RNA 溶液参照实验三十的方法进行电泳分析。

## 五、结果处理

1. 计算 RNA 的浓度及纯度。
2. 仔细观察 RNA 在凝胶中的条带位置、亮度，有无降解，记录并绘图。

## 六、思考题

1. RNA 提取过程中需要注意什么？
2. 描述电泳图谱并分析。

# 参考文献

[1]陈钧辉,李俊,张太平,等. 生物化学实验[M]. 北京:科学出版社,2008.

[2]王冬梅,吕淑霞,王金胜. 生物化学实验指导[M]. 北京:科学出版社,2009.

[3]胡琼英,秦春,陈敏. 生物化学与分子生物学实验技术[M]. 北京:化学工业出版社,2014.

[4]魏群. 基础生物化学实验[M]. 北京:高等教育出版社,2009.

[5]董晓燕. 生物化学实验[M]. 北京:化学工业出版社,2008.

[6]王林嵩. 生物化学实验技术[M]. 北京:科学出版社,2007.

[7]张彩莹,肖连冬. 生物化学实验[M]. 北京:化学工业出版社,2009.

[8]于国萍. 食品生物化学实验[M]. 北京:中国林业出版社,2012.